韩喜平 主编

新时代中国精神价值传承

长征精神

陈松友 等 著

东北大学出版社

图书在版编目（CIP）数据

长征精神 / 陈松友等著. — 沈阳：东北大学出版社，2023.12
（新时代中国精神价值传承 / 韩喜平主编）
ISBN 978-7-5517-3495-0

Ⅰ.①长… Ⅱ.①陈… Ⅲ.①革命传统教育—中国—青少年读物 Ⅳ.①D642-49

中国国家版本馆CIP数据核字（2024）第002209号

出 版 者：东北大学出版社
地址：沈阳市和平区文化路三号巷11号
邮编：110819
电话：024-83680267（社务室） 83687331（市场部）
传真：024-83680265（办公室） 83680178（出版部）
网址：http：//www.neupress.com
E-mail：neuph@neupress.com
印 刷 者：辽宁一诺广告印务有限公司
发 行 者：东北大学出版社
幅面尺寸：170 mm × 240 mm
印 张：14.25
字 数：241千字
出版时间：2023年12月第1版
印刷时间：2024年1月第1次印刷
责任编辑：张德喜
责任校对：刘新宇
封面设计：潘正一
责任出版：唐敏志

ISBN 978-7-5517-3495-0 定价：65.00元

总序

INTRODUCTION

人无精神不立，国无精神不强。一个国家要有精神，它是国本；一个民族要有精神，它是脊梁。习近平总书记强调指出：“精神是一个民族赖以长久生存的灵魂，唯有精神上达到一定的高度，这个民族才能在历史的洪流中屹立不倒、奋勇向前。”在几千年的历史流变中，中华民族生生不息、绵延发展，饱受挫折又不断浴火重生，其中很重要的一点就是我们的民族积淀了自身最深沉的价值追求和精神烙印。习近平总书记指出，“中华民族在几千年历史中创造和延续的中华优秀传统文化，是中华民族的根和魂”，“中华优秀传统文化是中华民族的精神命脉”。翻开中华民族精神图谱，无数耳熟能详的诗词诠释了中华民族精神脉络的核心内涵，例如：“天行健，君子以自强不息”的奋斗精神，“天下兴亡，匹夫有责”“先天下之忧而忧，后天下之乐而乐”的爱国情怀，“人生自古谁无死，留取丹心照汗青”“为有牺牲多壮志，敢教日月换新天”的牺牲精神，“鞠躬尽瘁，死而后已”的奉献精神，“苔花如米小，也学牡丹开”的自强精神，“革故鼎新”“徙木为信”的创新思想，“老吾老以及人之老，幼吾幼以及人之幼”“扶危济困”的公德意识，等等。中华民族既坚守本根又不断与时俱进，始终保持着坚定的民族自信和强大的修复能力，培育了共同的情感和价值、共同的理想和精神。这些千百年传承下来的精神理念、精神文化，成为积淀中国精神的价值内核。

中国共产党在领导中国革命、建设和改革的伟大历史进程中，之所以创造了惊天地、泣鬼神的辉煌业绩，就在于坚守初心使命、就在于不畏艰难险阻、就在于有一大批革命先驱、有一大批英雄人物，形成了伟大精神激励与指引，这种逐步积累和形成的思想结晶和精神谱系，是中国共产党人精神境界、精神风貌、精神力量的集中写照，是中国共产党百年历史经验的总结。把马克思主义基本原理同中国具体实际、同中华优秀传统文化相结合是必由之路，谱写了马克思主义中国化时代化的最新篇章。中国精神包含的独一无二的理念、智慧、气度和价值，增添了中国人民内心深处的自信和自豪。这种强大的精神支撑，成为中华民族战胜一切艰难困苦的有力武器和实现中华民族伟大复兴的动力之源。

伟大事业需要伟大精神。在我们全面建成小康社会，向着社会主义现代化强国奋进的新征程中，党的二十大报告要求我们弘扬伟大建党精神，自信自强、守正创新，踔厉奋发、勇毅前行。深入研究和广泛宣传中国精神，传承民族精神、弘扬时代正气、培育时代新人，要求理论工作者把中国精神阐释好。《新时代中国精神价值传承》（以下简称《丛书》）正是这样一套回应时代关切、弘扬中国精神的书籍。《丛书》选取中国共产党带领广大人民进行革命、建设、改革的奋斗历程中凝练形成的井冈山精神、长征精神、延安精神、东北抗联精神、抗美援朝精神、雷锋精神、铁人精神、“两弹一星”精神、特区精神、女排精神、劳模精神、科学家精神等为源，由全国高校十余位知名教授、专家集体撰著，以历史的视角，放置于实现中华民族伟大复兴中国梦的大背景下，阐释中国精神的具体样式，立足近代以来中华民族伟大复兴历程，特别是中国共产党带领中国人民从站起来、富起来到强起来所展现出来的民族集聚、动员和感召效应的精神及其气象，从党的领导特点和大党风范入手，追溯和解读中华民族悠久的历史传统和中华儿女可歌可泣的历史经历，研究中国精神形成的历史背景、形成过程，挖掘其科学内涵和新时代的重要价值，展现当代中华民族精神的历史穿透力和生命冲击力。《丛书》包括12分册，分别是：《井冈山精神》《长征精神》《延安精神》《东北抗联精神》《抗美援朝精神》《雷锋精神》《铁人精神》《“两弹一星”精神》《特区精神》《女排精神》《劳模精神》《科学家精神》。这些共同构成了中国精神的重要内容，是社会主义核心价值观的精髓和具体体现，昭示着中国共产党人的初心和使命，镌刻着中华民族砥砺前行的优秀品格，是迄今为止学术界和出版界反映以爱国主义为核心的民族精神和以改革创新为核心的时代精神的大型学术普及类系列著作，是中国文化软实力的重要显示。

伟大精神铸就伟大梦想。今天，我们比历史上任何时期都更接近中华民族伟大复兴的目标，比历史上任何时期都更有信心有能力实现这个目标。实现中华民族伟大复兴不仅需要强大的物质力量，更需要强大的精神力量。要把这种精神力量汇聚成14亿多中华儿女强大的奋进合力，就不能把中国精神存放在“博物馆”内、停留在“象牙塔”中。推出《丛书》，可以推进中国精神时代化、大众化，永续传承，把它变为新时代的实践伟力。站在新时代的历史基点上，立足精神对事件的辐射和普照，阐释一定历史时期的民族精神对重大社会事件、历史发展进程甚至个人事业与生活的重大影响；立足事件对精神的折射和反映，分析历史事件、个人事迹对民族精神的具体呈现，以期在精神与史实的双向观照中，使中国精神触动整个民族情结和个体心理情感，凝聚中华儿女奋斗的精神动力。从普适性来讲，中国精神不仅是中国共产党成就伟大事业的宝贵精神财富，也是全体中华儿女在实践中总结、凝练和形成的价值理想。《丛书》定位于普及性学术著作，力求以通俗易懂、生动鲜活地讲述故事的形式呈现，引领新时代精神风尚，激发中华儿女特别是青年一代干事创业的热情。从价值层面看，《丛书》重点挖掘在中国特色社会主义新时代的价值，这对于汇聚中国力量，弘扬中华优秀传统文化，践行社会主义核心价值观，坚守中国共产党人精神谱系，提升中国文化软实力，培养担负民族复兴大任的时代新人具有重大意义。

“求木之长者，必固其根本；欲流之远者，必浚其泉源。”我们坚信，这套极具学术性、知识性、资料性和可读性的《新时代中国精神价值传承》，能够成为铸牢中华民族共同体团结奋斗的精神纽带，为凝聚起中华民族的磅礴力量，建设中华民族现代文明贡献一份力量。

韩喜平

2023年6月

韩喜平，国家级领军人才计划入选者，哲学社会科学领军人才，中央马克思主义理论与建设工程首席专家。

目录

CONTENTS

第一章 01

长征精神形成的基础

一、长征及长征胜利

20世纪20年代和30年代，资本主义社会内部矛盾日益凸显，1929年爆发了历史上影响较为深刻、席卷整个资本主义世界的经济危机，工厂倒闭、银行破产、工人失业、人民流离失所，整个社会处于一片混乱和瘫痪状态。经济危机对资本主义世界的经济造成重大打击的同时，使资本主义国家内部的政治局势动荡，进而引发了政治危机，国家内部及各个国家之间的矛盾激化，尤其加剧了发达国家与发展中国家之间的矛盾，整个世界的局势愈发紧张。在这种趋势下，资本主义国家纷纷采取策略摆脱或转嫁危机。部分资本主义国家开始向亚洲、非洲的经济落后国家发动战争，进行殖民掠夺，将国内矛盾转移至落后的殖民地国家。1931年9月18日，日本发动侵略中国的战争，占领了中国东北地区。在民族危亡的紧要关头，国民党政府对日军的侵略行动消极对待、妥协退让，坚持“攘外必先安内”的方针，仍把主要精力用于“围剿”红军，先后对红军展开了五次“围剿”。在第五次“围剿”过程中，调集百万军队进攻中央根据地。由于博古、李德错误的军事指挥，导致红军第五次反“围剿”失败，给红军造成不可弥补的重大损失。1934年10月中旬，中央红军进行战略转移，在中国正面临内忧外患、革命形势十分严峻的形势下，开始了长达二万五千里的长征。

（一）长征的背景及过程

1. 长征的背景

（1）政治方面

1927年大革命失败后，中国共产党的工作重心开始转向农村，探索出农村包围城市、武装夺取政权的革命道路，建立中央革命根据地和工农红军。“星星之火，可以燎原”，革命的火焰在中国的热土上再次燃烧起来。蒋介石为消灭红军，从1930年开始对红军发动了多次军事“围剿”。前四次均被中央红军打破，但是蒋介石并没有放弃对中央红军的行动。九一八事变后，日本侵占中国东北。在此民族危急时刻，在抗日救亡运动开始兴起时，蒋介石仍顽固坚持“攘外必先安内”的政策，对日本的侵略一再妥协，坚决以“剿共”为中心，置国家和民族危亡于不顾。1933年下半年，蒋介石调集100万军队，出动200多架轰炸机，向各地红军发动了规模最大的第五次“围剿”。“在政治上，他继续采取‘三分军事，七分政治’的战略方针，厉行保甲制度和‘连坐法’，加强地主武装建设，强化其反动统治。”①

1933年，中央革命根据地的红军已达到8万多人。这时，临时中央负责人博古（秦邦宪）迁入中央苏区，使得“左”倾冒险主义路线在中央进一步得以贯彻。在政治上，他们看不到在日本侵占东北之后，中华民族同日本帝国主义的矛盾已经上升为当时的主要矛盾，应团结自身的力量，共同抵御外敌，却把“中间派”当作敌人。为掌握大权、排除障碍，他们对持有正确意见的干部开展“残酷斗争”和“无情打击”，反对以毛泽东为代表的正确主张，先后在福建开展了反对所谓“罗明路线”的斗争，在江西开展了反对邓（小平）、毛（泽覃）、谢（唯俊）、古（柏）的所谓“江西罗明路线”的斗争。在第五次反“围剿”过程中，共产国际派来的军事顾问李德并没有采用先前反“围剿”取得成功所运用的方针策略，而是搬用正规的阵地战经验，进行教条化的运用，实行军事冒险主义的方针，主张“御敌于国门之外”，最终使红军作战陷于被动。

（2）军事方面

红军之所以进行长征，直接原因是第五次反“围剿”的失败，造成革命根据地的军事危机。在毛泽东、朱德等人的领导下，前四次反“围剿”采取灵活的作战方式，利用有利的地势条件，广泛开展运动战，最终歼灭国民党军队，取得了反“围剿”的胜利。但是，国民党军队屡次失败并没有使蒋介石放弃对共产党的“围剿”，反而让他愈发重视中央红军，接续开展下一次的行动。蒋介石第五次“围剿”的重点是中央革命根据地。为彻底消灭红军，他集中大量的兵力，调整以往的军事战略，进行全方位的部署：将驻赣、粤、闽、湘、鄂

① 中共中央党史研究室第一研究部：《红军长征史》，中共党史出版社，2006，第2页。

各省部队分编为北路、南路、西路军，以及第十九路军。北路军以顾祝同为总司令，向广昌方向推进，是“围剿”中央革命根据地的主力；南路军以陈济棠为总司令，协同北路军作战，同时阻止中央红军向南发展；西路军以何键为总司令，阻止中央红军向赣江以西行动；第十九路军扼守闽西和闽西北地区，阻止中央红军向东发展。为了确保第五次“围剿”的成功，蒋介石在南昌设立了专门处理军政事务的“南昌行营”，亲自指挥这次“围剿”。“在军事上，他汲取以往失败的教训，采取持久战与‘堡垒主义’的新战略和以守为攻，乘机进剿，运用合围之法，兼采机动之师，远探密垒，薄守厚援，层层巩固，节节进逼，对峙则守，得隙则攻”[①]等原则。第五次“围剿”较之前的军事装备更为先进，战术更为严谨，陆军和空军共同配合作战，物质资源供应也十分充足。由于以往几次行动均以失败告终，第五次“围剿”时蒋介石几乎倾尽全力，制定全方位的战略部署，利用占绝对优势的兵力，企图将红军控制在狭小的区域内聚而歼之。此时中央红军的境遇变得十分困难。

在前四次反“围剿”中，中央红军虽然取得了胜利，但是几场战争下来，却也遭受了很大的损失。在第五次反“围剿”之前，中央红军曾开展过大规模的“扩红”运动，补充红军队伍。当时很多农民放下锄具，穿上军装，便急匆匆赶往前线。这种大规模的“扩红”运动反映了当时中央红军的力量相对于国民党的百万军队来说是薄弱的。同时，党的八七会议之后，中国共产党内一直弥漫着“左”倾错误的氛围，以王明为代表的“左”倾路线的执行者错误地分析中国革命的形势。1933年，临时中央迁入苏区之后，“左”倾冒险主义在苏区进一步贯彻。“在军事上，他们抛弃毛泽东一贯主张且行之有效的正确战略战术，如集中兵力、诱敌深入、运动歼敌，等等，采取冒险主义的作战方针，主张分兵把口，打阵地战、正规战，御敌于国门之外。”[②]

当时，对军事一窍不通的临时中央负责人博古，将军事指挥大权完全交给了共产国际派来的军事顾问李德手中。而李德又是如何指挥的呢？伍修权回忆说：“李德在担任我党的军事顾问时，推行的完全是军事教条主义那一套，他根本不懂中国的国情，也不认真分析战争的实际情况，只凭他在学院学到的军

① 中共中央党史研究室第一研究部：《红军长征史》，中共党史出版社，2006，第2页。
② 中共中央党史研究室第一研究部：《红军长征史》，中共党史出版社，2006，第2页。

事课本上的条条框框，照样搬到我国，搬到苏区，进行瞎指挥。……他们完全剥夺了毛泽东同志对红军的指挥权，排斥了毛泽东等同志的正确主张，由李德的独断专行取代了军委的集体领导，更抛弃了红军多年血战中取得的成功经验，由李德一人躲在房子里凭着地图指挥战斗。……在整个第五次反‘围剿’中，都是按李德那一套进行的，什么‘短促突击’‘两个拳头作战’‘御敌于国门之外’，建立正规军打阵地战等等，完全是一条不切合实际的错误的军事路线。”[①]据记载，李德在指挥战斗时，仅凭一张地图来完成。而受条件的限制，当时的地图与实际情况有很大的误差，包括在地势地形和数据测量等方面，而李德对此不闻不问，对部队在实际作战中遇到的困难等毫不关心。长此以往，打败仗也就在所难免。一方面是进行全方位战略部署，准备集中进攻国民党；另一方面是在军事对比相对劣势的情况下，仍采取冒险主义作战方针。正是在这样的情形下，第五次反“围剿”最终以失败告终。

（3）经济方面

为了确保第五次“围剿”的顺利开展，蒋介石不仅在政治上加强其反动统治、军事上做出全方位部署，而且在经济上进行严密封锁，企图断绝苏区与外界的经济往来。“控制交通，实行贸易禁运，对苏区进行严密封锁。与此同时，对外加紧同美、英、日等帝国主义勾结，对内肆意进行横征暴敛，筹措‘剿共’经费，购买飞机大炮等，企图彻底消灭红军，摧毁各个革命根据地。”[②]这对于物质资源原本匮乏的苏区构成很大的打击。据记载，当时国民党设立了封锁机关，主要对苏区的粮食和食盐进行封锁，严格地控制购买人员和购买数量，造成苏区食盐十分紧缺。曾有人形容说：“有人拿走一粒盐，店主赶过三家店”。除了食盐之外，粮食、衣服等的紧缺也给苏区造成了困难，红军战士们经常吃不饱饭、睡不好觉，他们在晚上睡觉的时候从不脱衣服，因为要做好随时打仗的准备。物资紧缺，国民党的经济封锁是一方面，同时在中央红军内部也存在问题。党内“左”倾错误路线的代表王明提出“地主不分田，富农分坏田”的错误观点过于偏激和冒进，主张消灭地主和富农的力量，这对于苏区的经济发展及社会稳定造成非常不利的影响。此外，1933年，中央红军大规模

① 伍修权：《我的历程》，解放军出版社，1984，第71–72页。

② 中共中央党史研究室第一研究部：《红军长征史》，中共党史出版社，2006，第2页。

“扩红”运动，使红军队伍规模大增，这也是造成粮食和物资紧缺的原因之一。

蒋介石的经济封锁以及党内“左”倾路线执行者的冒险主义政策，是红军被迫长征的影响因素；但是，红军能够取得长征胜利，与当时中国社会整体的经济状况也是密切相连的。近代中国半殖民地半封建社会的性质，使中国经济深受帝国主义、封建主义、官僚资本主义“三座大山”的压迫，其中影响最为深重的便是广大农村地区。在旧中国的广大农村，地主和富农占有大部分土地，而贫苦农民只占极少的土地，还要忍受地主的残酷剥削，常年辛苦劳作，连温饱也得不到保障，大多数农民都过着饥寒交迫的生活。与农民同病相怜的还有手工业者，在“三座大山”的共同压榨下，大批手工业者破产，生存十分困难。当革命发起时，他们比谁都渴望革命能够取得胜利。他们积极地参与到反帝反封建的革命斗争中，体现出坚定的革命性。长征之所以能够进行并取得胜利，与广大人民的支持是分不开的：一方面，大量的工人、农民踊跃参军，扩大了红军的队伍，提高了红军的战斗力；另一方面，红军长征途中经过的地区，当地村民在对红军有所了解之后都热情相迎，红军得到了人民群众的拥护，包括在少数民族生活区域，即使各民族存在文化差异，但是他们把红军当作亲人，为他们指路当向导。

综上，中国工农红军正是在军事、政治、经济等多种因素的共同影响下，在反“围剿”失败后，被迫进行战略转移，开始了伟大的长征。

2. 长征的过程

1930年至1933年，蒋介石先后对中央红军进行多次“围剿”。在第五次反“围剿”过程中，由于党内“左”倾路线的影响，导致第五次反“围剿”失败，于是红军被迫进行战略转移。1934年10月，中共中央和中革军委决定率领中央红军主力撤离中央革命根据地，长征由此开始。长征历时两年[①]，在国民党军队的围追堵截下，在红军的英勇奋战中，在历经艰难困苦后，直至

① 红一方面军（中央红军）、红二方面军、红四方面军三大红军主力长征全部结束，历时两年。其中，红一方面军，1934年10月至1935年10月，行程二万五千里；红二方面军，1935年11月至1936年10月，行程二万里；红四方面军，1935年3月至1936年10月，行程一万里；红二十五军，1934年11月至1935年9月，行程近一万里。本书中有的地方说红军长征“历时一年”，行程“二万五千里”，是指中央红军主力的长征。

1936年10月，长征胜利结束。红军长征的过程，根据不同时期面临的情况和主要任务，可以将其划分为初始阶段、转折阶段、升华阶段、分裂阶段和最终取得胜利等多个阶段。

（1）长征初始阶段："左"倾教条主义对红军造成重创

长征初始阶段的时间划分为：1934年10月10日前后至1934年12月17日前后。这一阶段是指中央红军开始进行长征，至遵义会议召开之前。这一阶段发生的主要事件包括：制定战略转移的决策和部署，突破国民党的三道封锁线，以及湘江战役。

制定战略转移的决策和部署。1934年上半年，在广昌战役失败后，中共中央便开始有了进行战略转移的考虑，只是过于犹豫，没有立刻做出决定。在7月初，曾派出北上抗日先遣队到闽浙赣皖边地区，一方面进行抗日运动，建立新的革命根据地；另一方面，为转移蒋介石的注意力，减轻中央苏区的作战压力。之后，在7月末，中央决定派红六军团西征，与红三军会合，到湖南中部发展游击战争；但是实际上，中央派红六军团西征的真正目的，是作为中央红军进行战略转移的前导，探索转移的路线。这一时期，中央成立了最高决策机构，即"三人团"，由博古、李德和周恩来三人组成。1934年9月，第五次反"围剿"的形势恶化，在红军已经无力突破的情况下，中央开始进行战略转移的部署：坚持以保存有生力量为主的指导思想；在战略转移的方向上，准备转移到湘西或湘西北去；健全各级指挥机关，并明确指出要根据战争的需要适时进行调整，如战争十分紧张，各部均可取消；动员广大战士奔赴前线；筹集战略转移所需的粮食、衣物、军事设备等。10月9日，中央红军总政治部发布了《关于准备长途行军与战斗的政治指令》，要求"加强部队的政治军事训练，发扬部队的攻击精神，准备突破敌人的封锁线，进行长途行军与战斗"[①]。中央将红军编为两路纵队。10月10日，中共中央、中革军委便率领两路纵队，分别从江西瑞金、古城等地出发，开始实行战略转移。但是，进行战略转移的部署和决定，仅仅是在"三人团"的组织下秘密进行的，大家对于进行战略转移的原因、去向等一概不知。

突破三道封锁线。红军开始长征后，随即面临着国民党所布下的四道封锁

① 余敏玲：《中共宣传与苏联经验》，《中央近代史研究所专刊》2016年第1期。

线。前三道封锁线并没有对红军造成多大的损失。第一道封锁线在赣州以东，沿桃江向南，经大埠、王母渡折向东南，经韩坊、新田等地，由国民党南路军陈济棠负责，阻止中央红军进入广东。陈济棠与蒋介石之间存在矛盾，红军利用他们之间的矛盾与陈济棠进行秘密谈判，双方达成了协议，为红军通过第一道封锁线创造了条件。在红军突破第一道封锁线之后，蒋介石迅速派军队分南北两路在湘粤边界组成第二道封锁线，对红军进行堵截。当时国民党各路军队的主力并不集中，红军在11月5日至8日通过了第二道封锁线。第三道封锁线设在湖南的郴县、良田、乐昌之间，至11月15日，中央红军冲破了第三道封锁线。中央红军突破蒋介石的三道封锁线后，其主力将向湘西转移的战略意图被蒋介石窥见。随后，蒋介石又展开了新的部署。

湘江战役。当中央红军突破了国民党的第三道封锁线时，蒋介石已经开始命令实施第四道封锁线，即湘江。国民党投入了近30万军队，在湘江部署了一个大大的包围圈，企图将红军一举消灭。同时，蒋介石企图借“剿共”之机削弱桂、湘两省军队，达到一石二鸟的目的。虽然蒋介石军队和装备都占有绝对的优势，但是地方派系的军队都存有私心，为保存实力，并没有全力投入与红军的作战中。11月22日，桂军撤离了湘江防线，湘江无重兵防守，这对于红军来说，是进行渡江的绝好时机；但是，中共中央并未察觉有利于红军作战的敌情重大变化，没有抓住这一有利时机，仍按甬道式的方式行军，附带物品十分繁重，大大小小的物件甚多，导致行动极为缓慢。如果红军能够轻装上阵，加快行军速度，是可以利用有利时机以较小的损失渡过湘江的。当时掩护军委两个纵队过江的红三军团第五师师长李天佑回忆道：“这时，军团的电报不断传来后面的情况……几乎每一份电报都要求我们‘继续坚持’。我知道，我们的任务是繁重的，稍一不慎，让敌人进到新墟，那后果就不堪设想了。但我也深深感觉到，我们的后方机关是太庞大了……坛坛罐罐什么都带上，使我们的行动迟缓……不能主动歼敌不说，现在不得不付出更大的代价来掩护这庞大的机构转移。我不由地暗自希望中央纵队走快一些——他们走快一步，这里就减少一点伤亡。”[①]从11月25日至12月3日，湘江战役前后共历时9天，中央

① 李天佑：《把敌人挡在湘水前面》，载《红军长征·回忆史料》(1)，解放军出版社，1990，第147页。

红军以重大的代价使军委两个纵队顺利过江。湘江战役后，中央红军从8.6万余人减少到3万余人，付出了极为惨重的代价。湘江战役之所以惨败，博古和李德的错误领导是主要原因，在不了解实际情况下，教条式运用以往经验，对党内同志的正确意见概不听取。此次战役，宣告了“左”倾冒险主义错误指导的破产。

（2）长征的转折阶段：遵义会议使共产党开始独立自主解决中国问题

长征转折阶段的时间划分为：1934年12月18日前后至1935年1月20日前后。这一阶段是指红军开始转变战略方向，继续西进，召开遵义会议的过程。这一阶段发生的主要事件包括：进行战略转移和召开遵义会议。

在红军还没有渡过湘江时，蒋介石就已经制订好在湘江以西消灭红军的计划，所以在红军渡过湘江之后，蒋介石便开始进行部署，对红军前堵后追，形成合击，防止红军到湘西北与红二、红六军团会合。在这种情况下，如果红军坚持原定的计划，就会陷入敌军设置的包围圈中，后果可想而知；但是，博古和李德认识不到问题的严峻性，依然顽固坚持北出湘西的计划。伍修权回忆说：“部队前进到湘西通道地区时，得到情报说，蒋介石已知道我们的意图是与红二、红六军团进行会合，正在我们前进方向布置了五倍于我的强大兵力，形成了一个大口袋等我们钻。面对这一严重情况，李德竟然坚持与二、六军团会合的原订计划，把已经遭到惨重伤亡的三万红军，朝十几万强敌的虎口里送。”①在这紧要关头，毛泽东提出应该放弃原订计划，到敌人力量薄弱的贵州北部去，在川黔边建立新的革命根据地。毛泽东的建议是正确的，多数同志表示赞同。随后，关于红军的转移方向问题，中共中央先后召开了通道会议、黎平会议和猴场会议，最终采纳了毛泽东正确的战略转移主张，否定了博古和李德的错误思想，为之后遵义会议召开奠定了基础。

中央红军决定抢渡乌江，进军遵义。乌江是贵州的第一大河，水流湍急，江面波涛汹涌，江底布满礁石，两岸是悬崖峭壁，有天险之称。在此地布下严密防线的国民党军妄想阻止红军渡过乌江。为迅速抢渡乌江，1935年1月

① 伍修权：《生死攸关的历史转折——回忆遵义会议的前前后后》，载中共中央党史资料征集委员会、中共中央档案馆：《遵义会议文献》，人民出版社，2009，第113页。

1日，中央红军决定在江面架桥，先让水性好的战士乘竹排偷渡。率先渡江的几名战士被巨浪淹没，英勇牺牲。经过几番尝试，最终成功偷渡。1月2日，红军在乌江两岸拉起跨江绳索，扎竹筏，然后把竹筏连接起来搭浮桥。整个过程中，多名战士被卷入乌江水中，可谓浴血奋战。终于在3日上午，乌江浮桥成功架成。当毛泽东走上浮桥时，说道："真了不起，我们工兵就地取材，用竹排架成这样的桥，世界上都没有。"[①]中央红军成功抢渡乌江后，便开始攻打遵义，利用抓来的俘虏，了解到遵义的军事防备情况，乔装打扮成国民党军队，引诱敌人打开城门，顺利攻占了遵义。

遵义会议的召开。中央红军进入遵义后，不断开展建立革命根据地的各项工作，成立临时的革命政府，带领当地人民开展土地革命，组织群众参加游击队，动员人们加入工农红军。继黎平、猴场会议之后为进一步讨论建立革命根据地的问题，以及如何转变自反"围剿"失败后红军作战屡遭失败的情况，在毛泽东、张闻天等人的争取下，1935年1月15日，中央政治局在遵义召开会议。会议的中心议题是："（一）决定和审查黎平会议所决定的暂时以黔北为中心，建立苏区根据地的问题。（二）检阅在反对五次'围剿'中与西征中军事指挥上的经验与教训。"[②]经过多方面的考虑，大家一致认为，黔北地区并不适合建立革命根据地。中央决定与红四方面军会合，到四川西部或西北部建立革命根据地。接着，会议总结了红军第五次反"围剿"失败以来的经验教训。博古把反"围剿"失败的主要原因归为敌人的强大，没有指出自身军事领导上的错误；但是敌人的强大只是其中的一个原因，而不是主要原因。毛泽东对博古、李德在战略战术上所犯的错误进行了一一列举，得到与会人员的一致认可，系统地批判了博古和李德在军事指挥上的错误和个人独断主义。会议明确指出，在军事领导上的错误，博古、李德要负主要责任。从1月15日至17日，遵义会议开了三天。会议选举毛泽东为中央政治局常委，取消"三人团"，仍由朱德、周恩来进行军事指挥。

遵义会议是中国共产党历史上生死攸关的转折点，在红军惨遭战败、处于

---

① 王耀南：《乌江天险架竹排》，载《遵义会议的光芒》，解放军出版社，1984，第69页。

② 陈云：《遵义政治局扩大会议传达提纲》，载中共中央党史资料征集委员会、中央档案馆：《遵义会议文献》，人民出版社，1985，第34页。

危难之际，总结第五次反“围剿”以来的经验教训，确立了今后革命的正确方向，挽救了党、挽救了红军。遵义会议开始确立毛泽东同志在党中央和红军的领导地位，批判了博古和李德的“左”倾错误，确立了马克思主义正确路线，是红军长征中的重大转折。“遵义会议是中国共产党历史上开始独立自主地解决中国革命和革命战争的重大问题的会议，在这以后，中国革命开始摆脱没有真正了解中国情况的共产国际的干预和束缚，而显示出无穷的生命力。”①这标志着中国共产党在政治上开始走向成熟。

图1-1　遵义会议会址外景②

（3）长征的升华阶段：历经艰难险阻终与红四方面军成功会师

长征升华阶段的时间划分为：1935年1月20日前后至1935年6月12日前后。这一阶段是指遵义会议后，中央红军北上与红四方面军会师的过程。这一阶段发生的主要事件包括：四渡赤水、巧渡金沙江、强渡大渡河、翻越夹金山、成功与红四方面军会师。

遵义会议之后，蒋介石集中大量兵力于遵义，企图在川黔地区围歼红军。为粉碎蒋介石的计划，中央红军决定撤离遵义、北渡长江。在渡江计划实施过

① 中共中央党史研究室第一研究部：《红军长征史》，中共党史出版社，2006，第96-97页。

② 中共中央党史研究室：《中国共产党的九十年》（新民主主义革命时期），中共党史出版社、党建读物出版社，2016，第157页。

程中，敌人的兵力不断增加，形势对红军十分不利。在毛泽东的建议下，取消原计划，决定西渡赤水河，再寻机会北渡长江。赤水河是长江上游的支流，多险滩急流，河水两岸地势陡峭。为了通过赤水河，红军广泛发动群众，筹集架桥所需的物资，终于在1月29日架起了浮桥。中央红军成功渡过赤水河（一渡）。蒋介石得知后，迅速重新调整战略部署，将主力调到川滇边地区，企图在此围歼红军。这时，黔北地区敌军兵力较为薄弱，于是，为摆脱敌军的追击，中共中央决定再渡赤水河（二渡），向黔北进军，重占遵义。红军的这一举动，是敌军万万没有想到的。随后，蒋介石根据红军的行动判断其将向东与红二、红六军团会合，于是他亲自到重庆进行战略指挥，欲阻止红军东进，调集兵力企图在遵义、鸭溪等地区歼灭红军。3月，中共中央成立了由毛泽东、周恩来、王稼祥组成的三人小组，负责全军的军事行动。根据敌情的变化，为了不致被动作战，中央决定再渡赤水（三渡），重新回到川南地区。此时，蒋介石已乱了阵脚。他判断红军又要北渡长江，急忙命令部队进行追击。蒋介石称，“若再不歼灭红军，何颜再立于斯世”①。正当蒋介石派兵向川南赶进之时，毛泽东再次决定回师东渡，四渡赤水河（四渡），夺取战略主动权。3月28日，红军主力进入乌江北岸，跳出了蒋介石的包围圈，粉碎了蒋介石在川黔边境消灭红军的计划。四渡赤水，体现了毛泽东灵活的作战方针、高超的指挥艺术。刘伯承回忆道：“毛主席的正确的路线，和高度发展了的马克思主义的军事艺术，是使我军立于不败之地的唯一保证。”②

中共中央下一步的部署是向西进入云南，抢渡金沙江。为了不被敌人察觉，毛泽东令红军佯攻贵阳。当红军逼近贵阳时，敌军防守空虚，这吓坏了蒋介石，他急令军队火速增援，并随时准备逃跑。占领贵阳并不是红军的目的，红军旨在将滇军调出云南，以顺利进军云南。果然，佯攻贵阳使国民党将军队调动到贵阳以东集中，云南的防守变得薄弱。4月24日，红军进入云南。此时，敌军已疲惫不堪，难以在短时间内追上红军。红军在进入云南后，着手抢渡金沙江。金沙江是长江的上游，由山脉奔腾而下，水流湍急，江势惊险。红

---

① 中国人民解放军历史资料丛书编审委员会：《红军长征 · 参考资料》，解放军出版社，1990，第360页。

② 刘伯承：《回顾长征》，人民出版社，1985，第2页。

军准备架浮桥，但是江面过宽，加之水流湍急，最后没有搭建成功。后来，在当地船民的帮助下，红军找到了几只大船，加之之前的两艘木船，中央决定划船渡河。随后，红军联络了多名船工，无论是在物质上还是精神上，红军对待船工十分友好，给船工发工资，宣传红军的革命理念，协助船工的工作。在船工的全力帮助下，红军顺利地渡过金沙江，完成了渡江北上的计划。成功渡过金沙江，使红军跳出了敌人的围追堵截，形成在今后有利于红军的作战形势。

图1-2　红二、红六军团渡过金沙江的地方——云南省丽江石鼓渡口

在短期休整后，中央红军通过了彝族区，向大渡河方向前进。蒋介石得知后，便前往昆明亲自指挥战斗，“企图凭借大渡河天险，使中央红军成为‘石达开第二’。”[①]当红军到达大渡河时，河水正进入洪水期，河水流量大且速度快，河面宽100余米。对岸地势险要，难以通过。且蒋介石令大量军队严加防控，并将过河所需的船只搜集隐藏起来，使红军无法渡河，欲将红军歼灭在大渡河南岸。鉴于形势所迫，中央红军决定袭取泸定桥，从泸定桥渡河。泸定桥是横跨在大渡河上的一个铁索桥，上面铺有木板，当人走在桥上时，摇摇欲坠，十分危险。在红军到达泸定桥时，狡诈的敌人竟已将桥面上的木板拆掉，只剩下铁链。要想渡桥必须重新铺上木板，十分艰险。史料记载：“二十二位突击英雄手持冲锋枪或短枪，背挂马刀，腰缠十二颗手榴弹……冒着密集的枪弹，攀着桥栏，踏着铁索向对岸冲去。……他们除携带的武器外，每人扛一块

① 中共中央党史研究室第一研究部：《红军长征史》，中共党史出版社，2006，第132页。

木板，边铺桥，边冲锋。……二十二位英雄的子弹、手榴弹都打光了，形势万分紧急，眼看支持不住了。正在这个严重关头，王有才连长带着三连冲进去了……经过两小时的激战，两个团的敌人被消灭大半，剩下的狼狈逃窜。黄昏，我全部占领泸定城，牢靠地控制泸定桥。”[1]

在占领泸定城后，红军向天全、芦山进发，准备翻越夹金山，与红四方面军会合。夹金山是一座大雪山，海拔高且地势陡险，峭壁林立，空气稀薄，天气变化无常。当地民谣说：“夹金山，夹金山，鸟儿飞不过，人不攀。要想越过夹金山，除非神仙到人间！”难以想象其周围环境的恶劣。红军在爬雪山之前，做了一些简单的准备工作，将树枝做成拐杖，带上干辣椒御寒等。6月12日，红军踏上了翻越雪山的行程。山上气温骤降，红军身上穿的都是单衣，难以抵御严寒，加之粮食补给不足，越往上爬体力越透支，一不小心就会掉入雪崖。红军冒着风雪，抵抗严寒，手拉着手互相搀扶着向上攀登。山上的空气更加稀薄，呼吸困难，每走一步都很吃力。谢良回忆说：“越往上爬，气温越低。寒风吹在身上，冷飕飕的；雪粒打在脸上像刀割似的疼痛。我们身上穿的

图1-3 红军长征途中翻过的雪山夹金山[2]

---

① 杨成武：《飞夺泸定桥》，载《星火燎原》选编之三，解放军出版社，2019，第142-143页。

② 中共中央党史研究室：《中国共产党的九十年》（新民主主义革命时期），中共党史出版社、党建读物出版社，2016，第160页。

都是单衣，几乎和没穿衣服一样。有的同志把毯子裹在身上，也无济于事，仍然冻得浑身哆嗦，牙齿打战。特别是一双脚，长时间在冰雪里走，草鞋浸湿后冻上了冰，硬邦邦的，磨得生疼。很多同志的脚被冰渣（碴儿）划破，鲜血直流……”①在这种无比艰难的情况下，红军以坚韧的毅力、不怕牺牲的精神，团结一致，互帮互助，战胜了极为恶劣的自然环境，终于成功跨过了夹金山。此时，红四方面军已进入懋功地区，准备迎接中央红军。为此，红四方面军在当地发动群众筹集了大量粮食以及用来制作衣物的羊皮等，为迎接中央红军做好物质上和思想上的准备。1935年6月，中央红军与红四方面军在懋功、达维等地胜利会师。多么激动人心的历史时刻！懋功会师后，红军的两大主力走到了一起，他们来自五湖四海，各自有着不同的经历，但是他们有着共同的目标，有着深厚的革命情谊，把对方当作自己的亲人。李先念回忆说：“懋功会师，标志着我们党和我们军队团结胜利的一个新开端，在我党、我军历史上写下了光辉的篇章。”②

（4）长征的分裂阶段：北上与南下之争，与张国焘分裂行为作斗争

长征分裂阶段的时间划分为：1935年6月26日前后至1935年9月12日前后。这一阶段是指红一、红四方面军会师后至中共中央先行北上的过程。这一阶段发生的主要事件包括：两河口会议、与张国焘分裂行为作斗争、跨越草地。

中央红军和红四方面军会师后，首要问题是如何根据当前的形势制定新的战略部署，建立新的根据地。先前遵义会议制订了在川西北建立根据地的计划；但是在红军会师后发现，川西北地区人烟稀少，且多为少数民族居住，土地贫瘠，贫穷落后，不利于红军的生存和发展，于是放弃在此建立根据地的计划，决定向北进军在川陕甘地区建立新的革命根据地。6月26日，中共中央在两河口召开扩大会议，讨论下一步的战略问题。会上，周恩来分析了北上川陕甘建立根据地的原因：一方面，地域广阔，方便作战；另一方面，当地人口较多，有利于红军扩大队伍。张国焘同意在川陕甘建立根据地，但是他又主张南

① 中国人民解放军历史资料丛书编委会：《红军长征·回忆史料》（一），解放军出版社，1990，第449-450页。

② 李先念：《红军团结胜利的篇章——忆懋功会师》，载本书编委会：《中国工农红军第四方面军战史资料选编：长征时期》，解放军出版社，1989，第191页。

下。最后，会议通过了周恩来提出的在川陕甘建立革命根据地的战略计划。两河口会议为今后红军的行动指明了方向，确立了红一方面军与红四方面军共同北上、在川陕甘建立根据地的战略计划。

松潘是进入甘南的通道，占领此地对于红军北上创建川陕甘根据地有重要意义；但是张国焘却坚持南下的主张。在会师后，红一方面军损失大半仅剩3万人左右，而红四方面军有8万多人，于是张国焘野心膨胀，对于中央决定他担任军委副主席并不满足，想要争夺更大的权力。7月18日，中共中央任命张国焘为总政治委员。之后，中央又召开芦花会议，会上指出红四方面军在工作中存在的错误，也肯定了红四方面军的优势和战绩，对张国焘进行争取和团结。因错过了攻打松潘的最佳时机，中央放弃了攻打松潘的计划，准备进行夏洮战役。这时，张国焘又要求中央召开会议，解决“政治路线”问题。8月4日至6日，中央在毛儿盖召开会议，“对张国焘要求清算中央政治路线的问题，申明了遵义会议对这个问题所做的结论，即中央的政治路线是正确的，没有粉碎敌人第五次‘围剿’的主要原因是军事路线上的错误，经遵义会议已得到了改正”。[①]张国焘坚持反对中央在川陕甘建立根据地，受到参会人员的批评。

毛儿盖会议后，红军开始做向川西北草原转移的准备工作。一方面，筹集粮食，使红军每人能够带够15天的粮食，保证行军路上的供给，筹集能够御寒的衣物、羊皮羊毛等；另一方面，加强红军的军事训练，开展思想动员，为草原长途跋涉做好军事、政治工作。川西北草原，位于青藏高原和四川盆地间，横跨几百公里，茫茫无际，海拔在三四千米左右，为平坦高原。其中有两道河流贯穿其间，河道多曲折，水流缓慢，形成大片沼泽，常年积水，腐草堆积。终年生长的水草覆盖于沼泽之上形成草甸，人走在上面，一不小心就会陷入泥潭，且越陷越深。如果没有人救助，很难脱身。草地上的气候十分恶劣，昼夜温差大，夜间常常在零摄氏度以下。气候变幻莫测：时而万里无云，骄阳似火；时而阴云重重，风雪交加，还常常伴有冰雹。

8月18日，红军开始了过草地的艰难跋涉。盛夏的草地，被鲜花和丛草织成一片，令人心旷神怡；但是，在这“美丽”背后，却有着不为人知的艰险。

① 中央档案馆：《中共中央文件选集》第10册，中共中央党校出版社，1991，第526-540页。

红军踏上茫茫草甸，由于终日阴雨不断，先前部队留下的路标已经被水淹没，后续红军只能自己摸索出一条小路，开始向前行进。有时候，走着走着，突然就会陷入泥潭，旁边的战士急忙去拉，稍有不慎自己也会跟着陷进去。更可怕的是，遇到沼泽比较深的水域，常常来不及抢救的战士就已经被淹没。于是大家紧紧地挎在一起，互相搀扶。草原上昼夜温差很大，白天可达三十多摄氏度，但是夜间的最低温度却在零度以下，且常常伴有大风、雨雪。战士们有的穿着棉衣，有的裹着毯子，有的穿着羊皮靴，有的穿着草鞋，有的甚至光着脚。在夜晚，红军也没有避寒之处，只能互相靠体温取暖。每当第二天醒来，有许多战士在此长眠。除了寒冷，红军还要忍受着饥饿带来的痛苦。在行军前筹集的粮食难以支撑红军走出草地。粮食吃没后，红军不得不宰杀牲口。渐渐的，牲口吃没后，红军只能在草地里寻找野菜充饥，有的战士甚至将身上扎的皮带、穿的皮鞋煮食。在饥寒交迫和极其恶劣的自然环境下，许多红军战士倒下就再也没有起来。当时，某个班在大雨中露宿了一夜，第二天早上，连长走过去一看，全部停止了呼吸。多少红军战士的生命牺牲在这片无情的草地上。“在艰苦的草地行军中，无论是干部是战士，无论年老年少，无论是男是女，无论是有着何种阅历，都以坚韧不拔的毅力、团结互助的友爱和乐观主义的精

图1-4　红军长征时走过的荒无人烟的水草地[①]

① 中共中央党史研究室：《中国共产党的九十年》（新民主主义革命时期），中共党史出版社、党建读物出版社，2016，第161页。

神，同困难做着顽强的搏斗”[①]。终于，经过大概一个星期的时间，红军战胜重重艰难险阻，成功地走出了草地。

走出草地之后，北上的形势变得对红军有利，于是中央决定继续北上。但是张国焘变卦了，再次主张南下，北上与南下之争成为党内斗争的焦点。徐向前回忆说：“这时张国焘连北进的方针也不同意了，实际上是要南下。他的‘理由’，并不能成立。一是所谓葛曲河涨水，无法徒步和架桥。其实，四方面军有支一百多人的造船队，就在左路军，就地取材，营造简便渡河工具，不成问题。二是所谓粮食缺乏。其实，阿坝那带，粮米较毛儿盖地区要多，张国焘以前来电也说过。我们从毛儿盖出发，每人只带了供两三天食用的炒青稞，还不是通过了草地？他们的粮食，绝不会比我们少，过草地有什么不行？更何况我们还要派部队带粮去接应他们呢！所以，张国焘这是找借口，与中央的北进方针相抗衡。”[②]为了把握战争的有利局势，中央开始进行北上的部署，同时，尝试争取使张国焘放弃南下的主张。这期间，徐向前和陈昌浩多次致电张国焘，要他考虑北上问题，但是他仍坚持南下的主张。9月8日晚，中共中央领导人召开非正式会议。会后，以参会人员的名义再次向张国焘发出电报，申明时间紧迫，进一步阐述北上较南下建立革命根据地的优势，表明南下之主张不可取的原因，望其慎重考虑，速作决定。对于中央的多次电文劝告，张国焘仍固执己见。他致电徐向前和陈昌浩共同南下，这使北上与南下的斗争已经十分明确。在多次争取无果的情况下，中共中央决定先行北上，发布了《为执行北上方针告同志书》。9月12日，中央政治局在俄界召开扩大会议，会上揭露和批判了张国焘分裂党分裂红军的严重错误，作出《关于张国焘同志的错误的决定》，指出要尽可能地去纠正其错误，同时号召红四方面军要同其作坚决的斗争。

（5）长征的胜利结束：奠基陕甘根据地，三军迎来大会师

长征胜利结束这一阶段时间划分为：1935年10月19日前后至1936年10月22日。这一阶段是指中央红军北上建立陕甘革命根据地，随后红一、红二、红四方面军胜利会师。

---

① 中共中央党史研究室第一研究部：《红军长征史》，中共党史出版社，2006，第221页。

② 徐向前：《历史的回顾》（中），人民出版社，2016，第447页。

中共中央北上后，迅速夺取了素有天险之称的腊子口，占领了四川通往甘肃的重要隘口。由于腊子口险要的地势和敌人的层层封锁，攻下腊子口无疑是一场硬仗。红军成功占领腊子口的战略意义重大，聂荣臻回忆说："腊子口一战，北上的通道打开了。如果腊子口打不开，我军往南不好回，往北又出不去，无论军事上，还是政治上，都会处于进退失据的境地。现在好了，腊子口一开，全盘棋都活了。"[①]随后，红军继续北上，越过岷山，占领了哈达铺。1935年9月22日，中共中央在哈达铺召开干部会议，会上毛泽东指出："目前，日本帝国主义侵略中国，我们就是要北上抗日。首先要到陕北去，那里有刘志丹的红军。"之后，红军到达榜罗镇并召开常委会议，会上决定放弃先前俄界会议制订的计划，决定率领陕甘支队北上，"在陕北保卫和扩大苏区"。

1935年10月19日，中共中央率领陕甘支队胜利到达陕甘根据地的吴起镇，宣告中央红军主力历时一年、纵横11个省、长驱二万五千里的长征胜利结束，从而完成了艰苦卓绝的战略转移任务。从此，蒋介石妄想消灭红军的意图化为泡影。长征的胜利彰显了中央红军的伟大，体现了红军战士的无坚不摧，促进了中国革命事业的繁荣发展。红军到达陕北后进行了暂时的休整，随后，在直

图1-5 陕北吴起镇（今吴起县城）[②]

① 聂荣臻：《聂荣臻回忆录》（上），解放军出版社，2005，第289页。

② 中共中央党史研究室第一研究部：《红军长征史》，中共党史出版社，2006。

罗镇战役中粉碎了蒋介石对陕北的进攻。这为陕北根据地建设开创了一个新的局面，中央在之后的瓦窑堡会议上确立了建立抗日民族统一战线的政策，陕甘宁根据地也进一步得到扩大。

张国焘率领红四方面军南下后，在10月初到达卓木碉，在此召开干部会议。会上，他对中央先行北上的行为进行攻击，指责其为“右倾机会主义逃跑路线”。在这次会议上，他公然另立“中央”，自任“主席”。徐向前回忆说：“另立‘中央’的事，来得这么突然，人们都傻了眼。就连南下以来，一路上尽说中央如何如何的陈昌浩，似乎也无思想准备，没有立即发言表态支持张国焘。会场的气氛既紧张又沉闷，谁都不想开‘头一炮’。”[①]张国焘南下初期发动的战役取得了一定的成果，但是部队也遭到重创。红四方面军自南下以来，部队从原来的8万多人减至4万多人。无论从政治、军事还是从根据地的条件来看，张国焘南下的决策都是错误的。但是，中共中央并没有放弃张国焘，一方面同其错误作坚决的斗争，另一方面采取合适的方法教育他。1936年6月，在朱德等人与其一再斗争下，张国焘被迫取消另立的“中央”。7月，红二、红

图1-6 胜利到达陕北的红四方面军一部[②]

---

① 徐向前：《历史的回顾》（中），人民出版社，2016，第458-460页。

② 中共中央党史研究室第一研究部：《红军长征史》，中共党史出版社，2006。

六军团与红四方面军在甘孜胜利会师，后对军队进行了改编，红二、红六军团与红三十二军合编为红二方面军。此时，国内的形势发生了变化，抗日民族运动日益高涨，两大红军主力在甘孜召开会议，会上对张国焘的分裂行为进行了批判。在参会人员共同的劝说下，张国焘被迫承认错误，愿意北上。1936年10月9日，朱德、张国焘等人率红军总部和红四方面军抵达会宁城，与红一方面军会合。22日，红二方面军指挥部到达隆德将台堡，同红一方面军会合。至此，红军三大主力胜利会师，长征胜利结束。

（二）长征胜利的意义

红军历经两年的殊死战斗，一路上粉碎敌人无数次“围剿”，战胜了重重艰难险阻，最终到达陕甘地区，完成了伟大的长征。长征的胜利，是中国历史上一段传奇的革命佳话，具有深刻的历史意义，同时对中国特色社会主义建设具有重要的现实意义。

1. 长征胜利的历史意义

（1）长征的胜利标志着国民党企图消灭红军的计划破产

红军长征的胜利，改变了自第五次反“围剿”失败以来国民党军对红军围追堵截的状态，打破了敌人的重重封锁，鼓舞了广大革命人民。毛泽东在谈到红一方面军长征的意义时曾形象地说：“长征是历史纪录上的第一次，长征是宣言书，长征是宣传队，长征是播种机。自从盘古开天地，三皇五帝到于今，历史上曾经有过我们这样的长征吗？十二个月光阴中间，天上每日几十架飞机侦察轰炸，地下几十万大军围追堵截，路上遇着了说不尽的艰难险阻，我们却开动了每人的两只脚，长驱二万余里，纵横十一个省。请问历史上曾有过我们这样的长征吗？没有，从来没有的。长征又是宣言书。它向全世界宣告，红军是英雄好汉，帝国主义者和他们的走狗蒋介石等辈则是完全无用的。长征宣告了帝国主义和蒋介石围追堵截的破产。长征又是宣传队。它向十一个省内大约两万万人民宣布，只有红军的道路，才是解放他们的道路。不因此一举，那么广大的民众怎会如此迅速地知道世界上还有红军这样一篇大道理呢？长征又是播种机。它散布了许多种子在十一个省内，发芽、长叶、开花、结果，将来是会有收获的。总而言之，长征是以我们胜利、敌人失败的结果而告结束。”[①]

在红军长征过程中，国民党为了消灭中央红军，调集了百万军队，除了中央军以外，还包括湘军、黔军、滇军、东北军、西北军等部队，在红军经过的地方进行严密设防、围追堵截，妄图消灭红军。可是，国民党各部队之间存在着种种矛盾，都怀有各自的心机，难以达到真正的团结；而红军战士建立了你中有我、我中有你的革命情谊，共同团结互助对抗敌人。国民党代表的是大资产阶级的利益，对人民群众进行残酷的剥削压榨，没有革命的群众基础；而共产党领导的中央红军，代表的是广大人民的利益。在长征途中，红军所经过的地方都是一些偏远的地区，以及一些少数民族居住的地方。之前对红军有所了解的村民见到红军后十分亲切，他们知道红军是好人，并愿意加入红军的队伍，为中国革命事业而奋斗。未曾见过红军、对红军不了解的人们，通过长征，感受到了红军对他们的关怀，与地主、豪绅不同，便开始拥护中央红军。这使红军的影响逐渐扩大，从而巩固了共产党的群众基础。

（2）长征胜利锻炼了红军，造就了党的领导骨干，为建立强大的人民军队奠定基础

长征过程中，红军面临着各种挑战。在军事上，国民党有超出红军甚多的百万大军，有着一流的军事装备和配置，对红军进行四面八方的围追堵截；在政治上，“左”倾冒险主义路线在党内居主导地位，“左”倾错误执行者的瞎指挥给红军带来重大损失；在经济上，遭受敌人的打击和封锁，粮食、食盐和衣物等各种物资短缺，筹集起来十分困难；在自然环境上，红军长征经过的地方大多是一些偏远地区，自然环境恶劣，红军为突破敌人的封锁而爬雪山、过草地等。

尽管挑战很多，但红军总能战无不胜。湘江战役中，博古、李德的错误指挥给红军造成重创。为停止错误路线的继续执行，中共中央召开了遵义会议，对反“围剿”以来的经验教训进行总结，批评了博古、李德的错误指挥，挽救了党，挽救了红军，挽救了中国革命。在与敌人作战时，尽管红军在数量上和军事装备上都次于敌人，但是中共领导人根据实际情况运用灵活的战略战术，把握作战的最佳时机，变被动为主动，加之红军战士不畏生死、英勇奋战，最

① 毛泽东：《毛泽东选集》第1卷，人民出版社，1991，第149-150页。

终冲出了敌人的包围圈。在自然环境极其恶劣的条件下，红军战士不畏艰难。关于爬雪山，董必武回忆道：“浓雾环绕，大风凛冽，刚到半山，就下起雨来了。我们越爬越高，又撞上了让人担惊害怕的冰雹。空气越来越稀薄，呼吸越发困难。讲话是完全不可能的事，冷得人连呼气都冻了冰，手和嘴唇冻得发紫。有些人和牲口一步没走稳，就掉在冰河中，从此诀别。那些坐下来休息喘喘气的，就在原地冻僵。”[①]过草地时，在没有粮食的情况下，他们吃草根、啃树皮、煮皮带；在通过沼泽地时，他们互相搀扶，团结互助。“在长征的过程中，红军的力量受到了巨大的损失。红一、红二、红四方面军和红二十五军在长征出发前，共有20万余人，到达陕、甘地区时，只剩下了五六万人。其中红一方面军和中央军委机关及直属部队出发时有8.6万人，到达陕北时只剩下7000多人（与红四方面军在一起的红五、红九军团等未计算在内）。”[②]但是，这极大地提高了红军各方面的素质，锻炼了红军的战斗能力，造就了毛泽东、周恩来、朱德等党的领导骨干，为铸就强大的人民军队奠定了基础。

（3）长征胜利后建立陕甘革命根据地，推动了抗日民族统一战线形成

第五次反“围剿”失败后，红军被迫开始进行战略转移。在此之前，红军的革命根据地大多在南方。面对国民党百万军队的围追堵截和对中央革命根据地发起进攻，如果再继续在南方发展将异常艰难。同时，从当时的国内形势来看，日本帝国主义正加紧对中国的侵略，占领了东北地区，并进一步向其他地区扩张。在这紧要关头，蒋介石却坚持“攘外必先安内”的政策，对日本的侵略持续妥协、退让。此时，中华民族与日本帝国主义的矛盾已经成为中国社会的主要矛盾。在这种情况下，只有团结人民群众共同抗日才是正确之道。所以，中共中央决定北上，建立陕甘革命根据地，一方面是为了摆脱国民党军队的围追堵截，发展自身的革命力量，另一方面是为了进行抗日斗争。

长征胜利后，红军各部队集中于陕甘革命根据地，进入到抗战的前沿阵地，开创了中国革命的新局面。中共中央建立陕甘革命根据地之后，国内抗日民族运动日益高涨，人民群众纷纷参与到抵抗日本帝国主义侵略的活动中。依据国内形势的变化，中共中央提出了抗日民族统一战线的政策。1935年11

---

① 艾格妮丝·史沫特莱：《伟大的道路》，生活·读书·新知三联书店，1979，第372-373页。

② 中共中央党史研究室第一研究部：《红军长征史》，中共党史出版社，2006，第490页。

月，中共中央发布了《为日本帝国主义并吞华北及蒋介石出卖华北出卖中国宣言》。该宣言指出，“抗日反蒋是全中国民众救国图存的唯一出路”，“抗日”与“反蒋”的关系是“不可分离两位一体的任务”，“一切抗日反蒋的中国人民与武装队伍，不论他们的党派、信仰、性别、职业、年龄有如何的不同，都应该联合起来，为打倒日本帝国主义与蒋介石国民党而血战”。[①]1935年12月，中共中央在瓦窑堡召开了政治局扩大会议，通过了《中共中央关于目前政治形势与党的任务的决议》。决议指出，“在目前形势下，关门主义是党内的主要危险”，决定将中华苏维埃工农共和国更名为苏维埃人民共和国，与一切抗日力量共同组成国防政府和抗日联军。中共中央号召全党克服关门主义，为坚决贯彻党的策略路线而斗争，把统一战线用到全国去，把国防政府与抗日联军建立起来，把苏维埃人民共和国变成全民族的国家，把红军变成全民族的武装队伍，把党变成伟大的群众党，把土地革命与民族革命结合起来，把国内战争与民族战争结合起来。瓦窑堡会议制定了抗日民族统一战线的方针，中国共产党站在整个中华民族的利益上，将中国革命由国内战争向抗日战争转变。

（4）长征胜利推进了以毛泽东同志为核心的第一代中央领导集体的形成，是中国革命的转折点

1933年初，临时中央被迫从上海迁入中央苏区，这使“左”倾错误在中央苏区蔓延。为了获得大权，博古、李德对有不同意见的人进行残酷打击，反对以毛泽东为代表的正确主张，在党内先后开展了反对所谓“罗明路线”的斗争，反对邓小平、毛泽覃等所谓“江西罗明路线”的斗争，坚持以城市为中心，执行“左”倾冒险主义路线。在他们的领导下，红军第五次反“围剿”惨败，随后在战略转移中血洒湘江，给红军造成重创。博古、李德两人的错误指挥是造成红军接连失败的主要原因。毛泽东曾多次提出切合实际的正确意见，均被博古和李德拒绝；但是毛泽东并没有放弃同“左”倾路线的斗争，在长征过程中他经常做大家的思想工作，转变大家的立场。

1935年1月，红军占领了遵义，在毛泽东等中央领导的争取下召开了遵义会议。遵义会议是党的历史上生死攸关的转折点，事实上确立了毛泽东同志在党中央的领导地位。此后，在毛泽东的带领下，红军获得了新生，开始了四渡

---

① 中央档案馆:《中共中央文件选集》第10册，中共中央党校出版社，1991，第574-575页。

图1-7　长征源（位于江西省于都县）

赤水、巧渡金沙江、强渡大渡河、翻越雪山、跨过草地、突破腊子口，成功地摆脱了国民党军的围追堵截，最终革命根据地奠基大西北。周恩来曾说："中央红军能不在李德的荒谬指挥下被消灭，而能渡过长征困难，实因在遵义会议后得到毛主席的领导，以及一、三军团骨干的努力。"①长征的胜利，首要在于确立了以毛泽东为代表的正确的中央领导。长征胜利后，中国革命进入抗日战争阶段。这一时期，毛泽东思想逐渐成熟，成为革命胜利的思想武器。抗战胜利后，中国共产党经过三年解放战争打败蒋介石，建立了新中国。因此，长征的胜利推进了以毛泽东同志为核心的第一代中共中央领导集体的形成，是中国革命的转折点。

2. 长征胜利的现实意义

（1）长征胜利为孕育中华民族精神提供了精神财富

在红军长征过程中，中华民族精神为长征胜利和长征精神形成提供了文化基础，使得红军能够克服一切艰难险阻，最终取得长征的胜利。同时，长征的胜利特别是长征精神的形成，丰富了中华民族精神的内涵，为提升中华民族精神提供了精神财富。长征的胜利增强了中华民族的凝聚力和创造力。

增强了中华民族的凝聚力。所谓凝聚力，是指将系统内部具有相互影响的因素凝聚在一起，从而实现整体力量大于部分之和的效果。民族凝聚力是一个民族各个阶层、各个群体团结起来所形成的向心力和内聚力。对于一个国家而言，民族凝聚力就显得十分重要。民族凝聚力，是国家对内实现繁荣发展的内生力量，是对外抵御外来侵略、实现民族独立的重要保障。长征的胜利启示我

① 中共中央党史资料征集委员会、中共中央档案馆：《遵义会议文献》，人民出版社，2009，第79页。

们，民族的凝聚力，就是当为实现国家目标的时候，能万众一心、众志成城；当民族处于危难的时候，能前仆后继、为国分忧。长征精神产生的巨大凝聚力，将全军上下凝聚成一个无坚不摧的战斗集体。

第一，长征中形成的凝聚力源于对国家和民族的赤诚。1934年10月，中共中央、中革军委率中央红军主力8.6万多人，踏上战略转移的漫漫征程，开始了世界历史上前所未有的壮举。渡过湘江后，中央红军从长征出发时的8.6万多人锐减到3万多人。面对着生与死的较量，红军将士没有退缩和逃避，也没有被眼前的困难吓倒。他们无私无畏，以拯救中华民族、解救民众于水深火热的博大胸怀，心甘情愿地面对人世间难以想象的千难万阻。第二，长征中形成的凝聚力源于对理想信念的坚定。坚定的理想信念犹如一盏明亮的灯塔，它引导着革命的方向，产生着强大的凝聚力和感召力，激励着红军。正如习近平总书记所说："崇高的理想，坚定的信念，永远是中国共产党人的政治灵魂。中国共产党从成立之日起，就把共产主义确立为远大理想，始终团结带领中国人民朝着这个伟大理想前行。党和红军几经挫折而不断奋起，历尽苦难而淬火成钢，归根到底在于心中的远大理想和革命信念始终坚定执着，始终闪耀着火热的光芒。"①第三，长征中形成的凝聚力源于对中国共产党领导的事业充满自信。红军是中国共产党缔造和指挥的军队。初创时期，红军成分一部分是工人、农民，一部分是游民无产者，还有一部分是旧军队过来的，各种动机、思想掺杂在一起。面对这种状况，中国共产党从这支军队创建开始，就十分重视思想教育和政治建设。这样，中国共产党领导的这支以农民为主体的军队，已经锻炼、培养成为无产阶级的新型军队。为中华民族而战，为无产阶级而战，为共产主义而战，逐渐成为红军官兵的共同理想信念。这种共同的理想信念，奠定了红军凝聚力形成的思想基础，并使这一凝聚力在红军长征中得到了进一步增强。

增强了中华民族的创造力。长征是一部艰苦卓绝的战争史，是一部排除万难的奋斗史，更是一部充满艰辛的创造史。二万五千里征程，红军战士以坚如磐石的理想信念、百折不挠的英雄气概、敢于胜利的革命风范，书写了人类历史的传奇，更为中华民族留下了一笔沉甸甸的宝贵精神财富。长征是中华民族

---

① 习近平：《论中国共产党历史》，中央文献出版社，2021，第140–141页。

的历史奇迹，综合体现了红军战士的智慧、才干、胆识、事业心和责任感。实事求是原则和独立自主创新胆略是长征留下来的宝贵财富，更是中国革命的灵魂。

独立自主就是坚持中国共产党对中国革命的独立领导，坚持走中国特色的革命道路。这是中国革命必须坚持和遵循的基本原则。这一原则，并不是从党一成立就确立起来的。长征之前，共产国际作为世界性的共产党组织，对中国共产党实施领导并指导中国革命。这种领导和指导，有积极作用，也有消极影响，先后造成中国共产党内右倾和“左”倾思想的产生和发展。在中国革命开辟以农村包围城市、武装夺取政权的正确道路之后，“左”倾教条主义危害尤为严重。在“左”倾教条主义的错误指挥下，红军遭遇了第五次反“围剿”的惨重失败和长征初期一连串的严重失利。血的事实让党和红军开始深刻反思“左”倾错误。1935年1月召开遵义会议，中国共产党终于迈出独立自主解决中国革命问题的决定性一步。从此，中国共产党把中国革命的命运完全掌握在自己手中，独立自主地解决一系列路线、方针和政策问题，开辟了中国革命的新天地。

坚持独立自主、实事求是，使党和红军在最危急关头转危为安。在此后的革命实践中，这一宝贵的精神财富也在不断打磨中更加耀眼，指引着党和人民军队从胜利走向胜利。抗日战争爆发后，中国共产党在抗日民族统一战线中坚持独立自主原则，牢牢地把握党在统一战线中的领导权，实事求是地提出并坚决贯彻持久战的战略总方针，在全民族抗战中发挥了中流砥柱作用。在解放战争中，党和人民军队及时进行战略转变，坚决抵制一切外部干预，坚决将革命进行到底，取得了新民主主义革命的彻底胜利。

（2）长征胜利为党的先进性建设提供了经验

长征的胜利既是对长征革命经验的概括总结，也是党的先进性的体现。党的先进性促进了长征的胜利，长征的胜利又充分体现了党的先进性，二者紧密相连。党在长征中的先进性经验，对于当前提高党的执政能力和水平，具有十分重要的意义。

加强党的先进性，必须坚持马克思主义理论的指导。长征的胜利就是马克思主义理论的具体实践，就是将马克思主义基本原理同中国革命具体实践相结合的过程。长征的经验证明，要从具体的国情党情出发，排除党内错误思想的干扰，把马克思主义的学说和理论与中国具体党的建设和革命实际相结合，探索一条具有中国特色的建设道路。正如习近平总书记所言：“中国共产党人的理想信念，建立在马克思主义科学真理的基础之上，建立在马克思主义揭示的人类社会发展规律的基础之上，建立在为最广大人民谋利益的崇高价值的基础之上。我们坚定，是因为我们追求的是真理。我们坚定，是因为我们遵循的是规律。我们坚定，是因为我们代表的是最广大人民根本利益。”[①]

加强党的先进性建设，必须注重党的思想政治工作。长征取得胜利的原因有很多，其中科学细致、全面深入的思想政治工作为长征胜利提供了重要的精神保证。聂荣臻曾提出：“从某种意义上讲，我们红军打仗，打的就是政治。”[②]遵义会议总结了第五次反“围剿”失败的教训，指出“左”倾冒险主义的严重错误，确立了毛泽东在中共中央和红军中的领导地位，解决了当时最为紧迫的军事问题和组织问题。遵义会议是长征途中的重要转折点，也是中国共产党思想政治工作走向成熟的重要标志。同时，长征途中，红军在纸墨不足的艰苦条件下就地取材，运用了报纸刊物、标语、革命歌曲、诗歌、漫画、戏剧等多样化的思想政治工作载体。[③]

党的先进性建设，要以民主集中制促进党内团结。正如邓小平同志所讲：“一个党如果允许它的党员完全按个人的意愿自由发表言论，自由行动，这个党当然就不可能有统一的意志，不可能有战斗力，党的任务就不可能顺利实现。所以，要坚持和改善党的领导，必须严格地维护党的纪律，极大地加强纪律性。”[④]党内民主是党的生命，对人民民主具有重要的示范和带动作用。党的集中统一，全党的团结一致，是全国各族人民的利益所在。没有严格的和自觉的纪律作保证，不可能做到集中统一。毫无疑问，长征靠的就是这种严密的组织纪律建设，取得了长征最后的胜利。

（3）长征胜利为建设中国特色社会主义提供了动力支撑

今天，我们建设新时代中国特色社会主义，与昔日红军长征的任务、条件

① 习近平：《论中国共产党历史》，中央文献出版社，2021，第149页。
② 聂荣臻：《聂荣臻回忆录》，战士出版社，1983，第203页。
③ 吴琼：《红军长征时期思想政治工作的特点及启示》，《思想理论教育导刊》2016年第10期。
④ 邓小平：《邓小平文选》第2卷，人民出版社，1994，第271页。

大不相同。然而在一个充满国际经济竞争和综合国力较量的国际环境中，在一个地域辽阔、人口众多、情况复杂、发展任务异常艰巨的大国建成社会主义现代化，其艰难险阻远甚于当年的长征。建设中国特色社会主义是一项亘古未有、充满艰辛探索和创造的事业，正是我们进行的“新长征”。

长征的胜利体现了鲜明的政治本色。中国共产党有着鲜明的政治理想和政治立场，有着严格的政治纪律和政治规矩，政治是我党最本质的特征。国家要繁荣昌盛，共产党必须强大，必须有一支过硬的队伍，而这支队伍必须是有着铁一般信仰、铁一般信念、铁一般纪律、铁一般担当的干部队伍，来担当起建设党坚强有力的执政地位。[①]中国共产党的正确领导，是红军所向披靡、最终胜利的根本原因。而作为党的指导思想，马克思主义在中国具体实践中的运用，在长征中也发挥了关键性的指挥棒的作用，奇迹般地扭转了长征过程中的危急局势，是党的思想活的灵魂。

长征的胜利展现了先进的文化精髓。中华民族有众多的文化象征，会形成巨大的精神力量。长征中形成的长征文化，无疑是中华民族一个重要的“精神之器”。弘扬长征文化，会让更多的中国人更好地树立文化自信。中央红军长征这一人类历史上罕见的不畏艰险的远征，历时一年，转战11个省，在二万五千里征途中，给后人留下了大量的革命文物和遗址、遗迹。此外，红军在长征途中，文化工作者通过诗歌、散文、音乐、美术、舞蹈、曲艺、新闻出版等多种文化载体，宣传红军指战员在征途中翻越雪山、跋涉草地的英雄壮举，报道红军沿途发动群众、纪律严明、扶危济困的动人故事，也留下了大量珍贵的文化记忆。长征途中，红军在饥饿、寒冷、伤病和死亡的威胁下，平均每天急行军50公里以上，平均每走300米就有一人牺牲。这无数惊天地、泣鬼神的故事，并不一定见诸文字，却在人民群众中间广为流传，成为民族记忆的一部分。所有这些，都构成了长征文化的重要内容，也成为了革命文化的精髓。

长征的胜利创造了巨大的经济效益。建设中国特色社会主义这个主题，内涵丰富、意义深远。最基本的就是把发展生产力摆在首要位置，为实现中华民族伟大复兴中国梦提供经济基础。红色文化是中国人民在长期的革命实践中，

---

① 习近平：《增强推进党的政治建设的自觉性和坚定性》，《人民日报》2019年7月16日，第1版。

不断地选择、重组、整合中外优秀文化思想的基础上所形成的特定“文化精神”和“文化形态”。这种特殊的“文化”随着经济社会的发展、人们的文化需求的增长，特别是社会主义市场经济体制建立过程中除了其原来所具有的文化、政治、教育等方面的价值外，它的经济价值和经济功能越来越显现。[①]在国家旅游局的倡导和支持下，各革命老区充分发挥自身的红色旅游资源优势，使红色旅游在全国范围内有声有色地开展起来。长征精神所振兴的旅游资源，也能够在中国经济腾飞过程中画上浓墨重彩的一笔。

二、长征精神形成的基础

（一）长征精神形成的思想理论基础

长征精神作为一种在长征过程中形成和发展的精神财富，是对二万五千里长征过程的精辟总结。长征的胜利以及长征精神的形成离不开正确理论的指导。马克思主义理论和方法的指导，为红军长征胜利起到了重要的作用，构成了长征精神形成的理论基础。

1. 马克思列宁主义的传播

任何思想理论的产生，都离不开与之相关的思想文化材料和意识形态因子的指引。长征精神的形成，也正是在马克思主义的指导下，在取得长征胜利的过程中形成的。

第一次世界大战中作为战胜国的中国，在巴黎和会上提出的合理要求被拒绝，合法权益被践踏。巴黎和会上的外交失败，暴露了帝国主义的虚伪性，也使得近代中国知识分子看清了帝国主义的丑恶嘴脸。随后，俄国爆发了十月革命，并建立了世界上第一个马克思主义指导下的社会主义政权，使得苦苦探索

① 钟利民：《论红色文化的经济价值及实现问题》，《求实》2010年第3期。

中华民族出路的革命先辈看到了拯救民族危亡的曙光，并认识到建立了社会主义政权的俄国是当时世界上愿意以平等待我之民族。俄国探索的社会主义道路是一个有利于民族独立和富强的新道路，为马克思主义在中国的传播奠定了重要的基础。

近代中国最早受到马克思主义影响，系统、全面地传播马克思主义的人是李大钊。十月革命一声炮响，给中国送来了马克思主义。十月革命胜利后，李大钊开始系统学习马克思主义理论知识，传播马克思主义思想，并先后发表《法俄革命之比较观》《庶民的胜利》《布尔什维主义的胜利》《我的马克思主义观》等文章和演说，阐述十月革命的意义，宣传马克思主义学说，成为我国最早传播马克思主义的人。与此同时，随着五四运动爆发，知识分子们看到了中国革命的工人基础。广大青年学生走上街头，开始传播马克思主义思想，逐渐成为后来的中国革命的主力军。

马克思主义在中国知识分子中得到了进一步的传播，并促进了其与中国工人运动的深入结合，为中国共产党的创建准备了思想和现实条件。在此基础上，中国共产党第一次全国代表大会于1921年召开。中共一大正式宣告了中国共产党的成立，并将马克思主义作为其指导思想。中国共产党举起了真理的火炬，更大范围内吸引着为民族救亡图存的先进知识分子和爱国人士，哺育了一大批杰出的共产主义者，加速了中国人民的觉醒，为苦苦探求救亡图存、民族独立的中国人民指明了前进方向，提供了一个全新选择[①]。

中国共产党自成立之日起，就把马克思主义作为指导思想，并写在自己的旗帜上。“通过中国共产党的宣传和努力，它已成为中华民族的形式。而不断发展的马克思列宁主义在后来日益成为中国劳动人民进行革命斗争的强大战斗武器和战旗。”[②]毛泽东曾指出：“中国共产党的二十年，就是马克思列宁主义的普遍真理和中国革命的具体实践日益结合的二十年。如果我们回想一下，我党在幼年时期，我们对于马克思列宁主义的认识和对于中国革命的认识是何等肤浅，何等贫乏，则现在我们对于这些的认识是深刻得多，丰富得多了。”[③]

---

① 李磊、张勇：《长征精神的生成理路与时代薪传》，《南通大学学报》2017年第4期。

② 刘少奇：《刘少奇选集》下卷，人民出版社，1985，第79-91页。

③ 毛泽东：《毛泽东选集》第3卷，人民出版社，1991，第795-796页。

由此可以看出，中国革命道路的每一步发展，都是在马克思列宁主义的指导下取得的，中国社会发展取得的成就都是马克思列宁主义同中国社会具体实际相结合的产物。在中国长征道路上形成的长征精神，也离不开马克思列宁主义的指导。

2. 马克思主义中国化思想方法的指引

长征的胜利与长征精神的形成闪耀着马克思主义思想方法的光辉，是共产党人将马克思列宁主义基本原理同中国革命具体实际相结合而形成的马克思主义中国化思想方法的指引。

（1）一切从实际出发，实事求是

习近平总书记曾指出："实事求是，是马克思主义的根本观点，是中国共产党人认识世界、改造世界的根本要求，是我们党的基本思想方法、工作方法、领导方法。不论过去、现在和将来，我们都要坚持一切从实际出发，理论联系实际，在实践中检验真理和发展真理。"[①]在长征过程中，中国共产党人坚持一切从实际出发、实事求是的思想方法，制定了正确的战略立足点，采取灵活多样的方式，使得红军队伍得以突破重围，取得长征的胜利。

从实际出发，制定正确的战略方针。在面对国民党的围追堵截，第五次反"围剿"失败后，面临绝境的红军被迫战略转移，随后开始了漫长的长征。在长征过程中，根据现实具体情况的发展变化，总体上确定了"北上"的战略计划，但具体的行动路线和方案，是根据现实情况变化，敌我力量对比，沿途自然条件、地质状况来决定的。经过对湘西、川黔边、川西或川西北的考量，最终决定北上陕北。在长征初期，红军计划向湘西进军，在那里创建新的革命根据地；但当红军突破四道防线之后，损失过半，面对强大的敌人，实力相差极为悬殊，倘若执意向湘西进军，就有全军覆没的危险。危急关头，中央决定转战贵州，为保存实力、扭转战局奠定了基础。在红一方面军和红四方面军会师后，中央与张国焘在南下和北上之间存在分歧，最后中央确立了决定红军命运的北上战略。最终的实践证明了北上战略的正确性与可行性。

从实际出发，树立正确的战略思维。恩格斯曾指出："历史从哪里开始，

---

① 习近平：《论中国共产党历史》，中央文献出版社，2021，第59页。

思想进程也应当从哪里开始，而思想进程的进一步发展不过是历史过程在抽象的、前后一贯的形式上的反映。”[①]战略思维，是一种高瞻远瞩、统揽全局、善于把握事物发展总体趋势和方向的思维方法。战略思维属于宏观思维、大局思维。它强调对问题全局性、整体性和前瞻性的把握，反映了人们看问题的广度和深度。在红军长征的初期，由于战略思维僵化，过分依赖教条主义思想的指导，红军队伍在长征过程中受到重创，也因此付出了巨大的代价。之后，中国共产党逐步意识到前期在军事战略上所犯的错误，逐步恢复以往反“围剿”战争的正确的军事战略战术原则。1935年遵义会议后，在以毛泽东同志为核心的中共中央、中革军委的指挥下，中央红军总结“左”倾教条主义错误领导者在军事行动中的错误做法，从红军处在敌人重兵围追堵截之中的实际出发，敌变我变，实行大范围的机动作战，保存实力，避免决战，声东击西，忽南忽北，避实就虚，即打即离，纵横穿插于敌重兵集团之间，在云贵川广大地区调动敌人，取得四渡赤水、威逼贵阳、兵临昆明、巧渡金沙江等作战的重大胜利，上演了一幕幕英雄史诗。

（2）总揽全局，重点突破

习近平总书记指出：“面对复杂形势和繁重任务，首先要有全局观，对各种矛盾做到心中有数，同时又要优先解决主要矛盾和矛盾的主要方面，以此带动其他矛盾的解决”。[②]面对复杂的情况，必须坚持用马克思主义的辩证唯物主义和历史唯物主义的方法和观点，树立全局观、大局观。同时也要看到重点问题和主要矛盾，在辩证统一中促进问题解决。纵观中国近代百年历史，自共产党成立以来，历经革命、建设和改革各个历史时期，都闪耀着辩证法的光辉。

抓住主要矛盾，确立抗日方针。自1931年九一八事变以来，日本入侵中国东北，企图奴役中国人民。全民族抗战爆发后，中国社会主要矛盾逐渐由国共两党的党派之争转变为中华民族和日本帝国主义之间的矛盾。在民族危亡之际，以蒋介石为首的国民党反动派只考虑自身政治利益，不惜容忍日军在中华大地肆虐，依然推行“攘外必先安内”的政策，在前方集中精锐兵力“围剿”

---

① 马克思、恩格斯：《马克思恩格斯选集》第2卷，人民出版社，1995，第43页。

② 习近平：《习近平在中央政治局第二十次集体学习时的讲话》，《人民日报》2015年1月25日，第1版。

共产党革命根据地，在后方压制广大民众的抗日激情。中国共产党全面分析与正确把握国内外形势的深刻变化，立足于国家和民族大局，以抗击日本侵略者、挽救中华民族危机为己任，在长征中高举“北上抗日”旗帜，赢得了各阶层民众和进步人士的理解、同情和支持。正是因为共产党能够总揽全局，以国家危亡和民族利益为重，在长征的同时仍然不忘抗日这个主要任务，才能得到人民群众的支持和拥护，取得长征的伟大胜利，并在长征过程中形成了以国家和民族利益为重的伟大长征精神。

成功召开遵义会议，抓住核心问题。从1934年10月被迫转移开始长征到1935年1月遵义会议召开，短短三个月时间，暴露出党在思想、组织和军事指挥上的诸多问题，但最核心的是军事指挥问题。1934年10月，由于“左”倾教条主义、冒险主义的错误，中央苏区红军未能打破国民党军队的第五次“围剿”，被迫进行战略转移，并实现北上抗日的目的。遵义会议前夕，中央红军和中央机关人员由长征开始时的8.6万人锐减到3万多人，前有重兵堵截，后有大军围追，陷入被动挨打、濒于全军覆没的危险境地。在这个极其危险的历史关头召开的遵义会议，挽救了中国共产党，挽救了中国革命，对红军长征的胜利产生了决定性的作用。遵义会议首先着重解决了当时最为急迫的军事指挥权问题，使红军由被动转为主动，成为长征走向胜利的关键一步。遵义会议后，红军恢复了过去在毛泽东同志领导下作战的正确原则，迂回曲折地穿插于敌军重兵之间，四渡赤水、兵临贵阳、威逼昆明、巧渡金沙江，彻底摆脱了长征初期的被动局面。同时，遵义会议对中央领导机构进行了调整，确立了毛泽东同志在党和红军中的领导地位，为夺取长征胜利提供了根本的组织保证。遵义会议推举毛泽东同志为中央政治局常委，同时决定撤销长征前组成的“三人团”，改由周恩来、朱德指挥军事。随后不久，又成立了由毛泽东、周恩来、王稼祥组成的三人小组负责全军的军事行动。我们党对在党内占统治地位长达4年之久的王明“左”倾错误路线的纠正乃至对整个党的历史经验的科学总结，是以这次会议为开端的。党开始独立自主地解决中国革命和党内的重大问题，在政治上走向成熟，是以这次会议为标志的。正是因为在遵义会议上抓住了军事指挥权这个主要问题，从而确立了正确的军事路线，能够在遵义会议这个生死攸关的转折点奠定长征胜利的基础，促进了长征精神形成。[①]

（3）坚持群众路线的思想方法

共产党人强调坚持马克思主义实践论和唯物史观，尊重实践、尊重和热爱群众，唯有一个落脚点，就是一切为了人民、一切依靠人民。这既是遵循马克思主义历史唯物论和认识论的必然结论，又与共产党人为之奋斗的崇高理想相一致。“党的正确的路线、政策是从群众中来的，是反映群众的要求的，是合乎群众的实际的，是实事求是的，是能够为群众所接受、能够动员起群众的，同时又是反过来领导群众的，这就叫群众路线。”[②]一切为了群众，一切依靠群众，从群众中来，到群众中去。群众路线是党的最大政治优势和优良传统作风，也是凝练成长征精神的根本方法。正是因为对群众路线的坚持，才能够取得长征的胜利。

在长征极端险恶的环境中，党和红军坚定不移地践行为人民服务的宗旨，努力保持与人民群众的血肉联系。长征确定北上抗日的战略方针，充分表明我们党始终以最大限度地维护人民和民族的根本利益作为制定方针政策的出发点，从而赢得了全国人民的拥护和支持，这是长征胜利的政治基础。在红军所到之处，严格执行群众纪律和党的民族宗教政策，深入宣传党和红军的宗旨及北上抗日主张，使各族群众深切感受到共产党和红军是他们的救星和希望，从而真心拥护和大力支持红军。军事上处于无后方无依托、非常险恶的境地，作战环境和生活条件异常艰苦；但是红军每进驻一地，都组织群众与地主豪绅作斗争，把打土豪得来的粮食、衣物分给贫苦群众。在行军途中，凡是遇到饥寒交迫的群众，红军指战员们在自己极端困难的情况下，仍然替群众着想，把仅有的衣服、被子甚至是粮食都无偿送给群众。由于红军所到之处真心诚意为群众办事，帮助穷苦人翻身得解放，因而赢得了沿途各族人民对红军的大力支持。红军在长征途中遇到的许多难以预料的困难，都是依靠群众帮助解决的。群众路线的践行树立了红军将士在人民群众心目中的良好形象，进而激发了广大民众为红军做指引、运送食物、治疗伤员的积极性与主动性。

---

① 窦爱兰、傅顽路：《胜利彰显马克思主义思想方法巨大威力》，《军队政工理论研究》2016年第5期。

② 邓小平：《邓小平文选》第1卷，人民出版社，1994，第288页。

长征之所以能够取得胜利，是因为党及其领导的红军能够严格遵守群众纪律，丝毫不侵犯人民利益，并紧紧依靠人民群众，进而实现了与人民血脉相通，做到了与群众患难与共。正如习近平总书记指出："群众路线是我们党的生命线和根本工作路线，是我们党永葆青春活力和战斗力的重要传家宝。不论过去、现在和将来，我们都要坚持一切为了群众，一切依靠群众，从群众中来，到群众中去，把党的正确主张变为群众的自觉行动，把群众路线贯彻到治国理政全部活动之中"[①]。群众路线为长征精神的形成提供了基础，从思想方法层面推动了长征精神的形成。

（二）长征精神形成的文化基础

长征精神是中华民族的精神丰碑，成为激励人心、鼓舞前进的重要精神财富。长征精神源于中华民族五千年的光辉历程，有着深厚的文化根基和精神基因。

1. 中华优秀传统文化的支撑

"中华优秀传统文化是中华传统文化的精华所在、精神所在、气魄所在，是中华民族长期发展过程中形成的、有着积极的历史作用、至今具有重要价值的思想文化。"[②]中华优秀传统文化随着时代的发展，已深深融入每个中华儿女的血脉之中，成为维系中华民族生存与发展的纽带，在长征过程中为无数革命先辈淬炼长征精神提供了重要的支撑。

在中华民族历史进程中，涌现了无数仁人志士，他们或是坚贞不屈、舍生忘死，或是忧国忧民、心怀天下，以自身的实际行动为中华优秀传统文化打上了鲜明的印记，成为优秀传统文化最亮丽的底色。著名爱国诗人屈原，心怀家国、坚定理想，宁死不屈、刚正不阿；祖逖在经历国家分裂、民不聊生之后，毅然选择勤奋读书，闻鸡起舞、不屈不挠，立志北伐中原、光复失地；戚继光抗击倭寇，驱逐来犯之敌，捍卫国家领土；"戊戌六君子"为谋求社会发展，传播进步思

① 习近平：《论中国共产党历史》，中央文献出版社，2021，第61页。

② 李宗桂：《试论中国优秀传统文化的内涵》，《学术研究》2013年第11期。

潮，不畏牺牲、英勇就义，唤醒了人民的爱国思想。可见，从古代到近代，无数先烈以强烈的爱国情怀、心怀人民的为民情感，以及抛头颅、洒热血的牺牲精神，奠定了中华优秀传统文化的基调，成为爱国主义文化的主旋律。

在长征时期，红军继承和发扬了中华优秀传统文化的精髓。正是在这种优秀文化的熏陶和鼓舞下，形成了救国救民，不畏任何艰难险阻，不惜作出一切牺牲的长征精神。为了打破国民党封锁，实现北上抗日，英雄的红军将士血战湘江，四渡赤水，巧渡金沙江，强渡大渡河，飞夺泸定桥，鏖战独树镇，勇克包座，转战乌蒙山，击退上百万穷凶极恶的追兵阻敌，征服空气稀薄的冰山雪岭，穿越渺无人烟的沼泽草地，纵横11个省，长驱二万五千里，创造了人类战争史上的奇迹。在面临着超越人类身体极限的艰难险阻中，红军战士用实际行动甚至是生命的代价为维护国家和民族利益而不断努力奋斗，他们身上体现的坚定信念、不屈品格和无畏精神是中华优秀传统文化的高度升华和集中体现。长征精神根植于中华优秀传统文化之中，中华优秀传统文化又推动了长征精神的形成。

2. 中华民族精神的孕育

中华民族在五千年的发展历程中，创造了璀璨的物质文明和精神财富，形成了以爱国主义为核心的团结统一、爱好和平、勤奋勇敢、自强不息的伟大民族精神。这是推动、鼓舞和激励中国人民不断攻坚克难、从胜利走向胜利的强大精神动力。

（1）爱国主义作为民族精神的核心，是推动长征精神形成的动力源泉

红军长征途中，在面对国民党军围追堵截、党内“左”倾错误思想领导，以及恶劣的自然环境的形势下，通过艰苦卓绝的实践探索，把解决生存危机同拯救民族危亡相结合，把长征的大方向同建立抗日前沿阵地相结合，实现了国内革命战争向抗日民族战争的转变，为夺取中国人民抗日战争胜利、进而夺取新民主主义革命胜利打下了坚实的基础。长征过程中的爱国主义集中体现在以下几个方面。

第一，发表宣言。1935年8月1日，中华苏维埃政府发布了《为抗日救国告全国同胞书》，即人们通常所说的“八一宣言”。八一宣言分析了中国面临的被日本亡国灭种的燃眉之势，呼吁：无论各党派间在过去和现在有任何政见和

利害的不同，无论各界同胞间有任何意见上和利益上的差异，无论各军队间过去和现在有任何敌对行动，应当停止内战，集中一切力量去为抗日救国的神圣事业而奋斗。宣言还公开反对日本干涉中国内政。针对日本要求解散国民党党部和蓝衣社组织的要求，宣言表示，在共产党及苏维埃政府看来，一切中国人的事，应该由中国人自己解决。无论国民党罪恶如何滔天，但其应否存废问题，日寇绝无置喙的余地。这更加充分说明，尽管中国共产党人过去曾遭受国民党特务的迫害，长征一路上都遭受国民党大军的“围剿”，但在维护国家主权的问题上，中国共产党毫不含糊地站在国家和中华民族立场，坚决地维护国家权利①。

第二，促成抗日民族统一战线建立。1935年10月中央红军到达陕北，完成长征任务。到达陕北后不久，中共中央为争取全面抗战的发动，进一步完善和发展抗日民族统一战线，召开了瓦窑堡会议。瓦窑堡会议在如何联合一切抗日力量方面，如对待愿意抗日的知识分子，愿意抗日的敌军官兵、富农、民族工商业资本家等，还有许多具体说明。瓦窑堡会议后，红军与陕北的东北军、西北军的关系有所改善，红军与东北军的一部达成抗日协定，抗日统一战线进一步发展。对蒋介石态度的改变，则是自1936年2月开始的。1936年9月8日中共中央给朱德、张国焘、任弼时的电报中要求“抗日反蒋不能并提”，称中共从1936年2月已开始改变这一口号。这充分反映了中国共产党人以民族大义为重，团结全国各个抗日力量，共赴国难的勇气和决心。正是由于爱国主义信念的生动体现，也成就了把全国人民和中华民族的根本利益看得高于一切，坚定革命的理想和信念，坚信正义事业必然胜利的长征精神。

（2）团结统一是中华文明生生不息的重要法宝

习近平总书记曾指出：“长征的胜利，实现了在追求真理、坚持真理的基础上全党的空前团结、红军的空前团结。没有这种思想上政治上的大团结，中国革命胜利是不可能实现的。”②在二万五千里长征途中，正是由于在中国共产党的领导下，全体红军官兵团结一心、齐心协力，在长征过程中不断团结群

---

① 秦祖富：《爱国主义的民族精神在长征中闪耀光芒》，《毛泽东思想研究》2012年第3期。

② 习近平：《论中国共产党历史》，中央文献出版社，2021，第143页。

众、赢得群众，为长征的胜利奠定了群众基础。在长征过程中团结统一体现在以下方面。

第一，打破了敌人的围追堵截。1931年11月，在根据地和红军不断发展的形势下，党认识到加强各根据地和红军集中统一领导的重要性，成立了中华苏维埃共和国临时中央政府和中央革命军事委员会，在一定程度上加强了对处于被分割状态的各根据地和红军的中枢指挥，为此后各地红军的协同作战提供了必要的保障。长征开始前后一段时期，中共中央和中革军委始终是全党全军团结统一的中心。为配合党中央和中央红军战略转移，各个根据地和各地红军都表现出了高度的团结统一意识，实现了各路红军的相互配合、协同作战。整个长征期间，各路红军的战略配合，有力地促进了长征的胜利进行。当时各路红军虽然分别踏上征途，但都直接或间接得到了中共中央和中革军委的指示和命令，有的虽然在长时间里与中央失去联系，但他们始终心系大局、团结协作，千方百计从战略上相互配合。这种局面的出现，就得益于红军固有的团结统一意识。正是因为具有这种团结统一的意识，红军才能冲破国民党军队的围追堵截，终于胜利完成跨越十几个省、总行程达数万里的长征。长征胜利，成为中国革命转危为安的关键。

第二，挫败了张国焘分裂图谋。共产党之所以有力量，一个重要因素就在于全党的团结统一；红军之所以有力量，同样在于团结统一。全党全军像一个人一样紧紧团结在中央周围，这是红军长征胜利的重要保证。长征中，全党全军在维护团结统一的道路上并非一帆风顺，尤其是经历了与张国焘分裂图谋的复杂斗争。长征途中，张国焘凭借着自己资历较老，自诩有共产国际支持，将红四方面军视为私人武装，在红军第一、第四方面军会师时野心便开始膨胀，妄图以枪控党。面对张国焘的错误行径，党和红军长期形成的团结统一意识对此形成有力的制约。除中央采取各种方式团结、争取、教育张国焘外，不得不暂时南下的各级指战员们也自觉与分裂行为作斗争①。

第三，战胜了自然环境的挑战。红军是我党创建的新型人民军队，官兵一致是这支军队区别于一切旧军队的鲜明特征。长征途中，面对来自大自然的严

① 汪玉明：《红军长征：全党全军自觉维护团结统一的生动诠释》，《文史天地》2017年第10期。

峻挑战，党和军队领导人始终与普通战士同甘共苦、共渡难关。红军过草地期间，粮食奇缺，饥饿成为人们心中挥之不去的阴影。为了克服缺粮的困难，大家主动把仅有的粮食与他人分享，宁愿自己挨饿也不能让战友断粮。当时，为帮助生病体弱的同志坚持下去，红军先后多次发出指示，要求给伤病员特殊照顾，用团队的力量鼓舞他们。“对于真正有病的人员，要在连队广泛地发扬阶级友爱，发动未病人员背包袱、背枪、烧开水、烧洗脚水，各方面帮助病员，减少病员的痛苦，并用很好的同志关系，劝慰督促他们跟上队伍。”萧锋在日记中记录了这样一位同志：“工兵连三排副排长，是位非常好的同志。一路上，他为老弱病残的战士背枪，搀扶病号行军；可自己太累了，在路上稍一休息，就中风致命。”①

长征是集体主义的英雄史诗。正是有了牢固的团结统一意识，党和红军才不惧艰难险阻，实现了凤凰涅槃，创造了人间奇迹。长征启示我们，高度的团结统一是党和军队的生命，不管是在革命战争年代还是在和平建设时期，我们都必须坚决维护党和军队的团结统一。

（3）艰苦奋斗、自强不息的精神是中华民族战胜一切困难的武器

古往今来，正是因为这种艰苦奋斗、自强不息的民族精神支撑着伟大的中华民族历经风雨而岿然不倒。红军长征时期过草地、爬雪山等充分体现了广大红军战士艰苦奋斗、自强不息的品质。

过草地有“三难”：首先是行路难。茫茫草地，一望无际，遍地是水草沼泽泥潭，根本没有路。人和马必须踏着草甸走，从一个草甸跨到另一个草甸上跳跃前进；或者拄着棍子探深浅，几个人搀扶着走。其次是吃饭难。战士们准备的青稞麦炒面，需要用水煮着吃。若没有水，干吃很难受，且口渴难熬。一下雨，青稞麦被淋湿了，就成了疙瘩，再用开水和就成了稀面糊糊，不经饿。如果吃黏疙瘩，又难以下咽。还有不少同志在进草地之前来不及磨面，带的就是青稞麦。这样的青稞麦只能一颗颗咬着吃。带得少，就一颗颗数着麦粒吃，尽量节省多吃一两天。咬青稞麦既吃不饱，又难以消化。一般战士准备的干粮，两三天就吃完了。这时候，草地才过一半，就靠吃野菜、草根、树皮充饥。后续部队甚至连野菜、树皮都吃不上，更苦。饥饿和疾病威胁着每一个人

① 萧锋：《长征日记》，上海人民出版社，2006。

的生命。许多同志在战场上没有倒下去，却在草地里默默地死去。最后是御寒难。草地天气一日三变，温差极大。遇到降雨天，脚是湿的，衣服是湿的。到了宿营地，地是湿的，柴草是湿的，身上几乎没有干过，能冻死人。饥寒、疲劳、疾病夺去了许多战友宝贵的生命。聂荣臻元帅在回忆录中写道，过草地那些日子，天气是风一阵雨一阵，身上是干一阵湿一阵，肚里是饱一顿饥一顿，走路是深一脚浅一脚。软沓沓，水渍渍，大部分人挺过来了，不少人却倒下去了。

过草地有“三怕”：一怕没踩着草甸陷进泥沼。泥沼一般很深，如果拼命往上挣扎，会越陷越深，来不及抢救就会被污泥吞噬。二怕下雨。草甸本来就难走，天下着雨，脚底下更软更滑，稍有不慎就会摔倒，掉进泥沼里去。三怕过河。草地上有不少河，有的水浅好过一点，有的河宽流急很难过，如果遇着下雨更难了。即使是一米深的小河，都有战士倒下。黄克诚在回忆录中说，有一次，部队正在蹚水过河，突降暴雨，河水猛涨，激流滚滚，尚在河中的人不少被大水冲走吞没。就这样，数不清的红军战士陈尸草地。

爬雪山也是红军长征中经历的生死考验。青藏高原东部的川康边界地区，横亘着许多高大山系，雪山连绵，积雪终年不化。三大主力红军长征途中，翻越了夹金山、梦笔山、长板山、打鼓山、拖罗岗、折多山、哈巴雪山等几十座雪山，很多红军战士牺牲在雪山上。那么，翻越雪山为什么难呢？环境恶劣，太阳当头一阵，急风便搅得雪雾弥漫。天气寒冷、空气稀薄、雨雪交加、道路艰险，是雪山地区自然环境的主要特征。聂荣臻在回忆翻越夹金山时写道：“上午爬山，开始是原始森林，撒在浩瀚的六月雪中，奇特的景色把人们的注意力吸引住了，大家劲头很足。但一过中午，天气骤变，先是大雾，随后是毛毛细雨，转眼又变成了皑皑白雪，随风狂舞，红军战士都变成了雪人。尤其到了傍晚，天气奇冷，我们把能穿的都穿在身上。”[①]由于饥寒交迫，有的战士坐下休息后就再也没起来。据美国记者斯诺统计，“红军一共爬过了18条山脉，其中5条终年冰雪覆盖；渡过24条河流；经过14个省份；占领过62座城市；突破10个地方军阀组织的包围，此外还打败或躲过追击的中央军。平均每天

① 聂荣臻：《聂荣臻回忆录》，解放军出版社，2005，第213页。

行军71华里，一支大军及它的辎重要在一个地球上最险峻的地带保持这样的平均速度，可说近乎奇迹。”①

也正是在中国共产党的领导下，广大红军战士排除万难，克服一切恶劣环境的挑战，最终走完了长征，确立了正确的指导思想，取得了新民主主义革命的胜利，锻造了伟大长征精神。

图1-8　长征精神永放光芒

① 埃德加·斯诺:《红星照耀中国》，作家出版社，2018，第128-140页。

第二章 02

长征精神主要内涵和基本特征

一、长征精神的主要内涵

由于第五次反“围剿”的失败，红军被迫撤出革命根据地，于1934年10月至1936年10月，开始了彪炳史册的二万五千里长征。两年时间里，红军“长征跨越中国十余个省份，翻越二十多座巨大山脉，渡过三十多条河流，走过世界上海拔最高的广袤湿地”①。红军长征孕育着伟大长征精神。正是在长征精神的鼓舞下，红军三大主力最终才能够在甘肃会宁胜利会师，从而保留了革命的种子。

经过不断发展，长征精神的科学内涵也在不断地发展变化和更新。习近平总书记曾在纪念红军长征胜利八十周年大会上的讲话中指出：“伟大长征精神，就是把全国人民和中华民族的根本利益看得高于一切，坚定革命的理想和信念，坚信正义事业必然胜利的精神；就是为了救国救民，不怕任何艰难险阻，不惜付出一切牺牲的精神；就是坚持独立自主、实事求是，一切从实际出发的精神；就是顾全大局、严守纪律、紧密团结的精神；就是紧紧依靠人民群众，同人民群众生死相依、患难与共、艰苦奋斗的精神。”②这些精神不仅是我们在战争年代取得革命胜利的重要因素，也是在建设新时代长征路上的指路航标。下面从这五个角度出发，诠释伟大长征精神的科学内涵。

（一）无比忠诚、坚定信念的革命理想主义精神

理想信念是指导社会成员意志行为的基础。坚定的理想信念，既能够指引个人朝着目标前行，也能够使整个社会向着规划坚定不移地奋斗。理想信念的力量是无穷的，如果没有坚定的革命理想和信念作为支撑，红军长征连一里地都走不出。坚定的共产主义远大理想，犹如一盏明灯，照亮并指引着中国共产

---

① 王树增：《长征》，人民文学出版社，2010，前言第3-4页。

② 习近平：《习近平谈治国理政》第2卷，外文出版社，2017，第47页。

党朝着正确的革命方向不断迈进。

“中国共产党人的理想信念，就是马克思主义真理信仰、共产主义远大理想和中国特色社会主义共同理想”。[①]历史和实践反复证明，只有无比忠诚、坚定信念的政党才会无坚不摧、无往不胜。理想信念是长征精神最基本的思想内核，有了共产主义理想信念，就有了明确的奋斗目标。坚定革命信念，才能取得革命的成功。

长征中，红军不仅要面对非常恶劣的自然环境，还要面对国民党大军的围追堵截，加之物质条件匮乏，中央红军主力人数从1934年10月长征出发时的8.6万多人锐减至1935年10月到达陕北吴起镇时的7000余人。[②]在这样的情况下，是无比忠诚、坚定信念的革命理想主义精神给予他们强大的精神动力，战胜了各种困难。

1. 在自然险阻中百折不挠、奋勇向前

长征时期的红军战士们在两年的时间内，曾转战江西、湖南、广西、贵州等多个省份，穿越了藏族、壮族、黎族、羌族等10多个少数民族地区，渡过大江大河24条，翻过高山峻岭，越过数座雪山，甚至跨过了数百里茫茫草地，这对他们的行军和作战都产生了极大的阻碍。那么，是什么支撑着他们走完二万五千里长征，从而能够在陕北胜利会师呢？是无比忠诚、坚定信念的革命理想主义精神。

一座座崇山峻岭，是红军战士们的必经之地。1934年12月初，中央红军突破湘江后进入五岭山地的越城岭地区，遇到了长征以来的第一座山——老山界。老山界位于主峰的东北，海拔约1800米。老山界的山峰高耸入云，到处是悬崖峭壁。红军战士们到达这里时，伤员们必须从担架上下来互相搀扶着走过。之后，红军战士们抵达了云贵高原的苗岭，苗岭海拔1200~1600米，山脉最高达2000米。来到苗岭地区，红军战士们面对的不仅是危险的地势，还有贵州地区的贫瘠。陈云同志曾描述了贵州自然条件的恶劣及贫瘠状况，“一

---

① 习近平：《习近平谈治国理政》第3卷，外文出版社，2020，第505页。

② 参见姜任耕：《关于长征结束后的红军人数问题》，《南昌大学学报（人文社会科学版）》1983年第3期。

入贵州，除见居民之贫困而外，尚有三事，为长江流域所未见者，即是：一为鸦片满地；一为天天下一丝丝的毛毛雨；一为处处是高山峻岭，找不到如湘赣两省之平地，更说不上江浙之平原矣。所以地图上有形容贵州地方情形之言曰：'天无三日晴，地无三里平，人无三分银'，确符事实。入黔两月，未尝连晴三天。"[①]在自然环境十分恶劣的情况下，部队生活状况很差，但红军战士们正是靠着坚定的革命理想信念，突破了重重险阻。

随后，红军战士们又走过了大娄山、乌蒙山，横断山脉东部的大雪山、夹金山、邛崃山，以及岷山、六盘山等。之后，红军进入环境最恶劣的雪山区域。凭借百折不挠、奋勇向前的理想信念，红军在不到一个月的时间里，翻越了5座生命禁区的雪山：1935年6月12日翻越夹金山，6月27日翻越梦笔山，7月2日翻越长板山，7月6日翻越打鼓山，7月7日翻越仓德山[②]。除了越高山、渡大河、过雪山之外，红军战士们还要走过数百里无人之境——松潘大草地。松潘草地位于四川省阿坝州北部，海拔3500米以上。河道迂回摆荡，形成大片沼泽。恶劣的自然环境使得这里人迹罕至，而且粮食和御寒衣物的缺乏也让红军战士们的长征行充满了艰辛。为了生存，许多战士们因为误食有毒的野菜而牺牲。在长征途中，战士们面对艰险，迎难而上。"党内四老"之一的徐特立在断粮之后立即省下了自己的干粮；曾经赴法留学的女革命者蔡畅，经常给战士们唱歌鼓舞士气；还有一起长征的"娃娃兵"，虽然年纪尚小，但和大人们一样徒步行军，吃野菜，毫无怨言。最后，红军战士们用近一周的时间走出了草地，而这也成为了中外军史上的一大奇迹。[③]

此外，长征中的红军战士们也渡过了很多条大江大河，较为著名的就是中央红军的战士们四渡赤水。中央红军在毛泽东等指挥下，根据实际情况的变化，从1935年1月末到3月下旬，红军四次渡过赤水河，灵活地变化作战方向，迈开铁脚板，忽东忽西，迂回曲折地穿插于敌人重兵之间，使敌军感到扑朔迷离，疲于奔命，红军则处处处于主动。赤水河地势险要，河流也十分湍急，在敌人强烈炮火的猛攻之下，红军战士们不顾天寒水冷，纷纷跳入河中，

---

① 贵州省博物馆：《红军长征在贵州史料选辑》，贵州人民出版社，1983，第285页。

② 王刚、李懋君：《长征精神》，中共党史出版社，2016，第38页。

③ 中共中央党史研究室第一研究部：《红军长征史》，中共党史出版社，2006，第214-224页。

他们心中都有一个共同的目标，那就是胜利！就是在这样的条件下，战士们凭借着无比忠诚、坚定信念的革命理想主义精神，在四渡赤水河中取得了胜利。

图 2-1　赤水河[①]

虽然自然环境极其险恶，有不少红军战士也因此埋骨于异乡，但是红军战士们并没有因此而意志消沉。他们凭借着无比忠诚、无比坚定的革命信念，将各种阻碍踩在脚下，咬紧牙关克服了种种艰难和困苦，取得了长征的最终胜利。

2. 在国民党大军围追堵截中奋战

惊心动魄的二万五千里长征，它的规模和时间在中国革命战争史上都可以说是绝无仅有的。敌我力量的悬殊对比，以及红军战士粮草弹药的匮乏都在极大程度上阻碍了红军长征之行的步伐。

例如，1935 年 2 月 26 日，敌军反扑娄山关，第十二团政委钟赤兵、营长杨威命令第三营指战员上刺刀、抽马刀，冲在最前面向敌军发起反冲锋。在红军的强大攻势下，敌军潮水般沿公路向南溃退。追至黑神庙，部队遭到敌军一个团的反击，红军伤亡较大，政委钟赤兵负重伤。敌军大队援兵赶到黑神庙，红军部队的进攻越发艰难。作战参谋孔宪权，80 发子弹只剩下 3 发，右腿胯骨被打碎；排长宋福朵、班长王益桥、战士殷希望等人冲进敌群进行肉搏，英勇牺牲。红军长征中，很多战士都献出了宝贵的生命。再如，在红军行至金沙江时，蒋介石下令控制金沙江渡口，毁船封江，并派出部队向金沙江进发。红军

---

① 中央广播电视总台央视《长征》摄制组：《长征的故事》，人民出版社，2019，第 87 页。

战士们为抢夺金沙江，开始了180里急行军，粉碎了敌人在金沙江消灭红军的企图。另一方面，红二十五军自大别山区突围西进之日起，就遭到国民党重兵的围追堵截。蒋介石调动了40多个团，设下层层包围，企图围歼红二十五军于西进途中。[①]

面对这些异常严峻的挑战，红军战士始终保持着对革命事业胜利的坚定信念，并以此作为精神支柱，在国民党大军的围追堵截中奋勇拼杀。正如邓小平同志所说："为什么我们过去能在非常困难的情况下奋斗出来，战胜千难万险，使革命胜利呢？就是因为我们有理想，有马克思主义信念，有共产主义信念。"[②]

对革命理想的无比忠贞，对共产主义事业终将胜利的坚定信念，是共产党人的精神支柱，是党领导红军在长征途中愈挫愈奋、战胜一切困难和敌人的力量源泉。理想如炬、信念如钢，无论多么困难，红军战士靠着坚定的革命理想信念，取得了长征的伟大胜利。正如毛泽东当年接受美国记者埃德加·斯诺采访时所说："红军的胜利行军，胜利到达甘、陕，而有生力量依然完整无损，这首先是由于共产党的正确领导，其次是由于苏维埃人民的革命热情。中国共产党过去、现在、将来都忠于马列主义，并将继续进行斗争，反对一切机会主义倾向。它之所以不战而胜，之所以一定取得最后的胜利，其原因之一就在于这种决心。"[③]无比忠诚、坚定信念的理想主义是长征精神的精髓，更是红军战士们坚定不移地走完长征路的精神指引。

长征途中，虽然有少数分子脱离了革命队伍，但是红军战士凭借坚定的理想信念，冲破了恶劣自然环境与敌军围追堵截的重重包围圈，最终以胜利的姿态在甘肃会师，并保留了革命的火种。

长征途中，红军面临着异常艰难的挑战，总结起来有以下几点：自然条件的恶劣，高耸的雪山、泥泞的草地对于每一位红军战士都是生理和心理的极大考验；敌军的围攻，两年的长征中，红军一直处于数十万敌军的围追堵截中，主要有薛岳率领的"中央军"、湘军、桂系军、川军、滇军、黔军，以及后来西北胡宗南的"中央军"；中国共产党内的错误和矛盾，例如由于党内的

---

① 何虎生：《中国共产党人的精神》，安徽教育出版社，2016，第140页。

② 邓小平：《邓小平文选》第3卷，人民出版社，1993，第110页。

③ 埃德加·斯诺：《西行漫记》，解放军文艺出版社，2002，第139页。

“左”倾教条主义的错误领导，导致了湘江战役的惨败，以及张国焘妄图以军力挟持中央，导致红军内部的矛盾和危险。在共产主义崇高理想和革命事业必然成功这一信念的鼓舞下，红军战士不怕苦不怕累，更勇于为革命事业献出生命。这样一支具有强大精神力量的革命队伍必将到达胜利彼岸。

理想信念既是一切力量的根基，也是长征精神的灵魂，它使广大红军战士不畏艰难险阻。长征的胜利是我国近现代史上的里程碑，长征途中红军战士历经长途跋涉，爬雪山、过草地，还要面对几十万国民党军的围追堵截，但是他们却取得了长征的伟大胜利。理想信念是长征精神的灵魂，是长征精神不可或缺的一部分。新时代我们更应该传承和弘扬这种精神，为实现中华民族伟大复兴的中国梦而努力奋斗。

长征精神就是坚定的革命理想和信念，坚信正义事业必然走向胜利的精神。长征精神能化解危机、推动发展、以弱胜强，将星星之火燃成燎原之势，是中国共产党人前仆后继、奋斗不息的强大精神支柱和力量源泉，是推动向第二个百年奋斗目标奋力前行和实现中国梦的重要力量①。

（二）不怕困难、不怕牺牲的英雄主义精神

不怕困难、不怕牺牲，就是奋不顾身、勇往直前和舍生取义，是中华民族自古以来就具有的革命英雄主义精神。

1. 险恶环境和饥寒交迫中的英雄主义

“五岭逶迤腾细浪，乌蒙磅礴走泥丸。”从毛泽东的这句诗中可以看出当时长征的环境是多么的艰险。红军长征途中，红军队伍经常要经受恶劣的自然环境的考验。有人曾这样写道：“长征是艰苦的冒险，长征是人类的勇气与怯懦、胜利与失败的搏斗”，“这一行动要战胜敌人和恶劣的自然条件，需有坚定不移的勇敢精神”，而红军“都是具有坚定的政治信念和不屈不挠精神的人”②。在长征中，红军共爬过数十条山脉，经常会遇到被终年积雪覆盖的大

① 王效贤：《以长征精神推进全面建成小康社会》，《清江论坛》2019年第1期。

② 王安娜：《中国——我的第二故乡》，生活 · 读书 · 新知三联书店，1980，第140–143页。

山，还渡过二十多条河流，甚至走过人迹罕至的草地；但红军战士以不怕困难、不怕牺牲的革命精神，战胜了自然界中常人难以想象的各种艰难险阻。

由于红军长征途中自然条件恶劣，导致整个长征的行程异常艰苦。夹金山是中央红军跨越的第一座大雪山，主峰海拔4600多米，终年积雪，空气稀薄，气候更是变化无常，导致人迹罕至。衣着单薄的红军战士要想越过这座雪山，困难是难以想象的。在翻越夹金山时，由于海拔奇高，每一位衣着单薄的红军战士还要面对高寒、缺氧导致的呼吸困难等一系列生理极限的挑战。聂荣臻曾在回忆这段经历时谈到，由于空气过于稀薄，导致人异常不舒服，“只能闷着头走，不管多累，也不能停下来休息，一坐下来就可能永远起不来了”。当时红四方面军的新剧团宣传员王定国，在翻越雪山间隙停下歇脚，但当她再次出发行军时，才发现自己的脚指头被冻掉了，但她还是咬紧牙关、义无反顾地跟着大部队继续前进。[①]虽然环境艰险、气候恶劣，但红军战士以大无畏的英雄气概和坚强的意志，在“征服夹金山，创造行军奇迹”口号的鼓舞之下，向夹金山发起了冲锋。在攀爬雪山的过程中，为了不掉队，红军战士发扬阶级友爱精神，互相搀扶着向上攀登，在接近山顶时又遭遇了冰雹天气，有的伤病员跌倒之后就再也没能起来。在艰难困苦的环境中，红军战士靠着不怕困难、不怕牺牲的英雄主义精神，以坚忍不拔的顽强毅力战胜了风雪严寒和高寒缺氧等重重险关，最终翻越了这一座大雪山——夹金山。[②]参与过红军长征的伍修权，在后来和人们回忆时，曾进行了这样的描述：“一清早我们就动身翻山，开始时路还好走，不太陡，也比较宽，部队几路纵队往前赶，谁有力量谁（就）往前走。走了不久我就落在后面了，虽然不是最后，但是大部队已经过去。快到山顶时就更困难了，警卫员同我相依为命，用数步数的办法来鼓励自己。开始时说走一百步就休息，走一下数一下，走到整整一百步，就停下来喘儿口气，接着再数着（步数）走一百步……我曾经亲眼看见有的同志太累了，坐下去想休息一会儿，可是一坐下来就再也起不来了。他们为革命战斗到自己

① 中央广播电视总台央视《长征》摄制组：《长征的故事》，人民出版社，2019，第152-158页。

② 中共中央党史研究室第一研究部：《红军长征史》，中共党史出版社，2006，第140-141页。

最后的一口气。”[①]通过回顾，我们可以感受到红军战士翻越雪山时所遭受艰辛，但同时也为他们大无畏的英雄主义精神所折服。

除了要应对自然环境的恶劣，红军战士的生活状况同样不容乐观，时常同缺衣少食作斗争。过雪山时，由于物资紧缺，红军战士们大都只能身着单衣，脚穿草鞋，在漫天大雪的山间行进。不少红军战士的单衣由于严寒都已结冰，行军途中冻得直打哆嗦。许多体弱多病的战士由于长时间体温失衡而永远倒在了风雪中。但是这些困难都没能阻挡英勇无畏的红军前进的步伐。过草地时，红军战士面临的最大问题之一就是粮食的匮乏，这对红军的长征之行无疑也是极大的阻碍。为了解决粮食问题，红军战士用野菜、草根、树皮、皮带充饥，同时还成立了一个由共产党员组成的试吃小组，在试吃野菜没有问题之后，他们就会把这些野菜每一种都放一点在路旁，让大部队可以识别没有毒的野菜，并以此充饥。而作为过草地的最后一支部队，红二方面军面临的困境更难，因为草地上的野菜、树根几乎已经被前面的部队采摘光了。等他们用十天的时间走出草地时，人数由最初的16000人锐减到12000人。[②]在过草地的行军途中，有很多战士因为艰险的环境和粮药的匮乏永远地倒在了这片荒无人烟的草地上，整个红军队伍也付出惨重的代价。[③]

长征路上，一批红军战士倒下了，他们的战友就会再次义无反顾地冲上去。不为别的，就是因为不怕困难、不怕牺牲的英雄主义精神激励着他们不断地奋勇向前进军。据统计，长征刚开始时，红军各个方面军人数合计大概是206000人，但是在长征途中，经历了无数的艰难险阻，打了无数的恶仗，许多同志英勇牺牲。例如，中央红军从中央革命根据地撤出时有8.6万余人，但经过残酷的湘江战役后只剩下了3万余人，最后到达陕北的时候仅有7000余人，牺牲是非常惨重的。

乐观的红军指战员凭借着不畏险阻、勇于牺牲的英勇精神，在寒风中行进，将夹金山、虹桥山、梦笔山、长板山、仓德山、打鼓山、党岭山、玉龙

① 伍修权：《我的历程》，解放军出版社，1984，第96-97页。

② 中央广播电视总台央视《长征》摄制组：《长征的故事》，人民出版社，2019，第170页。

③ 胡中华：《论红军长征过雪山草地精神》，《重庆科技学院学报》（社会科学版）2017年第1期。

山、岷山等大雪山通通踩在了脚下。[①]同时由于物资紧缺，许多红军战士因得不到及时的医疗救治而饱受更大的痛苦折磨。但是，这些苦难折磨没有动摇红军战士的决心，他们不怕困难、不怕牺牲，以顽强的意志战胜了身体的伤病，创造了生命的奇迹。

2. 敌军围追堵截下的大无畏精神

据相关史料记载，“几乎平均每天就有一次遭遇战发生在路上某个地方，总共有十五个整天用在打大决战上。路上一共三百六十八天，有二百三十五天用在白天行军上，十八天用在夜间行军上”[②]。在这样严酷的战争环境中，红军仍然凭借着顽强的信念走完了长征路。

长征的胜利，是无数红军指战员用鲜血和生命换来的，成千上万的红军将士牺牲在枪林弹雨的长征路上。据统计，长征中牺牲的营以上干部430多名。湘江战役中，蒋介石为实现作战计划，投入兵力约30万人，企图在湘江东岸依仗军队数量和装备的优势，将中央红军歼灭。[③]当时红十三师部队在执行渡江任务时，敌军就封锁了湘江所有可行的通道，陈树湘师长率领的红三十四师顿时陷入了敌人的包围圈，5000多名红军指战员面对数十倍于己的敌人，奋力厮杀直至弹尽粮绝。陈树湘率领小部队虽然突出重围，但仍不幸被俘。为了不让敌人的阴谋得逞，陈树湘师长趁敌不备，用

图2-2 红二十五军独树镇战斗遗址纪念碑[④]

① 何虎生:《中国共产党人的精神》，安徽教育出版社，2016，第158页。

② 埃德加·斯诺:《红星照耀中国》，董乐山译，人民文学出版社，2016，第201页。

③ 中共中央党史研究室第一研究部:《红军长征史》，中共党史出版社，2006，第59页。

④《图说长征》课题组:《图说长征红二十五军卷》，中共党史出版社，2019，第74页。

手从腹部的伤口处绞断了肠子，壮烈牺牲。[①]

还有红二十五军在独树镇的战役，可以说是他们长征途中最为险恶的战役之一。当时，红二十五军在河南方城的独树镇突然遭到了国民党第四十军一一五旅和骑兵团的堵截，在天气极度恶劣的情况下，红军指战员与敌军展开了殊死搏斗，经过一番恶战，红军终于打退敌人的进攻，突出重围。[②]在这场战役中，鄂豫陕苏区的创建人，吴焕先，一位优秀的红军指战员，指挥各团拼死抵抗，并从交通员身上抽出一把大刀带领部队，冒着敌人猛烈的攻击，义无反顾地冲在最前方与敌人展开厮杀，这也为部队赢得了短暂的时间，使后续部队投入战斗，打退敌军。在此后的王母宫塬战斗中，吴焕先政委再次带领战士勇猛冲锋，身先士卒，壮烈牺牲，年仅28岁。[③]

这样英勇无畏的事迹数不胜数。例如，红三军团参谋长邓萍为了攻下遵义老城，在一个小土堆草丛中观察敌情；但对岸的敌人不断朝着邓萍射击，子弹击中了邓萍的头部，邓萍同志壮烈牺牲。

长征途中，无数红军指战员付出了宝贵的生命，但艰难困苦的环境和敌人的子弹并没有吓倒他们。中国共产党人为了取得长征的胜利，为了赢得革命的胜利和人民的解放，始终不惧牺牲，始终以大无畏的精神直面最恶劣的环境与挑战。

如今，艰难困苦的红军长征已被载入史册。回顾长征，一边是极其恶劣的自然环境和匮乏的物资供应，一边是国民党重兵的围追堵截，但红军战士凭借大无畏的英雄精神，仍然取得了最后的胜利。红军不畏艰难、不怕牺牲的精神，正是伟大长征精神的重要组成部分之一。

（三）独立自主、实事求是的创新精神

长征精神就是独立自主、实事求是，一切从实际出发的创新精神。独立自主，是指坚持中国共产党对中国革命的独立领导，坚持走中国特色的革命道

① 《图说长征》课题组：《图说长征红一方面军卷》，中共党史出版社，2019，第40页。

② 《图说长征》课题组：《图书长征红二十五军卷》，中共党史出版社，2019，第70页。

③ 王刚、李懋君：《长征精神》，中共党史出版社，2016，第98页。

路。实事求是，是指在正确思想路线的引领之下，结合中国革命的具体实际制定出符合国情的路线、方针和办法，这是长征精神的内核之所在。中国共产党人的创新也是立足于独立自主、实事求是的基础上来推进的。

1.“左”倾错误使革命陷入低潮

早在红军长征之前，“左”倾的领导者就已脱离实际，在第三国际的消极影响下，实行错误的军事路线，使得“左”倾错误路线影响了全党。1931年1月7日，在上海召开的中共六届四中全会（扩大）上，原来不是中央委员、缺乏实际斗争经验的26岁王明，不仅被补选为中央委员，而且成为中央政治局委员。六届四中全会（扩大）后，中共中央的领导权实际上由得到米夫全力支持的王明所操控。从这时起，以王明为代表的“左”倾教条主义错误在党的领导机关内开始了长达4年的统治，使中国革命遭受了极为严重的损失。

第五次反“围剿”之前，中国共产党领导红军已取得多次反“围剿”的胜利。但李德在担任军事顾问时，完全否定了毛泽东等人的科学分析和正确主张，全然不顾已经取得的成功经验，纸上谈兵地瞎指挥。在这种错误思想的影响下，黎川失陷，红军部队遭受了很大的伤亡。在北线进攻作战连续几次受挫后，红军的临时领导人由军事冒险主义转变为军事保守主义，采取了消极防御的战略方针和“短促突击”的战术，命令装备极差的红军部队对战装备精良的国民党军队。在国民党军队进攻广昌时，参加保卫战的红一、红三军团和红五军团第十三师等部在错误战略思想指导下，虽歼敌和俘虏2600余人，但自身伤亡就有5000多人，损失惨重。广昌失守后，红军节节失利，为保留革命的火种，最终被迫撤离了中央根据地，第五次反“围剿”以失败告终。①

然而在这种错误路线的影响下，在“左”倾错误的领导者中又出现了退却中的逃跑主义路线，使得本就伤亡惨重的红军雪上加霜。中央红军在渡湘江时，遭遇了长征途中的第一场恶战，使得红一军团减员不少，红一师二团出发时有2800人，过湘江后只剩1400多人。红三军团的一个团被敌人切断，未能渡过湘江。红八军团仅剩1000多人。红九军团损失过半，许多师、团、营、

① 中共中央党史研究室:《中国共产党历史第一卷（1921—1949）上册》，中共党史出版社，2011，第377-381页。

连干部牺牲。担任后卫的红五军团损失最大，第三十四师近乎全军覆没。“湘江一战，中央红军由从苏区出发时的八万六千余人锐减到三万余人，其中仅牺牲和失踪的红军官兵高达三万五千人”①，使得革命一度进入低潮。

2. 革命低潮下的转折

残酷的现实使得广大指战员开始意识到，反“围剿”失败以及损失惨重的根本原因在于奉行了“左”倾错误路线，排斥了毛泽东同志的正确主张。其实，早在1930年毛泽东就曾发表文章指出，要取得胜利，就不能直接将马克思主义生搬硬套在中国革命之上，因为“马克思主义的‘本本’是要学习的，但是必须同我国的实际情况相结合。我们需要‘本本’，但是一定要纠正脱离实际情况的本本主义”②。

1934年12月18日，中共中央政治局在黎平召开会议。根据毛泽东的建议，通过决议，放弃到湘西北同红二军团、红六军团会合的计划，改向贵州北部进军。1935年1月7日，红军攻克了黔北重镇遵义。1月15日至17日，中央在遵义召开了政治局扩大会议，这便是党史上著名的遵义会议。召开遵义会议，目的是科学分析红军第五次反“围剿”失败和长征初期严重受挫的原因，纠正博古、李德等人由于“左”倾领导在军事指挥上犯的错误，进而制定正确的军事路线和组织路线。可以说，这次会议是中国共产党第一次独立自主地运用马克思列宁主义基本原理决定党的正确路线、方针、政策的会议，为全党在今后的工作中坚持独立自主、实事求是的思想路线奠定了深厚的思想基础。中国工农红军之所以能最终取得长征的胜利，不可忽视的一点正是中国共产党独立自主地领导中国工农红军，结合实际情况，做出最适合中国工农红军的选择。马克思说过，“任何一个存在物只有当它用自己的双脚站立的时候，才认为自己是独立的，而且只有当它依靠自己而存在的时候，它才会用自己的双脚站立的。”③遵义会议是在中国共产党与共产国际失去联系的情况下召开的。此后，新的中央领导集体逐渐摆脱了共产国际脱离中国实际的指导，开始独立自

① 王树增：《长征》，人民文学出版社，2006，第195页。
② 毛泽东：《毛泽东选集》第1卷，人民出版社，1991，第111-112页。
③ 马克思、恩格斯：《马克思恩格斯文集》第1卷，人民出版社，2009，第195页。

图 2-3　遵义会议旧址[1]

主地制定中国革命发展的战略与策略方针，为夺取长征胜利乃至中国革命的胜利奠定了最重要的政治基础。这次会议，纠正了红军的战略方向，体现了毛泽东等根据敌我实际作出正确决策的思想路线，是长征途中践行实事求是精神的典范。

遵义会议之后，毛泽东在取得了革命指挥权的同时，领导中国共产党不再一味依赖共产国际的指导，开始独立自主地解决中国的革命问题，坚持一切从中国革命的具体实际出发。从此，中国工农红军有了正确的思想路线、军事方针和符合中国革命特点的战略战术的指导，四渡赤水、巧渡金沙江、强渡大渡河、翻越大雪山，摆脱了几十万国民党军的围追堵截，最终顺利实现了北上抗日的战略转折。遵义会议在形势极其危急的情况下为中国革命指明了正确方向，为实现我国的独立和解放奠定了深厚的根基，标志着中国共产党从幼年走向了成熟。可以说，遵义会议是中国共产党历史上一个生死攸关的转折点。遵义会议后，以毛泽东同志为核心的党中央，将马克思主义基本原理同中国革命实际相结合，提出了不同于以往的方针、政策和办法，指挥红军打赢了一个又一个胜仗，党和红军的面貌因此焕然一新。

另外，北上抗日也是长征路上中国共产党遵从实事求是思想路线的结果。遵义会议后，1935 年 12 月中下旬，中共中央在瓦窑堡召开会议，着重讨论了军事战略问题。由于民族矛盾已经成为当时的主要矛盾，会议上党中央决定要全面建立抗日民族统一战线，号召全民族团结起来共同对抗日本帝国主义的侵

① 中央广播电视总台央视《长征》摄制组:《长征的故事》，人民出版社，2019，第 72 页。

略，解决了当时党内政治路线的问题。由此我们可以看出，中国共产党在长征途中随着形势变化，对实事求是、独立自主的思想路线的认识也在不断加深，理论联系实际的能力也在不断提高。北上抗日是以毛泽东同志为核心的中共中央领导集体根据多方面不断变化的情况，经过及时的科学分析和判断，实事求是调整进军方向的结果。

可以说，长征的胜利就是马克思主义与中国革命具体实践相结合的胜利，更是中国共产党坚持一切从实际出发、实事求是思想路线的胜利。由于当时党内长期存在着“左”倾教条主义等错误思想，推行“左”倾错误的领导人作出了违背客观实际的战略决策，导致了中央红军第五次反“围剿”的失败，踏上战略转移的漫漫征程。中央红军在长征初期又犯了退却中的逃跑主义，严重损耗了工农红军的有生力量。而在遵义会议上，集中全力解决当时具有决定意义的军事和组织问题。毛泽东、王稼祥、张闻天尖锐地批评了博古、李德军事指挥上的错误，开始确立以毛泽东同志为主要代表的马克思主义正确路线在中共中央的领导地位，并坚持以实事求是的原则制定作战策略，最终赢得了战略主动权，红军三大主力也得以在陕北顺利会师。

独立自主、实事求是的思想路线和方法是长征留下的宝贵精神遗产，也是长征精神的重要内核。遵义会议后形成的以毛泽东同志为核心的第一代中央领导集体，从中国革命的实际出发，独立自主地解决中国革命的重大问题，在极其危急的形势下挽救了中国共产党，挽救了红军，挽救了中国革命，为中国革命的最后胜利奠定了坚实的基础。

邓小平曾指出：“只有解放思想，坚持实事求是，一切从实际出发，理论联系实际，我们的社会主义现代化建设才能顺利进行，我们党的马列主义、毛泽东思想的理论也才能顺利发展。”[①]历史和现实不断证明，中国共产党只有把马克思主义基本原理同中国革命具体实际结合起来，坚持实事求是、独立自主地解决中国革命的重大问题，才能确保革命事业走向成功。

---

① 邓小平：《邓小平文选》第2卷，人民出版社，1994，第143页。

（四）顾全大局、严守纪律的团结精神

顾全大局、严守纪律的团结精神，是长征精神的重要内涵，是长征胜利的重要保证。作为无产阶级政党领导的革命军队，红军与其他军队的一个重要区别，就在于红军队伍都有着严格的组织纪律性，能够顾全大局、服从整体利益、紧密团结，因而具有其他军队所没有的巨大的凝聚力和战斗力。①而且，顾全大局、严守纪律的团结精神也是长征中红军战士所表现出的最为突出的精神之一，是助推红军战士始终奋勇向前的不竭动力。

红军战士在二万五千里长征途中，不仅经受住了严峻的自然环境考验，摆脱了国民党军的围追堵截，而且在艰难的环境中依然严格执行着“三大纪律、八项注意”，用铁一般的纪律赢得了广大人民群众的信任，并得到了他们对红军长征和革命的支持。

1. 艰难局势中的大局为重、团结为主

团结精神，首先是顾全大局。顾全大局，顾名思义，就是从整体利益着想，并使集体利益不遭受损害。详细说来，红军的长征是“3+1”的长征，也就是说红军长征的队伍由红一方面军、红二方面军、红四方面军及红二十五军组成。作为一次大规模的战略转移，长征中各路部队在面对几十万国民党军的围追堵截和极其险恶的自然环境时，尽管出发时间、地点及转移路线各有不同，但他们都能从革命的根本利益出发，自觉服从大局。②无论在何种艰险的情况下，红军战士都能团结一心、严守纪律，真正做到个人服从组织、局部服从全局，使敌人无法集中兵力于一个方向，从而确保了革命火种的延续。

其次是坚定地维护党内团结。遵义会议召开之时，中国共产党直指主要矛盾，集中全力力求解决当时最为紧迫的军事问题和组织问题，对认识尚不一致的政治路线问题则留在以后解决，在很大程度上缓解了党内矛盾，维护了党内

---

① 丁娅、张国镛：《长征精神与抗战精神的内涵及启示》，《西南农业大学学报（社会科学版）》，2007年第4期。

② 王盛泽：《信念的力量——红军长征胜利的启示》，《福建党史月刊》2012第3期。

团结。而且，很多红军领导在遵义会议上对自己错误的战略安排作了自我批评，他们端正的态度也体现了顾全大局的团结精神。例如，作为红军长征“三人团”成员的周恩来认为第五次反“围剿”失败的主要原因是军事领导的战略战术错误，并主动承担责任，为之后确定毛泽东在军事上的领导地位打下了基础。

另外，更多的红军战士正是靠大家的团结才得以渡过难关。在长征之行中，一直流传着一个关于“九个炊事员”的故事。在爬雪山、过草地的行军途中，为了保证食物与热水供应，炊事员要时刻背着沉重的炊具前行。在进入草地之后，红三军一个连的炊事班就开始给指战员烧热水烫脚。为了使全连的战士都有饮用和烫脚的热水，炊事员轮流挑着沉重的铜锅。但随着体力愈发不支，一个炊事员挑着铜锅前行时，忽然身子一歪，一声不响地就牺牲了。第二个炊事员赶忙跑过去擦干眼泪，捡起铜锅继续前行，在部队整顿休息的时候又继续烧水做饭。等到红军队伍到达陕北的时候，那口铜锅已经背在了司务长的肩上，队伍中的九个炊事员已经全部牺牲了。但这个连的战士除了战斗造成的人员伤亡之外，没有因为饥饿而减员一人。①

同时，长征途中红军将士抬着重病中的周恩来过草地的经典故事广为流传。由于身患阿米巴肝脓肿，周恩来连续几天高烧，并且有五六天没有进食，身体极度虚弱。彭德怀就交代参谋长萧劲光组织担架队，抬着身患重病的周恩来以及其他重病患者前行。在此期间，陈赓担任担架队队长，兵站部部长兼政委杨立三挺着虚弱的身体，和战士们轮流抬着担架前行，双肩都被草绳磨破，渗出了殷红的鲜血。这份战友情也让周恩来一直铭记于心，甚至在杨立三去世后给他抬棺送葬。②

长征途中，红军不仅要同国民党反动派的围追堵截作斗争，同恶劣的自然环境作斗争，还要同红军内部的分裂行径作斗争。1935年，中央红军先头部队红一军团第二师第四团与红四方面军第九军第二十五师第七十四团在懋功胜利会师，全军备受鼓舞，士气大涨。然而在制定下一步行动方针之时，党内发生了严重的分歧。当时日本帝国主义从日本调集了大批军队入关，企图侵占并

---

① 《图说长征》课题组：《图说长征红一方面军卷》，中共党史出版社，2019，第199页。

② 中共中央党史研究室第一研究部：《红军长征史》，中共党史出版社，2006，第222页。

灭亡中国，民族危机日益加深。中央红军根据对当时形势和所处的环境进行了科学分析，决定向东、向北发展，并建立根据地。然而，张国焘在两河口会议时，由于个人野心膨胀，虽口头上表示同意，却提出了与中央红军截然不同的战略方针，以多种借口和方式延宕右路军的北上行动，并企图分裂党中央。在这一过程中，以毛泽东、张闻天为首的党中央及广大红军指战员同张国焘进行了坚决的斗争，红军战士坚定不移地听从党中央的指挥，坚持以大局为重的思想主张，最终战胜了张国焘的分裂主义，争取并实现了党和红军的统一，保证了红军三大主力的顺利会师，实现了长征的最终胜利，完成了中国革命主力的战略转移。中共中央成熟地处理了张国焘等对抗中央的事件，最大程度地降低

图2-4 四川懋功两河口①

了分裂主义给红军队伍带来的危害。之后，为了壮大红军队伍力量，中共中央仍然对张国焘采取团结的方针政策。可以说，中共中央凭借顾全大局的团结精神，制止了党内以张国焘为首的一部分人的分裂活动，对于红军队伍加速北上，实现红一、红四方面军的再会合，起了决定性的作用。

① 中央广播电视总台央视《长征》摄制组：《长征的故事》，人民出版社，2019，第182页。

2. 长征途中纪律严明

红军长征的胜利既是政治、军事上的胜利，也是纪律上的胜利，钢铁般的纪律是红军战无不胜的坚强保证。毛泽东曾说，“身为党员，铁的纪律就非执行不可。孙行者头上套的箍是金的，列宁论共产党的纪律说纪律是铁的，比孙行者的金箍还厉害，还硬，这是上了书的”[①]。有了严明的纪律才能维护党的团结统一，才能有效地维护和巩固党和军队的团结统一，取得长征的胜利。

1935年1月8日，红军总政治部发布了关于进入遵义的通令，其中关于进遵义城的八项注意是：“（一）整齐武装服装。（二）不掉队落伍。（三）不脱离部队自由行动。（四）到宿营地后出外要请假。（五）私人不准向群众借东西。（六）不乱买东西吃。（七）无事不要进群众家里去。（八）注意卫生。”[②]红军严格执行纪律，产生了良好的效果。陈云后来在回忆时谈到，红军进入黔北后得到了极大的收获，收获之一就是靠着严格的良好的纪律收获了人心，赢得了黔北民众的广泛拥护。

长征途中，尽管条件异常艰苦，但无论是红军中的领导还是普通士兵，都严格地执行着“三大纪律、八项注意”和有关规定，处处维护人民群众的利益。1936年8月，红军进入川康藏区，粮食奇缺，有时几天都筹措不到粮食。当时只有喇嘛寺院里存有粮食，但是红军规定严格的纪律，不准任何人进入寺院筹措军粮，也保障了人民的利益。1936年9月，红军到达哈达铺时，马上发布军团通告，“部队在这里休息，收容掉队人员，筹备粮食，进行政治动员，总结过松潘地区的经验。筹粮时，停止向群众打借条的办法，仍向地主要粮。军团再三要求，严格执行三大纪律八项注意，坚决执行党的政策，密切军民关系”[③]。而且，针对张国焘的分裂主义，毛泽东在总结经验时也强调纪律的极端重要性，“必须对党员进行有关党的纪律的教育，既使一般党员能遵守纪律，又使一般党员能监督党的领袖人物也一起遵守纪律，避免再发生张国焘事

---

① 毛泽东：《毛泽东文集》第2卷，人民出版社，1993，第416页。

② 贵州省博物馆：《红军长征在贵州史料选辑》，贵州人民出版社，1983，第27-28页。

③ 萧锋：《长征日记》，上海人民出版社，2006，第109页。

件。”①

此外，“一个党如果允许它的党员完全按个人的意愿自由发表言论，自由行动，这个党当然就不可能有统一的意志，不可能有战斗力，党的任务就不可能顺利实现。所以，要坚持和改善党的领导，必须严格地维护党的纪律，极大地加强纪律性。个人必须服从组织，少数必须服从多数，下级必须服从上级，全党必须服从中央。必须严格执行这几条。否则，形成不了一个战斗的集体，也就没有资格当先锋队。”②党和红军与张国焘的分裂行为进行的斗争，稳定了军心，增进了团结，显示了以毛泽东同志为核心的党中央坚持团结统一的思想与精神，为红军胜利完成长征，将革命的大本营奠定在陕北打下了坚实的基础。

面对恶劣的自然环境、艰苦的生活条件，广大红军将士团结友爱，生死与共；面对张国焘坚持南下、企图另立中央的分裂主义，党中央以大局为重，高瞻远瞩，坚定维护统一的决心；面对少数民族的不信任和敌视，红军官兵遵规守纪，以心待心，真挚团结，赢得了各族人民群众的真诚拥护和支持。正是因为红军将士顾全大局、团结协作，自觉服从、维护党中央的统一领导，维护工农红军的团结统一，克服了恶劣环境的艰难险阻，挫败了张国焘分裂夺权的图谋，维护了全国各族人民大团结，为长征的最后胜利凝聚了力量、奠定了基础，为红军长征的顺利会师指明了方向、奠定了前提。红军战士始终以大局为重、严守党内纪律，以空前的团结跨过了重重难关，赢得了各族人民群众的真诚拥护和支持，最终在会宁顺利会师，确保了革命火种的存续。

（五）联系群众、艰苦奋斗的崇高精神

长征精神就是紧紧依靠广大民众，同广大民众生死相依、患难与共、艰苦奋斗。③联系群众就是要走群众路线，全心全意地为人民服务，从人民群众的利益出发，并作为党的一切工作的出发点和落脚点；艰苦奋斗也是我们党在长

① 毛泽东：《毛泽东选集》第2卷，人民出版社，1991，第528页。
② 邓小平：《邓小平文选》第2卷，人民出版社，1994，第271页。
③ 李久林：《长征精神永放光芒》，《高校理论战线》2006年第10期。

期的革命、建设过程中形成的优良传统和作风，是中国共产党的政治本色。中国共产党领导的红军是人民的军队，不仅来自人民、依靠人民，他们所做的一切也都是为了人民的利益。

习近平总书记在十九届六中全会的报告中开篇点题："中国共产党自一九二一年成立以来，始终把为中国人民谋幸福、为中华民族谋复兴作为自己的初心使命。"[①]自鸦片战争以来，中国人民遭受了帝国主义、封建主义和官僚资本主义这三座大山的压迫，而中国共产党的初心和使命就是解救受苦受难的人民，解放全人类。

1. 长征中密切联系群众，同人民患难与共

密切联系人民群众，并与人民群众患难与共，是长征精神的特色之一。红军在长征途中，无论处于怎样的劣势，都始终把人民群众的根本利益放在心中，全心全意为人民服务。同时，也正是因为获得了人民群众的支持，拥有良好的群众基础，伟大的长征才能得以胜利。

长征的胜利，是中国共产党领导下的红军战士联系群众、艰苦奋斗的必然结果。艰苦卓绝的长征历时两个寒暑、纵横14个省，进行了600多次重要战役战斗，渡过了近百条江河，越过了约40座高山险峰，经过了10多个少数民族地区。根据统计，中央红军的长征里程约二万五千里。红二、红六军团（即红二方面军）的长征历时11个月，转战8省，行程二万余里。红四方面军的长征历时19个月，转战6省，有的三过雪山草地，行程一万多里。红二十五军的长征历时10个月，转战4省，行程约一万里。将上述四支红军的长征路，历经14个省的里程加在一起，长征的实际总里程为六万五千多里。[②]其历时之久，规模之大，行程之远，沿途自然环境之恶劣，敌我兵力较量之悬殊，在人类战争史上不说绝无仅有，也极其罕见。如此遥远的距离、艰苦的环境，没有人民群众的支持，长征根本不可能胜利。

在长征途中红军战士经过的国统区，由于民众对共产党及其领导的工农红军缺乏一定的了解，甚至存在着错误的认识，导致当地人民群众对红军队伍存

---

① 《中共中央关于党的百年奋斗重大成就和历史经验的决议》，人民出版社，2021，第1页。

② 石仲泉：《红军长征和长征精神》，《中共党史研究》2007年第1期。

在一定的恐惧甚至是敌对的心理。但红军战士坚持走群众路线，密切联系群众，并进行了一定的宣传工作，改变了沿途群众对共产党和红军的错误认识。1935年1月红军在遵义期间，印发了《中国工农红军总政治部布告》，首先，表明了党和红军的基本宗旨与任务，宣称“红军是工农群众自己的军队，实行中国共产党的主张，彻底没收地主的土地分配给农民，消灭豪绅地主封建势力，推翻军阀国民党政府，取消洋人在中国的一切特权，驱逐帝国主义出中国，为创造工农群众自己的政权——苏维埃而奋斗”。其次，指明了红军维护群众中不同阶层利益的政策措施，“红军所到之地，绝对保护工农贫民的利益，对工人主张实行八小时工作制，增加工钱；对农民主张不交租、不纳税、不完债，没收地主的土地分配给农民；对于苗、瑶等少数民族，主张民族自决、民族平等、与汉族工农同等待遇，反对汉族的地主财富老的压迫；对于白军士兵，欢迎他们拖枪来当红军，参加工农的革命；对于城市乡镇商人，其安分守己者，亦准予自由营业”。此外，布告还强调用严格的纪律来保障红军与群众的密切联系，指出，“红军是有严格的纪律的军队，不拿群众一点东西，借群众的东西要送还，买卖按照实价。如有侵犯群众利益的行为，每个群众都可到政治部来控告”[①]。红军在长征途中类似的宣传很多，也很深入人心，在广大民众中产生了重要影响。红军在遵义各地扩红工作取得显著成效，有5000多名当地群众加入红军，为红军在贵州的转战提供了重要帮助。红二、红六军团转战黔西北期间，由于当地群众的支持，扩红成效明显。以大定（今大方县）为例，当地的扩红工作十分突出，大定城内扩红工作由群众组织“拥红会”配合红军进行。他们张贴布告，号召人们参加红军。当时，“四乡扩红”由五师各部进行，掀起了参军的热潮。[②]

长征路上，红军不仅纪律严明，而且在有能力的前提下还会开仓济贫，帮助群众废除苛捐杂税，最终赢得了广大人民群众的衷心拥护和大力支持，不少民众还参加了红军队伍。可以说，正是在人民群众的衷心拥护和大力支持下，红军战士在行进途中才能打造出坚不可摧的御敌长城，保存住了革命的有生

① 贵州省博物馆：《红军长征在贵州史料选辑》，贵州人民出版社，1983，第45页。

② 杨娟、娄刚：《长征时期党坚持群众路线的理论意蕴、基本经验与当代启示》，《遵义师范学院学报》2020年第22期。

图2-5　红二、红六军团在中甸休整期间的总指挥部[①]

力量。虽然长征是一次军事上无后方依托的异常艰难困苦的远征，但中国共产党领导下的红军战士始终把人民利益放在至高无上的位置，从而有了深厚的群众基础。[②]

群众路线就是历史唯物主义群众观点的具体运用，是中国共产党处理人民群众关系问题的根本态度和领导方法。一方面，群众路线要求在一切工作或斗争中，必须依靠群众的力量去解决问题；另一方面，要求贯彻“从群众中来，到群众中去”的原则，做到一切从人民群众的利益出发。中国共产党的宗旨就是全心全意为人民服务，不断实现好、维护好、发展好广大人民群众的利益。“人民群众是红军生存的根基、行动的靠山、力量的源泉，遵纪爱民是红军赢得各族人民拥护和支持、夺取长征胜利的重要原因”[③]。红军长征的胜利，是中国共产党及红军坚定地站稳人民立场的结果，也使共产党人深刻体会到蕴藏于人民群众中的伟大力量。

2. 历经万难，彰显艰苦奋斗精神

艰苦奋斗精神萌芽于中华民族的优良传统美德，成型于红军长征途中的磨炼和锻造。艰苦奋斗不仅是红军长征精神的集中体现，更是全体中国共产党人

① 《图说长征》课题组：《图说长征 · 红二方面军卷》，中共党史出版社，2019，第146页。

② 赵周贤、刘光明：《弘扬伟大的长征精神》，《人民日报》2016年10月18日，第7版。

③ 黄宏：《长征精神》，人民出版社，2006，第239页。

的政治本色。面对恶劣的自然环境、国民党大军围追堵截，以及部队粮食弹药补给困难的三重压力，红军战士正是凭借着艰苦奋斗的精神，走出了草地，翻过了雪山，突出敌人重重包围，缔造了长征的奇迹。

在翻越打鼓雪山时，素有“长征四老”之称的徐特立、林伯渠、谢觉哉、董必武，在中途找粮的时候发现了一张腐烂的马皮，并将其放在临时找来的瓦盆里进行烹制。可瓦盆由于不耐高温，顿时裂成几块，马皮也掉入火中沾满了柴火灰。可乐观的他们仍然将马皮捡起来，重新找来炊具并煮熟，而且将这些煮熟的马皮作为了日后翻越雪山的储备干粮。[①]由此可见，当时长征途中红军指战员的粮食是十分匮乏的。此外，在六甲战斗中，团政委杨秀山在率领部队上阵杀敌时，一颗子弹打在了他的眼眶上，可他用手擦干血迹之后继续指挥战斗。当时敌军使用的子弹进入身体后会立即炸成碎片，杀伤力极大。战斗结束后，卫生员在没有麻药的情况下为杨秀山进行了清创，虽然取出了大弹片，但剩下的七块小弹片却一直留在了杨秀山的伤口之中。[②]在渡江战役中，第十五团七连刚乘船驶离江岸，船尾的军马就由于恐惧导致渡船失衡，从而翻落江中。师长贺炳炎立即组织抢救，虽救出多人，但仍有十多名战士被湍急的江水冲走，船工周长寿也在渡江中遇难。[③]长征虽然艰辛，但领导干部同广大的红军战士一起凭借艰苦奋斗精神度过了难关。

长征中，中央红军遭到了敌机的猛烈轰炸，产后虚弱的贺子珍在梯田中央发现了躺在担架上的伤员。随着敌机的再一次轰炸，贺子珍不顾个人安危，扑在伤员身上，用自己的身体护着伤员。轰炸结束后，贺子珍遍体鳞伤，全身上下共17处中弹。由于条件有限，医生只取出了贺子珍身上表层的弹片，其他的并没有取出。[④]而任弼时作为红二、红六军团中央代表，从不以领导者自居，而是严格要求自己，与战士同甘共苦，从不搞特殊，而且生活朴素，平常总是上身穿制服，下身穿短裤，脚上穿草鞋，整天深入群众中调查研究，为群众工作和部队行动操劳。

---

① 《图说长征》编写组:《图说长征 · 红一方面军卷》，中共党史出版社，2019，第186页。
② 《图说长征》编写组:《图说长征 · 红二方面军卷》，中共党史出版社，2019，第112页。
③ 《图说长征》编写组:《图说长征 · 红二方面军卷》，中共党史出版社，2019，第138页。
④ 《图说长征》编写组:《图说长征 · 红一方面军卷》，中共党史出版社，2019，第129页。

长征途中，红军战士缺衣少食、弹药匮乏，头顶着敌机猛烈的轰炸和扫射，脚踩着深深的泥潭。虽然过程艰辛无比，但仍突破了敌人的重重包围圈。艰难困苦并不能阻挡红军长征的步伐，他们发扬艰苦奋斗的优良传统，克服了饥寒交迫，战胜了天险，走出了雪山，爬出了草地，躲过了敌人的枪林弹雨，战胜了难以想象的各种困难。最终，红军战士排除万难，实现了三大主力会师，取得了长征的胜利，并继续走上了抗日救国前线。

"苦不苦，想想长征二万五；累不累，想想革命老前辈。"万里长征路上，广大红军战士充分发扬长征途中形成的各种精神，攻坚克难，砥砺前行。面对恶劣自然环境以及国民党军的枪林弹雨，红军战士毫不退缩，迎难而上，奋勇前行，最终取得了长征的伟大胜利，谱写了人类战争史上的伟大奇迹。

二、长征精神的基本特征

红军战士在长征中表现出的对革命理想和事业无比的忠诚、坚定的信念，不怕困难和牺牲的英雄主义精神，顾全大局、严守纪律的团结精神，以及密切联系群众、艰苦奋斗的崇高精神，这些精神品质共同组成了伟大的长征精神。同时，伟大的长征精神又内含着传承性、时代性、群众性与实践性的特点，使得长征精神依旧能影响到新时代的每一个人。

（一）传承性

长征不仅是军事史上的一个奇迹，更是一部中华民族惊天动地的英雄史诗。正所谓革命火种，代代相传。长征精神就是在我国自古以来的民族精神中得以孕育的。在中华民族历史进程中，涌现了无数的仁人志士，例如抗倭英雄戚继光、虎门销烟的林则徐。他们这种抛头颅、洒热血的牺牲精神，就是我们的民族精神，就是我们极力弘扬的爱国精神。

首先，长征精神就是中华民族百折不挠、自强不息的民族精神的最高表现，是保证我们中国革命、建设和改革事业取得胜利的强大精神力量。它以中华民族精神为源头，在二万五千里长征途中不断磨砺和发展。因此，长征精神的内涵同中华民族精神的内涵具有一脉相承的性质，而且由于优秀传统文化的传承，支撑了长征精神的孕育。

其次，伟大的长征精神是对伟大的红船精神和井冈山精神的传承和弘扬。2005年，时任浙江省委书记习近平概括红船精神为“开天辟地、敢为人先的首创精神，坚定理想、百折不挠的奋斗精神，立党为公、忠诚为民的奉献精神”[①]。此外，井冈山是中国革命的摇篮，井冈山精神更是中国共产党人精神谱系的重要组成部分。2016年，习近平总书记在视察井冈山时曾提出，井冈山精神就是“坚定信念、艰苦奋斗，实事求是、敢闯新路，依靠群众、勇于胜利”，在当下我们应该“结合新的时代条件，坚持坚定执着追理想、实事求是闯新路、艰苦奋斗攻难关、依靠群众求胜利”[②]。红船精神是中国共产党一切精神的源泉，由此衍生出其他革命精神。而井冈山精神是共产主义信仰与实践相结合的伟大产物，实事求是就是井冈山精神的核心。可以说，中国近代革命史中的红船精神、井冈山精神与红军万里长征的革命壮举有着某种精神的内在联系，是长征精神的直接源头。另一方面，长征精神也是对红船精神、井冈山精神等中国革命精神的进一步继承和发展。

虽然长征精神产生于革命时期，但由于其传承性的特点，长征精神随着时代背景的改变也发生了相应的变化：第一个时期是从长征开始到新中国成立前，表现为传统革命性。长征结束后，这种革命精神在很长一段时间里都是中国共产党军队和党的工作的精神支柱。第二个时期是从新中国成立到党的十一届三中全会前，表现为政治主导性。随着新中国成立，战争基本结束，中国共产党从革命党转变成执政党，其主要任务也发生了变化：革命战争时期的主要任务是让劳苦大众摆脱帝国主义、封建主义和官僚资本主义的剥削和压迫，求得生存、获得解放；新中国成立初期的主要任务是让人们吃得饱、穿得暖，行使当家作主的权利。这时，长征精神的传统革命性向政治性过渡，突出强调集体主义精神。第三个时期是改革开放以来，长征精神的继承转向建设性。以

---

① 习近平：《弘扬“红船精神” 走在时代前列》，《光明日报》2005年6月21日，第1版。

② 《东风送暖入赣鄱——习近平总书记春节前夕在江西看望慰问干部群众纪实》，《江西日报》2016年2月4日，第1版。

“创新、协调、绿色、开放、共享”五大发展理念，推进经济、政治、文化、社会、生态文明“五位一体”建设。[①]从党的诞生所体现出来的红船精神到井冈山精神、长征精神、延安精神、雷锋精神、铁人精神、“两弹一星”精神和载人航天精神、抗震救灾精神，以及在抗击新冠肺炎疫情中形成的伟大抗疫精神，等等。所有这些精神都是我们党领导全体党员和广大人民群众应对当时的时代变化所带来的新挑战而形成的，它们既在斗争中形成又不断推动着党的先进性建设，不断丰富着党的精神宝库。这些精神一脉相承，始终鼓舞和激励着中国人民顽强奋斗。[②]

坚持革命精神的传承性，才能让初心指引未来，才能让初心和使命成为共产党人的行动指南。在党的奋斗历程中孕育形成的各种精神，构成了承载着中国共产党人初心和使命的精神谱系，激励着一代代中国共产党人奋勇前行，他们无私奉献，不求回报，甚至为了完成和实现全体共产党人的初心和使命舍弃了生命。进入新时代以来的长征路和长征精神，在原来的基础上更是被赋予了中国特色社会主义的色彩。无数共产党人在长征精神传承性这一特点的影响下，不怕牺牲、甘于奉献，为我们这个时代立起了一座座丰碑。在脱贫攻坚第一线倒下的黄文秀、用生命叩开“地球之门”的海归教授黄大年、排雷战士杜富国、航天英雄聂海胜，他们把国家大义、民族利益和人民利益放在首位，用自己无畏和甘于奉献的行动践行着共产党人的初心和使命，在新长征路上激荡起豪情万丈、催人奋进的磅礴力量。改革与发展的大船已经扬帆起航，而我们更应该继承和发扬新时代的长征精神，为实现中华民族伟大复兴中国梦而不懈奋斗！

（二）时代性

在不同时代背景下，由于社会矛盾的不同，长征精神也随着时代发展各有其特点。长征精神的时代性，表现之一就是牢牢把握了当时的主要矛盾。两年

① 胡芳：《长征精神动态演化历程的特点、反思与展望——纪念长征胜利八十周年》，《井冈山大学学报》（社会科学版）2016年第3期。

② 陈水林：《论“红船精神”》，《红旗文稿》2011第11期。

的长征之路所凝聚的长征精神，反映了对当时社会主要矛盾的解决，完成了时代赋予的使命。另一方面，长征精神的时代性还体现在它的与时俱进上。长征是一条不断成长、进步的路线。中国共产党成立之初，共产党人就将马克思主义作为自己的指导思想，但由于一直没有真正掌握实事求是的精髓，没有将马克思主义同中国革命实际相结合，所以在与共产国际失去联系的情况下，党内开始出现“左”倾错误，出现了经验主义和教条主义问题。但当他们认识到这一问题的时候，意识到应该将马克思主义同中国革命具体实际相结合，之后便逐渐探索出了实事求是、具体问题具体分析的理论方法，从而解决了当时红军内部存在的问题，推动了马克思主义中国化的发展。遵义会议后，以毛泽东同志为代表的中国共产党人，解决了党内所面临的最迫切的组织问题和军事问题，开始以独立自主、实事求是的思想路线解决中国革命的问题；面对张国焘等人的分裂图谋，党中央顾全大局，以团结为主的方针维护了党内的稳定局面；在与人民群众交往时，坚守纪律原则，不拿群众一针一线，坚决维护广大人民的根本利益，尊重少数民族的风俗习惯，并适时进行教育宣传，增进人民对红军队伍的了解。

长征精神是中国共产党领导下的红军指战员在革命时期凝聚的宝贵的精神财富，作为党和中华民族的精神动力，在新时代被赋予了新的内涵，具有了当代价值。在改革开放和社会主义现代化建设新时期，长征精神的时代性就体现在了与社会主义核心价值观的一脉相承上。中国特色社会主义进入新时代之后，一些人认为长征精神已经过时，但这种说法显然是错误的。长征精神从中华民族优秀传统文化中孕育出来，历经中国不同的历史时期，被赋予了各种各样的精神内涵，这样的长征精神是完全不会过时的。长征精神中无比忠诚、坚定信念的革命主义精神正是实现中华民族伟大复兴中国梦所需要的；不怕困难、不怕牺牲的英雄主义精神更是在疫情期间坚守在第一线的勇士们身上得以体现，在优秀的中国共产党员身上得到了继承和发展；独立自主、实事求是的创新精神也在当下得到充分的运用；顾全大局、严守纪律的团结精神仍然需要共产党员继续继承和发扬；联系群众、艰苦奋斗的崇高精神也是中国共产党人在中国革命和建设时期一直坚守的。

在当下，新时代长征精神仍具有不同的时代意义。首先，随着时代的发展，长征精神越来越成为共产党员的精神营养剂。学习长征精神，是提升党员干部素质的途径之一。另外，传承长征精神这样的红色基因，还能够为中国的强军之路提供足够强大的精神支撑，不仅有利于铸造铁血军魂，更有利于激发国防科技的新力量。另一方面，由于长征精神的传承性这一特点，它还有利于为全面深化经济改革提供创新动力，为社会主义现代化建设源源不断地输送人才。我们应该传承和弘扬长征精神，走好新时代经济建设上的新长征路，共同促进经济建设的发展。

从长征精神与中国梦的关系来看，在实现中国梦的历史征程中，长征精神将以其超越时空的巨大力量以及鲜明的人民性和实践性，进一步发挥它的导向、激励和教化功能，推动中国特色社会主义伟大事业不断前进[①]。长征精神也是实现中国特色社会主义现代化，实现中华民族伟大复兴中国梦的重要思想基础。[②]习近平总书记在第十二届全国人大一次会议闭幕时指出："实现中国梦必须弘扬中国精神。这就是以爱国主义为核心的民族精神，以改革创新为核心的时代精神。这种精神是凝心聚力的兴国之魂、强国之魂。爱国主义始终是把中华民族坚强团结在一起的精神力量，改革创新始终是鞭策我们在改革开放中与时俱进的精神力量。"[③]作为民族精神的生动展现，长征精神在不同的时期都焕发出了强大生命力，指引着中国共产党领导全体人民一步步走向中华民族的伟大复兴。

（三）群众性

长征精神最显著的特点之一就是群众性。群众性即群众路线，是中国共产党的生命线和根本工作路线。中国共产党人在革命斗争和实践中形成了从群众中来、到群众中去的群众路线，是毛泽东思想三个活的灵魂之一。同时，全心全意为人民服务，也是党的宗旨和根本遵循。

紧紧依靠人民群众，全心全意为人民服务，就是中国共产党取得各项事业

---

① 于安龙：《论长征精神与"中国梦"》，《毛泽东思想研究》2015第32期。

② 汪勇：《长征精神与中国梦》，《中共银川市委党校学报》2013年第4期。

③ 习近平：《在第十二届全国人民代表大会第一次会议上的讲话》，《人民日报》2013年3月18日，第1版。

成功的法宝。纵观历史，长征的胜利并不只是红军的胜利，更是全中国人民的胜利。这得益于中国共产党和红军践行全心全意为人民服务的宗旨，得益于全国各族人民的真心拥护和倾力支持。长征时期，红军战士严格遵循“三大纪律、八项注意”，不贪图群众财产，并坚决维护广大人民的根本利益。

1934年12月，中央红军刚进入贵州黎平县时，就颁发“没收地主的土地分配给农民；对于苗、瑶等少数民族，主张民族自决、民族平等”等政策，获得了当地人民群众的热烈支持和拥护[①]。红军部队第二次进驻遵义的时候，部队驻扎在遵义城东郊的一个村子里。由于国民党的误导，村民因为惧怕红军都躲了起来。为解决燃眉之急，红军宰杀了村民的一头猪。临走时还特地留下了一张字据和苏维埃纸币15元。村民回家看到后十分感动，就将纸币和字据存了起来。[②]红军长征所经过的地区大多是少数民族聚居地，他们有着自身独特的宗教信仰和风俗习惯。由于国民党的欺骗和对红军的不了解，他们大多对红军有所畏惧和抵抗。但红军战士积极宣传、执行民族平等的相关政策，尊重他们的风俗习惯，并保护他们的利益，很快就获得了各族人民的信任，他们自觉为红军带路，甚至还参加了红军，使得长征的队伍获得了大量的人力、物力和财力的支持。

在长征中，红军战士不仅从人民群众那里得到了物质支持，更充实着他们的精神力量。人民群众在与工农红军深入接触之后，从心底里相信红军长征必然会赢得胜利，这在很大程度上也增强了红军队伍和党对长征之行的信心。所以，紧紧依靠人民群众是长征精神的重要内容。红军长征一路上困难重重，既有恶劣的自然环境；也有敌人的围追堵截。但是，无论什么样的困难都没有打倒和击垮红军战士，因为他们取得了广大人民群众的支持和拥护，这是支持红军长征胜利的重要力量来源。同理，站在新时代的历史起点，要取得中国特色社会主义伟大事业的胜利，就必须站定人民立场，坚持人民至上，把握人民的愿望、尊重人民创造、集中人民智慧，紧紧依靠广大人民群众，贯彻新时代党的群众路线，始终与人民想在一起、干在一起。只有在广大人民群众中我们党才能不断汲取营养，才能不断壮大队伍，才能不断提高执政水平。要做到发展

① 《图说长征》编写组：《图说长征·红一方面军卷》，中共党史出版社，2019，第54页。

② 同上书，第74页。

为了人民，发展依靠人民，发展成果由人民共享。[①]

只有人民才是历史的创造者。中国共产党作为历史和人民的选择，是人民赋予了党的执政地位。所以，坚持党的群众路线，是党在长期革命和建设中制胜的法宝，在任何时期都不能抛弃，而且必须把解决好群众的利益问题作为坚持群众路线的重要内容，坚持从群众中来、到群众中去，一切为了人民。

（四）实践性

长征的胜利使得陕甘宁根据地得以发展和壮大，开辟了中国革命的新面貌和新局面，这便是长征精神实践性的体现之一。长征不仅发展和壮大了党和红军的有生力量，也有益于抗日民族统一战线的形成，为夺取抗日战争和新民主主义革命的胜利奠定了坚实的基础。此外，长征的胜利保存了革命的火种，锻炼了革命力量。经过长征磨砺和考验的红军战士，许多都成为了国家的骨干力量。可以说，长征精神对于当前中国特色社会主义现代化建设实践具有启发和实践意义。[②]

通过了解相关历史我们不难发现，一部包括红军长征在内的中国共产党的历史，就是一部坚持以马克思主义基本原理为指导、紧密结合中国具体实际进行理论创新的历史，就是一部不断推进马克思主义中国化的历史。[③]长征的历史以及长征精神就是马克思主义基本原理同中国实际相结合的真实而生动的写照。由于"左"倾教条主义错误的影响，导致了第五次反"围剿"的失败，红军被迫进行战略大转移。然而，长征途中遵义会议的召开，是中国共产党历史上一次非常重要的会议，是中国共产党历史上一个生死攸关的转折点。遵义会议在党和红军生死存亡的关键时刻，结束了"左"倾教条主义错误在党中央的统治，开始确立毛泽东在党中央和红军的领导地位，开创了中国革命的新局面，标志着中国共产党政治上开始走向成熟。从此，中国革命这艘航船在以毛

① 李强：《长征精神的时代价值与传承》，《法制博览》2016年第35期。

② 李岁月：《"四个全面"视域下的长征精神及其当代价值——纪念红军长征胜利80周年》，《中共石家庄市委党校学报》2016年第2期。

③ 胡锦涛：《在纪念红军长征胜利70周年大会上的讲话》，《光明日报》2006年10月23日，第2版。

泽东同志为主要代表的中国共产党人的领导下，坚持把马克思列宁主义基本原理同中国革命具体实践相结合，开启了党独立自主解决中国革命问题新阶段，开启了马克思主义中国化的伟大征程。此后，正是中国共产党人不断继承和弘扬伟大长征精神，相继创造了新民主主义革命的伟大成就、社会主义革命和建设的伟大成就、改革开放和社会主义现代化建设的伟大成就、中国特色社会主义新时代的伟大成就。

长征精神是在马克思列宁主义基本原理同中国革命具体实践相结合之中孕育而生的，其解放思想、实事求是、一切从实际出发的思想，也为马克思主义中国化提供了强大的精神动力。实事求是贯穿于中国共产党的全部实践，是中国共产党人世界观、方法论的基石。中国共产党人始终坚持独立自主、实事求是的思想指导原则，在实践中积累了新的宝贵经验。在新的历史阶段，我们应该顺应历史潮流，从国家大义和民族利益出发，从中国的国情出发，更加深刻地将马克思主义基本原理同中国实际相结合，在习近平新时代中国特色社会主义思想的引领下，夺取新时代长征路的胜利，在新的长征路上创造新的辉煌，实现中华民族伟大复兴的中国梦。

第三章 03

长征精神的体现及主要价值

一、长征精神的体现

（一）长征的先进人物

1. 忠于信念的革命理想主义精神人物

（1）信念坚定的余秋里

余秋里（1914—1999），无产阶级革命家，江西吉安人。1929年参加吉安县农民暴动，加入工农红军。1931年5月加入中国共产党。在革命生涯中，历任赤卫大队中队长、湘赣省苏维埃政府工农检查委员会委员、红军第二军团团政治委员、八路军第一二○师独立第三支队政治委员、第三五八旅团政治委员、第三五八旅政治部主任、第三五八旅政治委员、第一军第一师政治委员、第一军副政治委员。1935年参加长征。中华人民共和国成立后，历任西南军政大学副政委、第二高级步兵学校校长兼政治委员、西南军区后勤部部长兼政治委员、军委总财务部部长、总后勤部政委、石油工业部部长、国家计划委员会主任、国务院副总理、解放军总政治部主任、中央军委副秘书长。1955年被授予中将军衔。

1936年，长征的队伍行至乌蒙山区时，在一次战斗中，为了掩护战友，十八团政委余秋里左胳膊两次中弹，骨头白茬已穿出皮肉。即使那样，他仍然忍着疼痛继续指挥战斗。余秋里受伤不久，伤口就开始发炎、腐烂，疼得难以忍受。为了不耽误行军，他把受伤的胳膊放在凉水里浸泡，或者用湿毛巾敷在胳膊上继续前进。过草地时，有一段时间没有换药，等到卫生员来检查伤口，打开纱布一看，伤口已经腐烂生蛆，卫生员用镊子把蛆一个一个夹出来，再用盐水清洗伤口后包扎好。他就这样继续爬雪山、过草地，整整坚持了192天，直到红军胜利到达甘南，才做了截肢手术。

后来有人问他，这样常人难以忍受的痛苦，是什么支撑你坚持下来的？他毫不犹豫地说："是理想信念的力量，鼓舞我战胜难以想象的困难。经过长征，经过艰苦的磨练，我更加坚信，任何艰难困苦都阻挡不了有坚定信念的共产党人。"①

"求木之长者，必固其根本；欲流之远者，必浚其泉源"。坚定理想信念始终是共产党人安身立命的根本，党员干部只有坚持立根铸魂、固本培元，才能严以律己、行为世范。

全体党员必须永远保持建党时中国共产党人的奋斗精神，把理想信念的坚定性体现在做好本职工作的过程中，自觉为推进中国特色社会主义事业而苦干实干，在胜利时和顺境中不骄傲不自满，在困难时和逆境中不消沉不动摇，经受住各种赞誉和诱惑考验，经受住各种风险和挑战考验，永葆共产党人政治本色。

（2）无比忠诚的李握如

图3-1　李握如

李握如（1908—1995），湖南省平江县三市镇人，1925年5月加入中国共产党。1925年在平江参加了党的地下工作。先后参加北伐战争、秋收起义。1931年1月参加红军。1934年10月参加长征，任军委第二梯队侦察队长，军委保卫局执行局执行科长。新中国成立后，历任西北军区政治部保卫部部长，中共铁道部党组成员、铁道部公安局局长，公安部交通保卫局局长，云南省高级人民法院院长、党组书记兼云南省监委常委，云南省第四届政协副主席，公安部顾问及公安部咨询委员会委员。1995年5月1日在北京逝世。

长征出发时，李握如负责组织侦察队，任务是配合警卫部队，保卫中央机关和中央领导同志的安全。这个侦察队共一百多人，一小部分跟打前站的人走，到驻地后先行搜检中央领导同志准备住的房屋，提前排除各种潜在的危险，并做社会调查；另一部分人随中央机关行动，到宿营地后进行搜山，了解周围环境，协助特务队布置警戒线，调查第二天的行军路线和敌情社情，并找好第二天行军的向导。在长征期间，李握如晚上很少睡觉，因为跟着中央机

① 余秋里：《余秋里回忆录》，解放军出版社，1996，第43–52页。

关，要切实保卫中央机关、保卫中央首长的安全，责任重于天。

1935年5月，李握如随第五军团渡过金沙江，在进入彝族区的第二天不幸患了伤寒病。过泸定桥后，李握如他们途经一处原始森林。树木茂密，遮天蔽日，一层一层腐烂的树叶遍布脚下，晚上又下大雨，路很难走。这时，他的病更重了。同志们把他送到军委卫生部直属医院。卫生部的政委朱良才见他病得这么厉害，医院的骡马又全丢了，他们商量着准备把他“寄放”在老百姓家里。他听说后坚决不同意，誓死不离开部队。李握如的想法是，自从参加革命那天起，他就没怕过任何困难，难道这点病还能使他脱离部队吗？他的信念是，只要还有一口气，就要跟着部队走。所以他对朱良才说，我绝不离开部队，就是死也要死在部队中。正是在这样的信念支撑下，李握如克服重重困难，胜利到达长征终点[①]。

邓小平同志晚年时，曾经有人问他，参加长征最大的感受是什么。他不假思索，操着浓重的乡音回答：“跟着走!”看似不假思索，其实这是经过深思熟虑的人生选择，这是对信念的坚守，这是对共产党的信任。就是这句“跟着走”，使红军走出了雪山草地，走出了一个新中国[②]。

2. 不怕牺牲的英雄主义精神人物

（1）英勇就义的陈树湘

陈树湘（1905—1934），湖南长沙县人，1922年秋加入中国社会主义青年团，1925年7月加入中国共产党，曾任红五军团第三十四师师长。在毛泽东、何叔衡等人的影响下投身革命。1934年12月9日，陈树湘伤重被俘，在被押送途中“断肠明志”，慷慨就义，实现了他“为苏维埃新中国流尽最后一滴血”的誓言。

图3-2 陈树湘塑像

1934年10月，中央红军开始长征。陈树湘奉命率部担任全军后卫，掩护红军主力和中央机关。1934年11月

① 胡玥：《长征路上的忠诚》，《中国纪检监察报》2016年9月30日，第6版。

② 罗援：《红军因何能战胜》，《解放军报》2016年8月17日。

下旬，在惨烈的湘江之战中，红三十四师与相当于自己十几倍兵力的敌人激战了四天五夜，全师由原来的5000多人锐减至几百人。在完成掩护中央红军主力和中央机关抢渡湘江的任务后，陈树湘和部下陷入敌人的重重包围。在突围时陈树湘腹部中了两枪，身受重伤。他用皮带勒着肚子、压住伤口，强忍着躺在担架上，坚持指挥战斗。最后，部队弹尽援绝，陈树湘伤重被俘。

敌人抓到一名红军师长，高兴得不得了，想通过威逼利诱从陈树湘口中得到红军的情报。陈树湘坚决斗争、毫不动摇，拒医绝食，身体越来越虚弱，生命垂危。敌人束手无策，只好把他押进县城。走到半路，陈树湘乘敌不备，在担架上忍着剧痛，从伤口处掏出自己的肠子，用力绞断，壮烈牺牲。那一年他年仅29岁[①]。

“石可破也，而不可夺坚；丹可磨也，而不可夺赤。”虽然陈树湘战败被俘，但他没有丢掉共产党人的坚定意志，没有丢掉红军战士的铮铮铁骨，他用实际行动践行了“为苏维埃新中国流尽最后一滴血”的誓言。

这样的例子还有很多，邓萍、吴焕先、余天云，等等。长征途中红军牺牲了营以上干部多达430余人，平均年龄不到30岁。据统计，中央红军长征期间共进行了380多次战斗（包括四渡赤水、巧渡金沙江、飞夺泸定桥等著名战役），攻占700多座县城，其间共经过11个省，翻越18座大山，跨过24条大河，走过荒草地，翻过雪山，行程约二万五千里，共击溃国民党军数百个团，实现了中国工农红军主干力量的战略大转移。

（2）刮骨疗毒的“群英”

三国时代，关公刮骨疗毒，一时传为佳话。长征时期，红军指战员类似刮骨疗毒的事迹成为普遍现象。

中革军委副主席、红军总政治部主任王稼祥在中央苏区第四次反“围剿”作战中腹部受重伤。他带着弹片开始长征，伤口时时向外流着脓血。到达陕北后，马海德医生为王稼祥诊断治疗。他在回忆录中说：“我看了非常吃惊，心想这么重的伤，居然能长征过来，这要有多么顽强的意志啊，简直难以想象!”红三军团第十二团政委钟赤兵在率部夺取娄山关时，右腿被9颗子弹打伤，骨头被打断，撕开了一大块肉。没有麻药，他硬是咬紧牙关锯掉了一条腿。截肢手术

① 刘良恒：《陈树湘：“为苏维埃新中国流尽最后一滴血”》，新华社长沙，2018年9月9日。

后，他拖着一条伤腿走完了长征。

红五师师长贺炳炎不施麻药而截肢；团政委杨秀山在左眼被炸伤后，不施麻药取出弹片；师政委谭友林在战斗中被打伤一只胳膊，坚持走完长征路；红三军团第四师师长张宗逊在攻打遵义时，右腿负伤；红五军团第十三师师长陈伯钧在湘江战役中左腿负伤；红三军团第十五团团长白志文左肺被子弹打穿；红三军团独立团团长李寿轩右肺和左臂负伤；红三军团第十团团长姚喆右脚负伤……团以上高级将领负伤若此，基层指战员伤痛更可见一斑。但广大红军指战员都以顽强的毅力，忍着巨大伤痛，拖着伤臂断腿、孱弱身躯杀出了一条血路。

3. 独立自主的创新精神人物

（1）粗中带细的许世友

许世友（1906—1985），字汉禹，湖北麻城县（今河南新县）人。中国共产党久经考验的忠诚的共产主义战士，无产阶级革命家，中国人民解放军卓越的军事指挥员。1955年，许世友被授予上将军衔，并任中国人民解放军副总参谋长，南京军区司令员，广州军区司令员，国防部副部长，中共中央军事委员会常务委员等职。他是第一、二、三届国防委员会委员，中国共产党第八届中央候补委员，第九、十、十一届中央政治局委员。在中共中央顾问委员会第一次全体会议上，被选为中央顾问委员会常务委员、副主任。

国民党四川军阀刘湘为执行蒋介石全面“围剿”红四方面军的指令，于1933年11月至1934年9月，兵分六路对川陕革命根据地发起猛烈进攻，即“六路围攻”。为反击“六路围攻”，红军实施了“收紧阵地”的指导方针，最后退守到巴山南麓万源一线。根据徐向前的部署，许世友指挥红九军两个师坚守万源正面的大面山、孔家山、南天门一线。在战斗中，许世友坚持独立自主、自力更生，逐渐摸清了敌人的进攻规律，为“一轰、二攻、三放松”，遂采取了针对性措施，命令部队对原有的工事进行加固，还在战壕内挖出“猫耳洞”。同时，在战壕上面架起粗大的树干，盖上几尺厚的泥土，把战壕变成了盖沟。当敌人打炮时，红军就躲在盖沟里，而炮声一停，红军马上冲出来投入战斗。战斗间隙，徐向前在电话中询问许世友，“世友啊，敌人的炮火猛得很啊。”许世友说：“徐总啊，敌人的炮弹没啥可怕的。他们炮轰时一般是不会派兵来进攻的，我们就在猫耳洞和盖沟里休息。等他们停止炮击了，我们才钻出来，各就各位。这就叫做‘敌人放大炮，我们睡大觉’。”徐向前一听，高兴地说：“好你个许世友，看不出你还是个粗中带细之人。”

（2）带队寻粮的黄新廷

图3-3 黄新廷

黄新廷（1913—2006），1913年9月生，湖北洪湖人。1928年参加革命工作，1929年8月加入中国共产主义青年团，1930年参加中国工农红军，1932年10月正式成为中国共产党员。1933年至1935年任湘鄂西红三军九师连长、营长。参加了长征。历任团长、旅长、师长、军长，成都军区司令员，中共中央西南局委员，装甲兵司令员、党委书记、第一书记。1985年9月在中共全国代表会议、中共十三大上，分别增选、当选为中央顾问委员会委员。2006年5月12日在北京逝世，享年93岁。

1936年底，红军总部命令红二、红六军团北上抢渡金沙江，与红四方面军会合。此时，23岁的黄新廷被任命为红二军团第四师第十二团团长。过草地时，粮食逐渐紧缺。黄新廷带领部队，在打过的秸垛中，一颗颗搜捡遗落的青稞粒。幸运的是，在一个村庄里，他在一个牛圈里的地下挖出满满一坛子青稞。黄新廷命财务员把40块银元埋进坛子里，喜气洋洋地回到部队。此时，由团政委杨秀山带队的另一支寻粮队伍，也找到了几皮囊粮食，还有几小包豆子和盐巴。黄新廷规定，每人每天不得超过二两青稞粉，吃粉必须与野菜掺在一起；下粉数量由值班干部掌握，野菜能否吃由团里决定，而他本人往往是第一个尝野菜的人。饥饿折磨中的红军，每天只能走20里。渡过葛曲河后，关向应来到十二团，对黄新廷说，“贺老总的腰带又紧了两个扣。黄新廷，你能不能找点吃的东西给总指挥补补?”黄新廷拿了一小皮囊酥油交给关向应，关向应如获至宝，“这下好了，贺老总就能坚持走出草地了。”[①]

① 汤少云、蒋凤波：《亲历长征》，山西人民出版社，2006，第162-164页。

4. 顾全大局的团结精神人物

万里长征，红军遇到了前所未有的艰难险阻：物资极度匮乏，环境极度恶劣，敌人极度凶残。红军是靠什么战胜困难、战胜敌人的呢？毛泽东说，靠的就是全党全军顾全大局、严守纪律的紧密团结。这种团结首先体现在红军主力退出中央根据地时所表现出来的顾全大局，坚决服从组织"走"与"留"安排的重大抉择上。

（1）胸怀全局的朱德

朱德（1886年12月1日—1976年7月6日），字玉阶，伟大的马克思主义者，中国无产阶级革命家、政治家、军事家，中国共产党和中华人民共和国主要领导人，中国人民解放军的主要创建人和领导人，是以毛泽东同志为核心的党的第一代中央领导集体的重要成员。新中国成立初期，兼任中共中央纪律检查委员会书记。

2016年，习近平总书记在纪念朱德同志诞辰130周年座谈会上的讲话中指出，"他严守党的政治纪律和政治规矩，在重大原则问题上立场坚定、是非分明、敢于斗争。他从不居功自傲，从不计较个人得失，认为'我们共产党人胸襟要广阔，气量要宏大，要求自己比要求别人要严格一些'"。[①]朱德同志也确实是这样的。

朱德同志是一个政治意识、大局意识、核心意识、看齐意识都非常强的人，具有高度的政治纪律自觉，在政治上、思想上、行动上始终同党中央保持高度一致。在遇到分裂党的行为时，他能够坚决勇敢地作斗争。1935年遵义会议后，党中央主张北上抗日，而张国焘主张西进南下，实际上是要夺权、要分裂党。朱德与张国焘的红四方面军主力在左路行军，张国焘一直想拉拢朱德。因为红四方面军中，四川人占绝大多数，朱德也是四川人，他们对于这个同乡的领导人有一种莫名崇拜感和亲切感。换句话说，朱德群众基础非常好。而且朱德具有坚定的政治立场，有非常严明的政治纪律，与以毛泽东同志为核心的党中央保持高度一致，不肯与张国焘同流合污。迫于朱德的声望，张国焘又不敢对他下手，只能采取一些软硬兼施的手段迫使他就范，但

① 《习近平总书记在纪念朱德同志诞辰130周年座谈会上的讲话》，人民出版社，2016，第9页。

这些都不能改变朱德的态度。1935年10月张国焘宣布另立“中央”，宣布“撤销”毛泽东、周恩来等人职务，“开除党籍”并下令通缉，逼迫朱德发表声明反对毛泽东。这个时候朱德说了那句著名的话：从井冈山斗争开始，全中国、全世界都知道“朱毛红军”，要我这个“朱”去反“毛”，你就是把我劈成两半我也做不到。

正是因为朱老总铁一般的政治纪律、坚定的政治立场，张国焘的奸计才没能得逞，党的团结统一才得以维护。毛泽东对他的评价是“度量大如海，意志坚如钢”。

（2）顾全大局的徐海东

图3-4　徐海东

徐海东（1900年6月17日—1970年3月25日），原名元清，湖北黄陂徐家桥（今属大悟）人。中国无产阶级革命家、军事家，中国人民解放军大将。1925年加入中国共产党，曾参加北伐战争和黄麻起义，历任中国工农红军第四方面军独立第四师师长、红二十五军军长、红十五军团军团长等职务，成功保卫了陕北根据地。抗日战争时期，任八路军第一一五师第三四四旅旅长、新四军江北指挥部副指挥兼第四支队司令员。中华人民共和国成立后，担任中国人民革命军事委员会委员等职务。1955年被授予大将军衔，获一级八一勋章、一级独立自由勋章、一级解放勋章，是第一、二、三届国防委员会委员，中国共产党第八、九届中央委员。

1935年10月，中央红军经过长征来到陕甘苏区，实现了与红十五军团的胜利会师。11月，天气转冷，刚在陕北落脚的中央红军出现给养困难。陕北高原的寒冷，成为中央红军遇到的又一个“敌人”。如何战胜寒冷，成为党中央必须解决的首要问题。红一方面军供给部长杨至成的报告，摆在了毛泽东的面前。报告分析了当时部队在物资保障上存在的严重困难，提出要渡过这次难关，最少需要银元2000元至3000元。毛泽东亲笔写了一张借条交给杨至成，请杨至成找徐海东帮忙借款。杨至成拿着条子找到红十五军团军团长徐海东，提出要借2500元钱。徐海东立即把供给部长找来，问他军团还有多少钱。供给部长回答说，全军团只剩下7000元。徐海东说，留下2000元，其余5000元全部送交中央。之后，徐海东召开了连以上干部会议，动员部队把缴获的部分武器、弹药、药品、布匹等送给中央红军。

多年以后，徐海东在回忆此事时说："当时我认为，一个共产党员，应该无条件地服从中央。"①

5. 艰苦奋斗的崇高精神人物

（1）艰苦朴素的贺龙

贺龙（1896年3月22日—1969年6月9日），原名贺文常，字云卿。湖南桑植人。伟大的无产阶级革命家、军事家，中国人民解放军创建人和领导人。他在半个多世纪的革命生涯中，为中国的新民主主义革命、社会主义革命和建设作出了重要贡献，建立了不朽功勋。贺龙是中国共产党、中华人民共和国和中国人民解放军的一位卓越领导人。1955年被授予中华人民共和国元帅军衔和一级八一勋章、一级独立自由勋章、一级解放勋章。

1936年4月，部队在离开巴安的第三天，遇到了长征路上的第一座雪山。上到半山腰时，下起了鹅毛大雪。走着走着，贺老总发现了一些因饥饿、寒冷和疲劳而掉队的战士。他们三个一堆、五个一伙坐在雪窝里，冻得脸色发青，嘴唇发紫，直打哆嗦。贺老总说："快扶他们上马！"他和警卫员一起，把几个战士扶上了马，又对其他同志说："你们在这里等一下，我们把这几个同志送到山下后，再来接你们。"有的同志身体过于虚弱，在马上坐不住，贺老总就在旁边用手扶着他们。等到帮助这30多名掉队的同志翻过雪山，已经是深夜了。

翻过雪山，又开始了艰难的草地行军。在稀软的烂泥草地上行走，有时一脚踩空，陷进泥潭里，就会被黑乎乎的泥浆污水吞没。贺老总看着牺牲的战士，心里非常难过，他多次命令，"再给各师重申一下，在任何艰难困苦的情况下，决不能丢掉一个伤病员。活着的同志，哪怕还有一口气，都要抢救阶级弟兄！"为了解决"吃"的问题，贺老总亲自领着大家挖野菜、剥树皮、摘树叶充饥。有时前面的部队把野菜挖完了，贺老总就带着大家找骨头、牛皮吃。这些东西吃光了，他就号召大家到河里抓鱼、抓青蛙，甚至抓飞蚁吃。

① 张麟：《青山大学出奇兵——徐海东将军传》，上海文艺出版社，1997，第322-324页。

他说："同志们，只要是能吃的东西都要抓来吃，不好吃也要吃，要革命就得吃。"长期的饥寒交迫，使贺老总原本胖胖的圆脸瘦成了长方形，他那浓黑的一字胡竟快要占去脸部的四分之一，这使警卫班的同志们感到很难过。一次，警卫班的几个同志在老百姓收过的一块地里扒了一天，好不容易捡出一把青稞，真是如获至宝，赶快拿回去用水洗净，放在茶缸里煮熟，连青稞带水一起送给了贺龙、任弼时、关向应等同志；但他们你推我让，谁也不肯吃。贺龙同志说："大家都在挨饿，我们哪里咽得下去，困难要大家克服嘛！不能只叫你们克服，我们就不能克服啦？同志们，裤带再勒紧点，到前边就有吃的了！"最终，这缸"水煮青稞"几经辗转，遵照贺老总的指示，让几个伤病员吃了[①]。

（2）舍己为人的谢益先

谢益先，生卒年不详，出身于贫苦农民家庭，全家人终年辛劳却过着饥寒交迫的生活。母亲被反动派打死，他含泪为母亲料理完了后事，将弟弟托付给亲戚，义无反顾地参加了红军。

过草地时，他分到了四斤干粮。在行军途中，战士们看到饿慌了的母子三人，小谢就瞒着队友，把自己的干粮袋给了他们，而他自己每天就吃些野菜、凉水充饥，最终因体力不支，就这样"走"了。直到那母子三人来还这只印着"谢"字的干粮袋时，部队的同志才明白了事情的原委……那位母亲激动地说："是红军用命救了我们。"

谢益先明明知道，在茫茫草地上，哪怕是一小袋粮食，都是救命的"宝贝"，意味着一个人的生命！但是，就是在这样的情况下，他还是毅然把自己的粮食给了那位母亲；每天，自己在饥饿中煎熬，也不愿连累队友；甚至在生命的最后一刻，他还在询问那母子三人的情况，在得知"他们很好"的回答后，嘴角才带着微笑，离开了人世……[②]

（3）舍己为公的胡军

胡军（1889—1935），红军某师军需处长。在国民党统治时期，为了过上好日子、分田地，胡军参加了红军。在共产党的领导和教育下，他成为了一名

① 周龙：《一缸水煮青稞》，《解放军报》2016年6月28日。

② 赵普庆：《新课标语文资料金库》八年级（北师大版），文心出版社，2008，第142-143页。

优秀的红军战士。

1935年红军长征途中物资供应十分困难，时任军需处长的胡军把棉衣分给了别的战士，而自己却穿着单薄破旧的衣服，在爬雪山时终因不敌严寒而壮烈牺牲。

《丰碑》中这样描写，一个冻僵的老战士，倚靠光秃秃的树干坐着。他一动不动，好似一尊塑像，身上落满了雪，无法辨认他的面目，但可以看出，他的神态十分镇定，十分安详：右手的中指和食指间还夹着半截纸卷的旱烟，火早已被雪打灭；左手微微向前伸着，好像在为战友指明前进的道路。[①]

胡军这种舍己为人、忠于革命的高贵品质是不朽的。他为了别人的温暖，主动把棉衣让给了战友。他为了别人能走出雪山，自己却永远地留在了山上。他明知自己面临被冻死的危险，却把生的希望留给了别人。他的身体已被冻结，但他的信念却在战士们的身体里沸腾。他的心跳已经停止，但他舍生忘死的精神却永垂不朽。

（二）长征中的先进典型事迹

1. 爬雪山，过草地

长征途中，红军不仅要突破国民党军队重兵的围追堵截，还要征服和战胜来自大自然的各种艰难险阻，经受饥寒伤病的种种磨难。雪山草地，是红军长征中经过的自然环境最为恶劣的地区。雪山大都海拔4000米以上，空气稀薄，人迹罕至，山高谷深，气候变化无常。红军爬雪山、过草地，后者是最难的。红军战士把过草地比作“走地狱”，穿越草地通常有“四难”。

一是行走难。一望无际，无路可走，人和骡马需要跳跨草甸前进。一怕没踩着草甸而陷入沼泽；二怕下雨而滑进沼泽；三怕过河时虚弱的身体经不住河水冰冷的刺激而被冲走。

二是饮食难。准备的青稞麦粒两三天就吃完了，还有一多半路都是靠着吃野菜、草根、树皮充饥。有的有毒，吃了会死。后续部队连野菜、树皮都没

① 崔峦、蒯福棣：《语文》第10册，人民教育出版社，2002，第58页。

了，就把皮带、皮鞋、毛坎肩、马鞍子煮着吃。在中国人民革命军事博物馆珍藏着任弼时长征过草地时吃剩的一条皮带。这条皮带黑中泛着旧黄色，比正常的腰带短了几乎一半，边缘还被割了许多小口子。这是一条吃剩的皮带，是红军不怕任何艰难险阻、不惜付出一切牺牲的长征精神的生动写照。

三是御寒难。那边是地无三里平，天无三日晴。草地天气一日多变，下午一般都是黑云密布，暴雨冰雹席卷而来，战士们的衣服总是湿的。

四是宿营难。找不到干地儿，就在泥里铺点东西后睡了，有时候半夜再下点雨，很多人睡下就再也没有醒过来。即使这样艰苦的条件，红军仍然能将老百姓放在心头。"一部红军长征史，就是一部反映军民鱼水情深的历史。在湖南汝城县沙洲村，三名女红军借宿徐解秀老人家中，临走时，把自己仅有的一床被子剪下一半给老人留下了。老人说，什么是共产党？共产党就是自己有一条被子，也要剪下半条给老百姓的人。"[①]有人问，红军过草地究竟牺牲了多少同志？阿坝藏族自治州有一个资料：红军三大主力在两年数次过雪山草地期间，非战斗减员在万人以上。如果没有理想信念做支撑，是根本走不出来的。张闻天夫人刘英在回忆录中说："走过雪山草地我觉得是从死亡的世界回到了人间。"[②]

"风雨浸衣骨更硬，野菜充饥志越坚"[③]。红军以"革命理想高于天"的坚定信念和不畏艰难困苦的革命乐观主义精神，克服种种困难，"红星闪闪放光彩，红星灿灿暖胸怀，跟着毛主席跟着党，闪闪的红星传万代"。正是这种理想信念、精神信仰激励他们以常人不可想象的勇气和毅力，与大自然进行了一次次人力与天力的较量。他们凭着永远跟共产党走、甘愿把自己的一切献给革命事业的赤胆忠心，英勇奋战、勇往直前，克服种种艰难险阻，直至长征的胜利。

---

① 习近平：《在纪念红军长征胜利80周年大会上的讲话》，《人民日报》2016年10月22日，第1版。

② 刘英：《在历史的激流中——刘英回忆录》，中共党史出版社，1992。

③ 王刚、李懋君：《长征精神》，中共党史出版社，2017，第94页。

2. 著名战役

（1）湘江战役

长征初期，中央红军的既定战略方针是去湘西与红二、红六军团会合，以期建立新的革命根据地。1934年11月中旬，突围的中央红军跨越敌军的三道封锁线，进入湘南的嘉禾、临武一线。这时，蒋介石真正搞清了红军战略转移的目的地。对此，蒋介石于1934年11月17日发布《湘水以西地域剿匪计划大纲》，妄图阻止中央红军与红二、红六军团会师。他任命湘军何键为“追剿”军总司令，调动湘军和桂军，在零陵至兴安之间近150公里的湘江两岸配置重兵，构筑碉堡，设置了第四道封锁线。

蒋介石亲率国民党中央军周浑元部及部分湘军在后面追击。此时的蒋介石欲将红军全歼于湘江、潇水之间。1934年11月20日，白崇禧见红军的一支部队占领了湘南的江华，又向广西恭城奔来。他不愿同红军硬打而消耗实力，就借口兵力不够及防止红军南进广西，在1934年11月21日忽然从灌阳、全州、兴安撤兵，使湘桂军阀联合防守的湘江防线出现一个缺口。湘军何键为求自保，也不尽快派兵南移接防，致使这65公里防线无兵防守达7天之久。顺利通过第四道封锁线的机会来了，但由于博古、李德的错误指挥，红军未能抓住这一良机。11月25日，中革军委才下达抢渡湘江的命令，但中革军委纵队的行军速度缓慢，用了整整4天时间才走到湘江岸边。11月29日，湘军和桂军蜂拥而来，向正在渡江的红军发起了进攻①。

血战湘江主要由觉山铺、新圩、光华铺三大阻击战构成。觉山铺阻击战，红一军团伤亡近6000人；新圩阻击战，红三军团红五师的团、营、连、排干部伤亡殆尽，全师损失近2000人，红六师红十八团1000余名指战员全部阵亡；光华铺阻击战，红三军团红四师红十团两任团长一天之内相继牺牲，全团伤亡400多人。红五军团为整个中央红军担任后卫任务，中央纵队全部渡过湘江后，承担最后一道防线阻击任务的红三十四师被隔在了湘江以东，最后全师覆没。红八军团是长征之前刚刚组建的部队，因为战斗力较弱，战役结束后由

① 王爱华、幸克坚：《转折——从这里走向胜利》，中央文献出版社，2013，第277–278页。

1.1万人锐减至1200人，被迫取消建制①。

12月1日，战斗达到白热化程度，敌人发动了全线进攻，企图夺回渡口。②据红三军团政治部保卫局收容队副队长梁思久回忆，“敌机轮番轰炸湘江上红军架设的浮桥。红军野战工兵连冒着敌人的弹雨，迅速跳进冰凉刺骨的江水中抢修浮桥。可是桥刚修好，工兵们还没来得及上岸，敌机又来轰炸，将浮桥炸成数段。断裂的竹竿、木板等，在汹涌的江水中拥来挤去，混和着倒下的红军战士的尸体，湘江里泛起一缕缕血水!……接近中午，中央纵队渡过了湘江。”③红军将士用鲜血死守渡口，至当日17时，中央机关和红军大部队终于突破了第四道封锁线，拼死渡过了湘江。④“左”倾的错误军事思想路线使红军付出了惨痛的代价，中央红军主力从长征出发时的8.6万多人锐减至3万多人。血战过后，遍地是尸首，湘江上漂浮着红军将士的遗体，整个湘江都被战士们的鲜血染红了，所以当地有“三年不饮湘江水，十年不食湘江鱼”⑤的说法。

2014年，习近平总书记在古田召开全军政治工作会议时所讲的“断肠明志”的陈树湘师长，就是在这次战役中壮烈牺牲的。他是这场战役中牺牲的级别最高的指挥员。他率领红三十四师担负全军后卫，被隔在湘江东岸陷入重围，与十几倍于己的敌人殊死激战四天五夜后受重伤被俘，在被押送长沙途中牺牲。⑥牺牲在湘江的烈士有三分之二是共产党员，共牺牲了十余位高级指挥员。湘江战役是中国共产党和红军历史上血与火、生与死、存与亡的一场重大战役，是对政治信仰、军事战略和思想意志、生命能量极限的一次重大考验。每场战斗，各级指挥员都冲锋在前，红军指战员不怕牺牲、英勇无畏的精神是长征精神的重要组成部分。

（2）四渡赤水

中央红军突破乌江，进占遵义城，使蒋介石等人大为震惊，急调其嫡系部

① 丁宗皓:《铁纪·铁流1921—1949》，辽宁人民出版社，2016，第236页。
② 王爱华、幸克坚:《转折——从这里走向胜利》，中央文献出版社，2013，第278页。
③ 吴义国:《湘江战役——中央红军长征的悲壮史诗》，《湘潮》（上半月）2016年第2期。
④ 王爱华、幸克坚:《转折——从这里走向胜利》，中央文献出版社，2013，第278页。
⑤ 田延光、梅国平:《我们的红色基因——长征精神篇》，光明日报出版社，2016，第172页。
⑥ 丁宗皓:《铁纪·铁流1921—1949》，辽宁人民出版社，2016，第237页。

队和川黔滇三省兵力及广西军队一部，共150多个团，从四面八方向遵义地区进逼包围。为摆脱这种险境，党中央决定，率师北渡长江，前出川南，与活动在川陕革命根据地的红四方面军会合，开创川西或川西北革命根据地。四渡赤水战役就是在这种情况下展开和形成的。

一渡赤水，集结扎西，待机歼敌。1935年1月19日，中央红军从遵义地区出发，分三路向川南开进。右路红一军团，牵制綦江、合江之敌，由松坎出发，经温水、习水向赤水疾进；中路红五、红九军团及军委纵队，由遵义、娄山关出发，经官店袭击习水、土城之敌；左路红三军团，由懒板凳出发，迅速摆脱尾追和侧击之敌，向土城前进。26日，红一军团进至赤水河边的旺隆场、复兴场，击溃了川军两个旅的阻击，沿赤水河向南挺进。

红三、红五军团在红一军团一部兵力协同下，在土城附近打垮了黔军侯之担部和川军郭勋祺部两个师的追击和堵截。继之，红军各路军于29日，经土城、元厚场向西渡过赤水河。2月上旬，进至川南的叙永、古蔺地区，准备相机从宜宾上游北渡金沙江。此时，张国焘借口嘉陵江“江阔水深，有重兵防守”，抗拒中央命令，不仅不率红四方面军南下以吸引川敌，反而北攻陕南，致使川军无后顾之忧，得以集中全力堵我北进。南面敌军吴奇伟、周浑元两纵队和黔军王家烈部，则从南向北机动，尾追红军；滇军孙渡部4个旅，也向毕节、镇雄等地疾进。

鉴于以上新情况，毛泽东等人决定，暂缓实行北渡长江的计划，改向川黔滇三省边境敌军设防空虚的扎西地区，利用短暂时间，完成了部队整编、精简，大大增强了部队战斗力，为待机歼敌创造了良好条件。

二渡赤水，回师遵义，大量歼敌。红军进至扎西地区，敌仍判断红军将北渡长江，除向宜宾段各主要渡口增兵外，又调滇军和川军潘文华部向扎西地区逼近，企图对红军分进合击。

鉴于敌军主力已大部被红军吸引到川滇边境，黔北兵力空虚的情况，红军决定出敌不意地回师东进，折回贵州。红军先头部队1个团先敌抢渡二郎滩，成功地掩护部队于2月18日至20日在太平渡、二郎滩第二次渡过赤水河，并继续向桐梓、遵义方向前进。24日占领桐梓。25日夜占领了娄山关。27日，在董公祠击溃了敌人3个团的阻击，28日晨再次攻占了遵义城。①

是日中午，红军进占城南的老鸦山、红花岗、忠庄铺后，与敌驰援遵义的吴奇伟纵队2个师接触。红军乘敌立足未稳，发起攻击，经反复拼杀，敌军大部被歼，吴奇伟带领残部企图逃过乌江，除少数人员跟随其过江遁去外，其余尚未过江的1800余人和大批武器，全部被红军俘获。遵义地区的这次作战，历时五天，击溃和歼灭敌2个师又8个团，俘敌3000余，是中央红军战略转移以来取得的最大一次胜利，极大地鼓舞了士气，打击了敌人的反动气焰。

图3-5 红军二渡赤水时的渡口之一太平渡②

三渡赤水，再入川南，诱敌西进。红军遵义大捷后，蒋介石于3月2日急忙飞往重庆，亲自指挥对红军的围攻，企图采取堡垒与重点进攻相结合的战法，南守北攻，围歼红军于遵义、鸭溪这一狭窄地区。为粉碎敌人新的围攻，红军将计就计，伪装在遵义地区徘徊寻敌，以诱敌迫进，然后再转兵西北，寻求新的机动。同时，以红三军团向西南方向的金沙佯动，调动敌周浑元部向南和吴奇伟部向西，尔后转用兵力攻击鲁班场守敌。红军这一行动果然调动了敌人，当敌吴奇伟部北渡乌江和滇军孙渡部靠近红军之际，3月11日，红军突然

① 中国国家博物馆编《中国共产党90年图集》上，上海人民出版社，2011，第201页。
② 同①。

转兵向北，于15日进占仁怀，16日从茅台第三次渡过赤水河，再入川南。敌误以为红军又要北渡长江，急忙调整部署，向川南压逼红军，企图再次对红军形成合围，聚歼红军于长江南岸地区。[①]

四渡赤水，进逼贵阳，突出重围。蒋介石判断红军战略意图为北渡长江，命令部队集结于赤水河以西。20日，红军以红一军团1个团的兵力向古蔺发起进攻，吸引敌军火力，红军主力则隐蔽在茂密森林中，秘密向东北行进，于21日晚至22日，在二郎滩、九溪口、太平渡地域第四次渡过赤水河，26日到达干溪、马鬃岭地域。次日，红军主力审时度势，分兵红九军团向长干山发起进攻，调动国民党军队向北集结，成功引开追兵。红军主力一路向南于28日突破敌鸭溪至白腊坎封锁线，并于31日经江口、大塘、梯子岩地域成功渡过乌江。中央红军继续声东打西，迷惑敌军，4月2日以部分兵力佯攻息烽，主力部队则直逼贵阳。此时蒋介石正在贵阳督战，听闻红军兵临城下大惊失色，一方面命令国民党军队火速增援，另一方面做好仓惶逃窜的准备，然而红军并未进攻贵阳。4月4日，独自作战的红九军团主动寻找战机，在老木孔地域击溃黔军5个团，歼灭2000余人，至此，红军取得了战略胜利，成功跳出国民党军的包围圈。

四渡赤水是遵义会议之后，毛泽东取得最高军事领导权后指挥的一场战役，粉碎了敌人围歼红军的计划，是中央红军在危急关头从被动走向主动、从失败走向胜利的转折点，也是中国工农红军战争史上以少胜多的典型战例。四渡赤水也是中国近代史上最经典的战役之一，充分展示了毛泽东高超的军事指挥艺术。

（3）巧渡金沙江

1935年遵义战役后，国民党军企图采取堡垒主义和重点进攻相结合及南守北攻的战法，围歼长征中的中央红军。红军将计就计，伪装在遵义地区徘徊，诱敌进发围攻。当敌军逼近时，红军突然又南渡乌江，西进云南，北渡金沙江，巧妙地跳出敌人的合击圈。

金沙江形势险要，谷深、流急、浪大，且有敌兵封锁。要想渡过去，谈何容易。然而，渡江入川，是实现战略转移的需要。如果不能渡江，红军就有被

① 李润波：《长征记忆》，广东人民出版社，2016，第79-82页。

敌人压在深谷被歼的危险。①

4月29日，红军决定快速渡过金沙江，前往川西建立根据地。此刻，红一军团经禄动、武定、元谋，抢占了龙街渡口。红三军团经思力坝、马鹿塘，抢占了洪门渡。红五军团经山仓街、海龙塘、石板河，抢占皎平渡。

红军总参谋长刘伯承率领中央纵队先遣干部团一部，一昼夜行进100公里，于5月3日晚抢占了金沙江皎平渡口。红军在皎平渡口一共仅找到6艘木船，大船可渡30人，小船只能渡11人。而且，当地还有“夜不渡皎平”的旧俗。这6艘木船，承载着两万红军的性命，承载着中国革命的前途。为此，毛泽东、周恩来、朱德和刘伯承等直接指挥，严格渡河纪律，不争不抢，保持秩序，确保渡江安全。

他们还找到汉、彝、傣、纳西等各族船工36人，杀猪宰羊一天管6顿饭，每天给每个船夫5块大洋工资。船工受红军政策感召，打破“夜不渡皎平”的习俗，6艘船连续摆渡七天七夜，帮助红军胜利渡过金沙江。5月9日，2万多人的红军部队全部渡过金沙江，未掉一人一骑。两天后，当国民党军先头部队赶到金沙江边时，只看到岸边留下的几只破草鞋，红军已不知去向，渡船也没找到一艘，只能望江兴叹。

红一、红三、红五军团全部从皎平渡口渡过金沙江，经过几日的强渡，成功到达对岸。红九军团则在东川以西的树节、盐井坪地区，渡过金沙江。至此，中央红军摆脱了敌几十万大军的围追堵截，实现渡江北上的战略意图，取得战略转移中具有决定意义的胜利。

（4）强渡大渡河与飞夺泸定桥

中央红军渡过金沙江后，蒋介石断定红军必渡大渡河北上，因此飞抵昆明亲自部署大渡河会战，命令大渡河沿线各地赶筑碉堡工事，并调集十余万兵力，企图将中央红军围歼在金沙江以北、大渡河以南、雅砻江以东地区。5月中旬，他任命杨森为大渡河守备，“并以清代活捉石达开之川督骆秉章相勖勉”。与此同时，蒋介石还两次乘飞机到前线上空，利用通信袋向各部队指挥官投下“手令”，指示机宜，进行督战。中央红军通过彝民区后，蒋介石判断中央红军“必谋在雅安附近”与红四方面军会合，于是调集大量兵

① 齐中彦、陈士忠、黄菊隐:《中国人民解放军军史上的今天》，长征出版社，1986，第153-154页。

力，加强大渡河以北的防御力量，企图凭借大渡河天险，使中央红军成为第二个石达开。

中央红军先遣队红一师第一团在通过大凉山彝族区后，冒着大雨经过70多公里的急行军，于5月24日赶到安顺场，并歼灭守敌两个连，缴获渡船1只，控制了渡口。

5月25日，红一团开始强渡大渡河。凌晨3点多钟，红一营二连指导员黄守义带着战士弄到了关系全军渡河成败的一只船。天刚亮，红军总政治部组织部部长萧华作了战前动员。他简单讲了渡河的意义，然后问："谁愿意坐第一船去?"战士们争先恐后，踊跃报名。最后，决定第二连连长熊尚林带领16名突击队员分两次乘船强渡。上午9点，红军总参谋长刘伯承发布渡河命令。随后，红军用几门八二迫击炮开始炮击敌人，几十挺轻重机枪一起开火，掩护第一船的9名勇士向对岸划去。经过第一船战士的激烈斗争，第二船、第三船战士也过了河。整个强渡过程中仅有4名勇士受伤，无人牺牲。登上对岸的战士们猛烈冲杀，击溃守敌，控制了对岸渡口，巩固了滩头阵地，从而在敌人视为插翅难飞的天险大渡河防线上打开了一个缺口。

红一团虽然渡河成功，打开了中央红军北进的通路，但是大渡河水流湍急，河面太宽，不能架桥；找到的四只渡船，只有一只是好的，其余三只尚须修理。全军几万人马如果仅靠这几只小船来渡河，不知要花费多少时间，而且此时尾追之敌薛岳部已过德昌，正向大渡河昼夜赶来，情况十分紧急。中革军委为迅速渡过大渡河，决定改向西北，争取并控制泸定桥渡河点。5月26日，中革军委作出新的部署：红一师及干部团为右纵队，归聂荣臻、刘伯承指挥，循大渡河左岸；林彪率红一军团军团部、红二师主力及红五军团为左纵队，循大渡河右岸，均向泸定桥疾进，协同袭取该桥。中革军委纵队及红三、红九军团和红五军团随左纵队后跟进。

5月27日，左纵队先头部队红四团，在团长王开湘、政治委员杨成武率领下，在"和敌人抢时间，和敌人赛跑，坚决完成任务，拿下泸定桥"的口号下，从安顺场出发，不顾饥饿、不怕疲劳，多次击溃川军的拦阻，昼夜兼程向泸定桥疾进。

红四团官兵在天降大雨的情况下，在崎岖陡峭的山路上跑步前进，一昼夜奔袭竟达120公里，终于在5月29日凌晨6时许按时到达泸定桥西岸，创造了人类行军史上的奇迹。红四团第二连连长廖大珠等22名突击队员沿着枪林弹雨和火墙密布的铁索夺下桥头，并与左岸部队合围占领了泸定城。中央红军主力随后从泸定桥上越过天险，粉碎了蒋介石歼灭红军于大渡河以南的企图。[①]

图3-6 泸定铁索桥[②]

强渡大渡河，飞夺泸定桥，是红军长征史中最为惊心动魄的一页。红军步步涉险，稍有闪失就会全军覆没。然而，形势虽险，红军的胜利绝非侥幸，是毛泽东运筹帷幄和红军各部队协同作战的必然结果。

（5）腊子口战役

1935年9月16日，陕甘支队抵达甘肃南部的天险关隘腊子口。国民党军鲁大昌部3个团据险阻击红军前进。当天，红军正面强攻，未能突破国民党军防御阵地。17日，红军两个连翻越悬崖陡壁，穿插国民党军侧背，一举将守敌击溃。突破天险腊子口后，中央红军进入甘南开阔地带，北上陕甘地区的通道被开辟出来。

9月18日，中国工农红军陕甘支队先头部队到达甘肃省岷山县以南的哈达铺。红军各部先后在哈达铺一带休整。21日，中共中央进驻哈达铺。22日，

① 中共中央党史研究室第一研究部:《红军长征史》，中共党史出版社，2006，第116-121页。

② 中国国家博物馆编《中国共产党90年图集》上，上海人民出版社，2011，第202页。

毛泽东等在哈达铺期间，通过国民党的报纸了解到陕北红军的大致情况。是口，毛泽东、周恩来等召开团以上干部会议。毛泽东在会上宣布要到陕北去，那里有刘志丹的红军。并宣布陕甘支队下属3个纵队。27日，中共中央政治局在榜罗镇召开会议，正式决定以陕北作为领导中国革命的大本营。[①]

腊子口战役是红一方面军在长征途中进行的一次以夺取要隘为目标的进攻战斗。在战法运用方面，红军采取了奇正结合的方法，选择敌人意料不到的方向，克服天然障碍，达成了战斗突然性。夺取腊子口，为党中央和红军陕甘支队北上打开了通道。

3. 重要会议

（1）通道转兵与黎平会议

湘江战役结束后，中央红军由长征出发时的8.6万余人锐减为3万余人，兵力折损过半。国民党军为阻止红军沿湘桂边境前往湘西北与红二、红六军团会合，在洪江、黔阳、芷江、武冈、靖县、绥宁、通道、新宁、城步等地集结重兵，企图把中央红军一网打尽。何去何从，是当时中央红军面临的重大生死抉择。一旦决策失误，剩余的3万多红军随时都有全军覆没的危险。

就在这紧急关头，1934年12月12日，中央红军召开通道会议，博古、李德、周恩来、张闻天、王稼祥、朱德、毛泽东参会。当时，毛泽东已经被排挤离开红军领导岗位有一段时间，那时候中央政治局开会并不让他参加，他毫无发言权可言，所以导致第五次反“围剿”失败，红军被迫长征。“左”倾错误思想路线开始在党内取得主导地位，军队生攻硬打，不讲战术和策略，企图夺路突围，寄希望于与红二、红六军团会合上，激起了红军将士的怀疑和不满情绪。这时，聂荣臻、王稼祥等都赞成毛泽东出来领导红军，扭转战局。

会上，博古、李德无视敌情，教条地坚持前往湘西北的原定计划。毛泽东根据红军破译的敌人电台情报，从实际情况出发，力主西进，放弃与红二、红六军团会合的计划，避开蒋介石为阻拦红军而布下的第五道封锁线，转向敌人兵力薄弱的贵州进军，再去往湘西北。这与博古、李德等人意见不符，李德中

---

① 张宏儒：《二十世纪中国大事全书》，北京出版社，1993，第199页。

图3-7　黎平会议纪念馆

途愤然离场；但王稼祥、张闻天和周恩来等多数人赞同毛泽东的主张，按照少数服从多数的原则，决定先转兵贵州，史称通道转兵。

通道会议后，中央红军从通道分两路转兵西进，向贵州黎平进发：一路由当时通道县城的县溪进入靖州县的新厂、平茶，再由新厂、平茶分两路进入贵州；一路由通道的播阳进入贵州的洪州向黎平进军。虽然实行了通道转兵，但由于李德等人拒不接受，红军的行军路线仍未得到最终确定。

1934年12月15日，中央红军占领黎平。为了确定红军的进军路线问题，12月18日，由周恩来主持中共中央政治局在黎平召开政治局特别会议，经过一天一夜的激烈争论，许多人改变了观点，最终接受了毛泽东的正确意见，并通过了《中央政治局关于战略方针之决定》，决定放弃与红二、红六军团会合的计划，确定了向贵州转兵的战略决策。①

通道会议是长征途中唯一一次以中革军委“万万火急”电发军事命令的会议，黎平会议则是长征以来具有决定意义战略转变的关键。会议驳斥了李德、博古的错误军事指挥，从根本上纠正了李德、博古的“左”倾错误路线，避免了红军陷入重围的危险，使红军赢得了主动，以毛泽东为代表的正确军事思想路线逐渐确立，开辟了中国共产党人自主决定中国革命问题的先河，也为遵义

① 毛军、金万成：《困顿与抉择——近代中国历史走向》，东北大学出版社，2014，第213-214页。

会议召开做了重要的准备。

（2）遵义会议

黎平会议后，中央红军分两路向黔北挺进，连克锦屏等7座县城，于12月底进抵乌江南岸的猴场。12月31日晚至次日凌晨，中共中央在猴场召开政治局会议，作出《关于渡江后新的行动方针的决定》，提出首先在以遵义为中心的黔北地区，然后向川南创建川黔边新的根据地的战略任务。会议还决定，“关于作战方针，以及作战时间与地点的选择，军委必须在政治局会议上做报告”，以加强政治局对军委的领导。这个决定，实际上剥夺了博古、李德的军事指挥权。

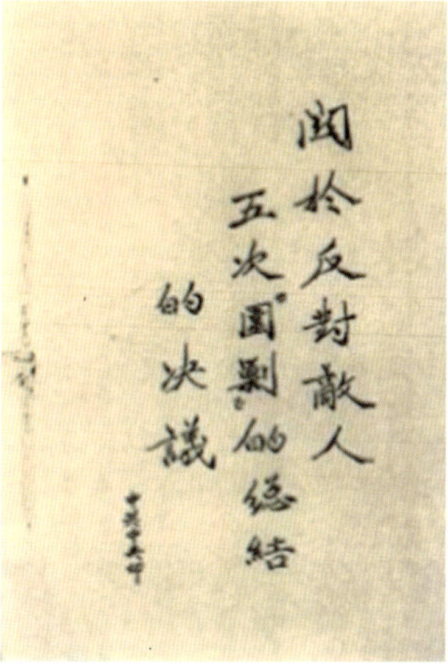

图3-8 遵义会议后，中共中央在云南省扎西（今威信）县正式通过的《关于反对敌人五次“围剿”的总结的决议》[1]

此时，王明“左”倾错误路线统治全党已达4年之久，给党和红军造成了极其严重的损失。党和红军的许多领导人和广大干部战士，从革命战争正反两方面的经验教训中逐渐认识到，第五次反“围剿”失败和红军战略转移中遭受的挫折，是排斥了以毛泽东为代表的正确领导，贯彻执行错误的军事指导方针的结果，因此强烈要求改换领导，改变军事路线。毛泽东在行军途中对王稼祥、张闻天及一些红军干部反复做深入细致的工作，向他们分析第五次反“围剿”和长征开始以来中央在军事指挥上的错误，得到了他们的支持。周恩来、朱德与博古、李德的分歧越来越大，周恩来、朱德也支持毛泽东的正确意见。这时，中央大部分领导人对于中央军事指挥的错误问题基本上取得一致意见。在这种形势下，召开一次政治局会议，总结经验教训，纠正领导上的错误的条件已经成熟。[2]

① 中国国家博物馆编《中国共产党90年图集》上，上海人民出版社，2011，第201页。
② 田延光、梅国平：《我们的红色基因——长征精神篇》，光明日报出版社，2016，第263–264页。

1935年1月初，中央红军分别从回龙场江界河、茶山关渡过乌江。1月7日，红军攻克黔北重镇遵义，取得了进行短期休整的机会。为总结第五次反“围剿”失败和红军长征严重受挫的经验教训，15日至17日，中共中央在遵义召开了政治局扩大会议。博古先作总结报告，他极力为第五次反“围剿”以来的“左”倾冒险主义错误作辩护，但并不能服众。周恩来作了副报告，客观分析第五次反“围剿”和长征中的军事指挥和战略战术错误，进行批评与自我批评，主动承担责任。毛泽东重点批判了第五次反“围剿”和长征以来博古、李德在军事指挥上的错误，同时否定了博古在总结报告中为“左”倾冒险主义错误作辩护的错误观点，详细阐述了中国革命战争的战略战术问题和今后在军事上应采取的正确方针。王稼祥、张闻天、刘少奇、朱德等多数同志在会上发言，支持毛泽东的正确意见。随后召开扎西会议，审查通过了由张闻天起草的中共中央《关于反对敌人五次“围剿”的总结的决议》，否定了博古关于第五次反“围剿”的总结报告，肯定了毛泽东关于红军作战的基本原则。“鸡鸣三省”会议根据遵义会议精神，对中央政治局常委进行分工：由张闻天代替博古负总责，毛泽东协助周恩来负责军事指挥。会议还提出，改变黎平会议以黔北为中心来创造苏区根据地的决议，在敌人统治力量比较薄弱的四川、贵州、云南等地建立新的革命根据地。在行军途中，又召开苟坝会议，成立了由毛泽东、周恩来、王稼祥组成的三人军事指挥小组，负责长征中的军事指挥工作。

由于军情紧急，遵义会议只召开了3天，红军就不得不启程。扎西会议、苟坝会议实际上都是遵义会议的续篇，具体落实遵义会议相关精神。遵义会议集中全力解决了当时具有决定意义的军事和组织问题，结束了王明“左”倾冒险主义在党中央的统治，肯定了毛泽东的军事战略主张，事实上确立了毛泽东在党中央和红军的领导地位。遵义会议在生死攸关的危急关头挽救了党，挽救了红军，挽救了中国革命，使红军在极端危险的境地得以保存下来，胜利地完成长征，是党在历史上生死攸关的转折点。它证明了中国共产党完全具有独立自主解决自己内部复杂问题的能力，标志着中国共产党从幼年走向成熟。

（三）长征文化

长征是中国革命史上的伟大壮举，是人类历史上罕见的传播理想的远征，也是足以影响人类文明进程的大事件。中国工农红军辗转大半个中国，挑战极限、超越生死，不仅为中国革命取得了战略上的胜利，也唤醒了全国饱受压迫和欺凌的广大民众。中国共产党人向中国人民传递了一种可能，给予了他们一种世代未有过的向往：中国人民可以掌握自己的命运，亲手去建设一个没有阶级、没有剥削、没有压迫的社会。长征不仅仅是一次战略上的军事转移，更是一次传播理想信念的征途。在长征途中形成的精神和文化，激励着一代代中华儿女投身革命、投身社会主义事业，也鼓舞着全世界受剥削受压迫的人民奋起反抗命运的不公。长征文化是中国革命的制胜法宝，是中国人民的宝贵财富，也是中华文化的重要内容，是人类文明史上不朽的壮丽诗篇。

1. 历久弥新的长征文学

精神属于文化范畴，其传承和传播都需要载体。中国人民以长征为题材，以诗歌、散文、小说、戏剧、报告文学、音乐、舞蹈等多种艺术形式为依托，在长征过程中，形成了难以计数的文化创造。例如毛泽东《清平乐·会昌》《忆秦娥·娄山关》《七律·长征》等长征诗词，廖承志《马克思画像》等具有代表性的长征木刻，以及《十送红军》《三大纪律八项注意》等传唱至今的长征歌曲。这些艺术作品展现了红军的理想信念和精神风貌，鼓舞着奋斗在革命道路上的同志，记录了这场人类解放史上的壮举，生动形象地将长征这一军事行为以英雄史诗的形式载入了新民主主义革命史。

长征文学的发展按照时代划分，大致经历了四个阶段。第一阶段为新民主主义革命时期，受革命环境影响和创作条件制约，这个时期的文学创作多产生于革命宣传过程中，其内容大多表现为抒发革命热情、传播共产主义理想、鼓舞红军将士士气。代表作品有毛泽东创作的《清平乐·六盘山》《念奴娇·昆仑》等诗词，词风豪放雄迈、大气恢宏，堪称长征历史的记录和长征精神的缩影。第二阶段为社会主义革命和建设时期，我国在社会主义建设道路上不断探索、艰难前行，老一代革命家和艺术家开始回顾长征的艰难历史和光辉历程，并创作出许多优秀的文学作品，代表作品如王愿坚的《七根火柴》《三人行》等。这些作品与其他革命题材作品一道，掀起了中国文学史上的一股红色热潮，以坚定理想信念、不畏艰辛、不怕牺牲、顾全大局、患难与共等伟大长征精神，激励着人民积极投身到社会主义建设的伟大事业中来，成为几代中国人共同的记忆。第三阶段为改革开放和社会主义现代化建设新时期，这一时期的长征文学以长篇叙事作品和回忆录为主要代表，作品风格趋于凸显史诗性和个人性。例如魏巍的长篇小说《地球的红飘带》，从惨烈悲壮的湘江战役写起，真实而艺术地再现了中央红军长征的全过程，将史与诗融为一体。第四阶段为新世纪以来，这一时期的长征文学以纪实叙事作品和非虚构写作风格为主，长征文学开始从宏大磅礴转向具象多元，聚焦人性、书写真实，解放了文学创作的想象力和感知力。其代表作品有王树增的《长征》，以纪实的方式，采用大量的史料作为佐证，从理想信念的角度重新认识了长征，力求从总体性的宏观视角揭示历史事件表象之下的规律和本质，是21世纪初长征文学的重要收获。

红军长征串联起了过去与未来，是世界上鲜有能匹的历史事件，其蕴含之丰值得我们深入探索和挖掘。长征本身就是一场文化长征，长征文学更是中国现当代文学的重要组成部分，是中国乃至世界用之不竭的精神宝库。

2. 震古烁今的军事成果

长征的本质是一次战略上的军事转移，是我们党领导红军应对一系列军事考验、接受战火洗礼的过程。在长期的军事斗争中，以毛泽东为代表的中国共产党人，将中华优秀传统军事文化与中国革命具体实际相结合，取得了举世瞩目的军事战略成果。

遵义会议上，中共中央政治局审议通过了《关于反对敌人五次“围剿”的总结的决议》（下称遵义会议决议）。在战略战术方面，遵义会议决议总结了红军五次反“围剿”的经验教训，强调要改变原有的单纯防御路线和阵地战的作战方式，创造性地提出走决战防御战略路线和运动战的作战方式。这一军事路线的转变，使得红军作战方式更加灵活，为长征胜利提供了重要的战略指导。在军事思想方面，遵义会议决议中总结的上述战略战术，第一次系统地总结和概括了毛泽东军事思想，同时更是对博古、李德等人错误军事指挥思想的否定，实际上确立了毛泽东的军事指导地位，是毛泽东军事思想发展的重要一环。在党的建设方面，遵义会议决议昭示着中国共产党在政治上从幼稚不断走向成熟。敢于刀刃向内、勇于自我革命，是中国共产党区别于其他政党的显著标志，也是中国共产党历经百年仍风华正茂的重要精神内核。

瓦窑堡会议上通过的《中央关于军事战略问题的决议》（下称瓦窑堡会议决议），是中国共产党在长征过程中的又一重要军事成果。在战略方针上，瓦窑堡会议决议解决了遵义会议未能妥善处理的政治路线问题，根据当时中国的革命形势提出建立抗日民族统一战线的政治方针和军事路线，这标志着中国共产党的政治路线由抵制国内反动势力转向联合全民族抵御外来侵略。在作战指挥上，瓦窑堡会议决议系统地阐述了红军战略防御和战略进攻的具体方案，总结和概括了作战形式、指挥方法、战斗准备等10个方面的一般原则。在军事部署上，瓦窑堡会议决议提出通过在陕西、山西、绥远等地做充足的军事准备，巩固和发展现有的苏区，以应对随时可能变化的局势。

长征过程中，在中国共产党的领导下，无数革命先烈前仆后继，用血肉之躯铺就了中国革命的坦途。党在一次次军事斗争和作战实践中吸取教训、总结经验，最终形成了符合中国革命实际的军事思想和战略方针。这些军事成果是长征文化的重要组成部分，以其实践性和先进性在现代军事发展过程中仍发挥着重要的借鉴作用。

3. 一脉相承的精神品格

从古至今，中华民族文化历经五千年传承而生生不息。在近代转型过程中，民族精神内涵在苦与痛锻造中不断得到升华。作为中华民族精神的重要组成部分，长征精神是在中国革命从曲折走向光明的历史转折中由红军将士以鲜血和生命为笔、以大无畏的豪迈气魄为墨写就的恢宏史诗。在革命年代，长征精神鼓舞着一代又一代仁人志士投身中国革命。随着时代的发展，长征精神在实践中不断沉淀，凝练成为中华民族特有的精神品格。

儒家传统思想提倡区分战争性质，顺乎天而应乎人、拯救民众于水火的战争才是正义的战争。在民族大义面前，长征从反“围剿”失败的被迫转移和保留革命火种的军事行动，转变为联合全民族共同抗日的战略进军。“兄弟阋于墙，外御其侮”，在国家遭难、民族危亡的关键时刻，中国共产党能暂时放弃党派之争，团结一切可以团结的力量共同抵御外敌，以宽广的胸襟彰显了民族大义和爱国情怀，充分占据了政治和道义的制高点，为建立抗日民族统一战线打下了坚实的思想基础。

伟大长征精神是马克思主义与中国革命具体实际相结合、与中华优秀传统文化相结合的产物，具有鲜明的中国特色。毛泽东说过，中华民族有同自己的敌人血战到底的气概，有在自力更生的基础上光复旧物的决心，有自立于世界民族之林的能力。一百多年来，中华民族历经磨难、饱尝艰辛，于曲折中进取，在苦难中涅槃，在浴血奋战中锤炼出不怕牺牲、英勇斗争、自强不息、百折不挠的精神品格。而伟大长征精神所展现出的精神内核，正是民族精神品格的体现和升华，是中国共产党人精神谱系的重要组成部分。

文化是一个国家的精神品牌，是一个民族的根。随着中国综合实力的不断提升，中华文化在新时代持续增添着新的活力，丰富着新的内涵；但长征精神随着时间推移而历久弥新，在新时代仍然闪耀着不灭的光辉。正确解读长征文化，深入探索长征文化，使之成为中国特色社会主义建设永不熄灭的指航明灯，成为中国人民用之不竭的精神宝库，才是我们传承长征精神和长征文化的全部意义。

二、长征精神的主要价值

（一）长征精神是中国革命精神的重要组成部分

中国革命精神是中国共产党在革命战争年代创造的精神成果，是中国精神的重要组成部分。2013年3月，习近平总书记在第十二届全国人民代表大会第一次会议上提出“中国精神”这一概念，并强调中国精神是凝心聚力的兴国之魂、强国之魂。此后，学术界纷纷有学者投身于中国精神研究中。部分学者认为，“我们可以在这个概念框架中分别地研究中国古代精神、中国近代精神和中国现代精神，而在中国现代精神中又可以分别研究中国革命精神、中国建设精神和中国改革精神。”这一观点将中国革命精神作为中国精神的一部分，肯定了其兴国之魂、强国之魂的重要价值。2018年1月5日，习近平总书记在学习贯彻党的十九大精神研讨班开班式上的讲话中指出："不忘初心，牢记使命，就不要忘记我们是共产党人，我们是革命者，不要丧失了革命精神。"将革命精神作为实现为中国人民谋幸福、为中华民族谋复兴这个初心和使命的重要条件。

中国革命精神是新民主主义革命时期中国共产党领导人民争取民族解放、民族独立过程中产生的精神财富，是马克思主义理论与中国实际相结合的产物。其具体表现为红船精神、井冈山精神、长征精神、延安精神、西柏坡精神等。长征精神作为中国革命精神的一部分，不仅继承和发扬了红船精神、井冈山精神的优良传统，而且创造出自身独特的精神品质，并为之后的延安精神提供了宝贵的精神支撑。

1. 长征精神与中国革命精神的内涵具有一致性

中国革命精神的内涵极为丰富，可以将其概括为：开拓创新、敢为人先的精神，尊重客观、实事求是的精神，忠于理想、坚定信念的精神，艰苦奋斗、乐于奉献的精神，发扬民主、服务群众的精神。

（1）中国革命精神是开拓创新、敢为人先的精神

创新是事物发展的强大动力，人类社会的进步与发展需要创新，一个民族的发展与壮大同样离不开创新。习近平总书记曾指出："越是伟大的事业，往往越是充满艰难险阻，越是需要开拓创新。"[①]新民主主义革命时期，中国面临着帝国主义、封建主义、官僚资本主义三座大山的压迫，要想实现民族解放、民族独立，实现人民当家做主，继续走资本主义道路是行不通的。此时，中国共产党应运而生，为中国带来了马克思主义，带来了社会主义道路，造就了伟大的红船精神。此后，中国共产党不断地开拓创新，适应不同形势的需要，提出农村包围城市、武装夺取政权的总方针，创建了第一个农村革命根据地，将开拓创新、敢为人先的精神贯彻到底。长征途中，中共中央政治局召开了遵义会议。在此次会议上，中国共产党第一次独立自主地选择党中央领导人，独立自主地解决中国革命问题。

---

① 习近平：《在纪念邓小平同志诞辰110周年座谈会上的讲话》，人民出版社，2014，第16页。

（2）中国革命精神是尊重客观、实事求是的精神

客观事物的发展不以人的意志为转移，人们的主观世界只有与客观实际相符合，实事求是地看待客观事物，才能在实践中取得成果。习近平总书记强调："实事求是是马克思主义的精髓，是我们共产党人的重要思想方法。我们过去取得的一切成就都是靠实事求是。今天，我们要把中国特色社会主义事业继续推向前进，还是要靠实事求是。"①1933年，当国民党对共产党实施第五次"围剿"时，王明、博古等党中央领导人一味服从共产国际的指示，将苏联经验神圣化，忽略了中国苏区的客观实际，犯了严重的"左"倾冒险主义错误，从而导致中国工农红军第五次反"围剿"失败，中国革命事业岌岌可危。关键时刻，党中央召开遵义会议，推选毛泽东为政治局常委。其后，由毛泽东、周恩来、王稼祥组成三人小组，负责军事行动。以毛泽东为代表的新的中央领导集体，结合贵州当地的地势地形特点，采取游击战、运动战等作战方式，有力地反击了国民党军队，并创造出四渡赤水、巧渡金沙江、飞夺泸定桥等奇迹，为长征胜利作出了重要贡献。正如习近平总书记所说："实践反复证明，能不能做到实事求是，是党和国家各项工作成败的关键。"②

（3）中国革命精神是忠于理想、坚定信念的精神

理想信念是事物成败的关键。中国共产党自成立之日起，就以马克思主义为信仰，将实现共产主义作为自己的最高理想。胡锦涛同志曾多次强调："崇高理想，坚定信念，是凝聚人心、催人奋进的伟大旗帜，是战胜困难、赢得胜利的力量源泉。"③长征不是一次单纯的战略转移，红军在长征途中面临着物资匮乏、自然条件恶劣、外有国民党围追堵截、内有分裂党中央势力的困难局面。红军战士之所以能克服种种艰难困苦完成二万五千里长征，是因为他们相信革命必然胜利，他们有坚定的共产主义理想和信念。

（4）中国革命精神是艰苦奋斗、乐于奉献的精神

艰苦奋斗不仅是中华民族的优良传统，也是中国共产党的优良传统。胡锦涛同志曾指出："艰苦奋斗作为我们党的优良传统和作风，作为我们马克思主

---

① 习近平：《在纪念朱德同志诞辰130周年座谈会上的讲话》，人民出版社，2016，第9页。

② 习近平：《在纪念陈云同志诞辰110周年座谈会上的讲话》，人民出版社，2015，第10页。

③ 胡锦涛：《在纪念红军长征胜利70周年大会上的讲话》，人民出版社，2006，第9页。

义政党的政治本色，是凝聚党心民心、激励全党全体人民为实现国家富强、民族振兴共同奋斗的强大精神力量，是我们党保持同人民群众血肉联系的一个重要法宝。”[①]苦不苦，想想长征二万五；累不累，想想革命老前辈。红军在长征途中啃树皮、煮皮带，穿草鞋、睡荒野，面临种种困难考验却不低头，为革命事业艰苦奋斗、勇于牺牲。

（5）中国革命精神是发扬民主、服务群众的精神

全心全意为人民服务是中国共产党的根本宗旨。胡锦涛同志曾指出：“广大共产党员都要努力成为毛泽东同志比喻的‘种子’，牢牢植根于群众，密切联系群众，真诚服务群众，不断从人民群众中汲取营养和智慧，不断增强同人民群众的感情，不断引导和带领群众前进。这样，我们党就能获得强大的力量源泉和胜利的保证。”[②]红军在长征途中紧紧依靠人民群众，一切从人民群众的利益出发，即使条件再艰苦也不拿群众的一针一线，获得了广大人民群众的真心拥护和支持。

2. 中国革命精神与长征精神的历史贡献

中国革命精神和长征精神是在中华民族传统精神的熏陶下、在中国共产党领导人民革命的伟大实践中产生的，为民族精神传承和发展，以及中国革命的胜利作出了巨大的历史贡献。江泽民同志指出：“伟大的事业需要并将产生崇高的精神，崇高的精神支撑和推动着伟大的事业。没有坚强精神的民族，是没有前途的。我们是唯物主义者，强调物质生产在社会发展中的决定性作用，同时也充分肯定精神活动在人们改造客观世界进程中的能动作用。在革命、建设、改革的各个历史时期，用革命精神武装起来的中国共产党人和中国人民克服了种种艰难险阻，创造了一个又一个人间奇迹。”[③]中国革命精神的历史贡献主要体现在理论和实践两个方面。

（1）在理论方面，中国革命精神和长征精神继承并发扬了中华民族传统精神

“在中华民族的传统精神中，有‘天下兴亡，匹夫有责’的历史使命感，

① 胡锦涛：《胡锦涛文选》第2卷，人民出版社，2016，第7页。

② 胡锦涛：《胡锦涛文选》第1卷，人民出版社，2016，第496页。

③ 江泽民：《江泽民文选》第3卷，人民出版社，2006，第196页。

有‘富贵不能淫，贫贱不能移，威武不能屈’的伟大气节，有‘见利不亏其义，见死不更其守’的人生态度，有‘出淤泥不染’的高尚品格，以及吃苦耐劳、艰苦奋斗、注重修身等传统美德，这些都被凝聚到中国革命精神之中。”[①] 中国革命精神和长征精神不仅充分吸收了传统民族精神的精华，而且为民族精神增添了新的内涵。伟大的精神不是止步不前的精神，它会随着时代的发展加入新的元素，是与时俱进的精神。中华民族传统精神在新民主主义革命时期加入了共产主义元素，形成了以长征精神等为代表的中国革命精神，并在社会主义革命和建设时期、改革开放和社会主义现代化建设新时期、中国特色社会主义新时代不断传承弘扬、丰富发展，形成了包括抗美援朝精神、“两弹一星”精神、载人航天精神等中国共产党人精神谱系。

（2）在实践方面，中国革命精神和长征精神在中国革命、建设和改革的实践中发挥了重要的精神引领作用

认识来源于实践，并对实践产生能动的反作用。中国革命精神和长征精神不仅来源于中国革命的实践，而且还反作用于革命实践，引导革命实践走向胜利。

在新民主主义革命时期，红船精神、井冈山精神、长征精神、延安精神、西柏坡精神等伟大精神一步步指导中国共产党和中国人民推翻帝国主义、封建主义、官僚资本主义的压迫，取得了土地革命、抗日战争以及解放战争的胜利，成立了中华人民共和国，实现了民族独立和人民解放。在社会主义革命和建设时期，中国革命精神和长征精神以新的面貌引领实践，引导中国共产党实现了社会主义工业化并完成了对农业、手工业、资本主义工商业的社会主义改造，建立起社会主义制度。1957年3月，毛泽东同志强调要继续弘扬和保持中国革命精神，他指出：“我们要保持过去革命战争时期的那么一股劲，那么一股革命热情，那么一种拼命精神，把革命工作做到底。什么叫拼命？《水浒传》上有那么一位，叫拼命三郎石秀，就是那个‘拼命’。我们从前干革命，就是有一种拼命精神。每一个人有一条生命，或者六十岁，或者七十岁，或者八十岁、九十岁，看你有多长的命。只要你还能工作就多多少少应当工作。而工作的时候就要有一股革命热情，就要有一种拼命精神。有些同志缺乏这种热情，缺乏这种精神，停滞下来了。这种现象不好，应当对这些同志进行教

① 周勇：《红岩精神与中国革命精神》，《重庆社会科学》2011年第7期。

育。”[①]毛泽东同志深刻认识到没有革命热情、缺乏革命精神是干不了革命工作的。在改革开放和社会主义现代化建设新时期，中国革命精神和长征精神又有了新的内涵，进一步引导中国共产党大刀阔斧地进行改革开放，使中国一步步富起来、强起来，向实现中华民族伟大复兴的中国梦稳步前进。

3. 中国革命精神与长征精神的现实价值

党的十八大以来，中国特色社会主义进入新时代，但中国革命精神和长征精神并没有因此而“过时”，依旧保持着强大的生机和活力，不仅是社会主义核心价值体系的理论基石，而且为进行伟大斗争、建设伟大工程、推进伟大事业、实现伟大梦想提供了精神力量。中国革命精神和长征精神在新时代依旧具有深刻的理论和现实意义。

（1）在理论方面，中国革命精神和长征精神是社会主义核心价值体系的理论来源

自党的十六届六中全会提出“社会主义核心价值体系”这一概念以来，党和国家领导人高度重视社会主义核心价值体系在意识形态领域的重要价值。党的十七大首次将社会主义核心价值体系纳入报告中，指出：“建设社会主义核心价值体系，增强社会主义意识形态的吸引力和凝聚力。社会主义核心价值体系是社会主义意识形态的本质体现。”[②]党的十八大报告提出加强社会主义核心价值体系建设，深刻指出：“社会主义核心价值体系是兴国之魂，决定着中国特色社会主义发展方向。用社会主义核心价值体系引领社会思潮、凝聚社会共识。”[③]党的十九大报告强调要坚持社会主义核心价值体系，进一步提出：“社会主义核心价值观是当代中国精神的集中体现，凝结着全体人民共同的价值追求。”[④]

党的十七大报告概括出社会主义核心价值体系的主要内容，即马克思主义

---

① 中共中央文献研究室：《毛泽东文集》第7卷，人民出版社，1999，第285-286页。

② 中共中央文献研究室：《中国共产党第十七次全国代表大会文件汇编》，人民出版社，2007，第33页。

③ 胡锦涛：《坚定不移沿着中国特色社会主义道路前进 为全面建成小康社会而奋斗——在中国共产党第十八次全国代表大会上的报告》，人民出版社，2012，第31页。

④ 习近平：《决胜全面建成小康社会 夺取新时代中国特色社会主义伟大胜利——在中国共产党第十九次全国代表大会上的报告》，人民出版社，2017，第42页。

指导思想、中国特色社会主义共同理想、以爱国主义为核心的民族精神和以改革创新为核心的时代精神以及社会主义荣辱观。其内容同中国革命精神的基本内涵是一致的。第一，中国革命精神在新民主主义革命实践中产生，而新民主主义革命是以马克思主义作为指导思想的，同社会主义核心价值体系的指导思想一致。第二，中国革命精神始终坚持的共产主义最高理想同社会主义核心价值体系中社会主义共同理想具有一致性。第三，爱国主义精神是中国革命精神不可缺失的一部分，为中国革命事业而奋斗的每一位中国人民都有深厚的爱国情感；开拓创新也是中国共产党自成立之日起就始终贯彻的精神。这两者成为社会主义核心价值体系的精髓。第四，新民主主义革命时期涌现出无数大公无私的革命战士，他们的英勇事迹无一不体现着社会主义荣辱观的本质。由此可知，中国革命精神为社会主义核心价值体系提供了思想来源。

（2）在实践方面，中国革命精神和长征精神为进行伟大斗争、建设伟大工程、推进伟大事业、实现伟大梦想提供了精神力量

第一，中国特色社会主义进入新时代，中国共产党依旧面临着“四大考验”和“四大危险”，必须进行具有许多新的历史特点的伟大斗争。中国革命精神引领中国共产党人以坚定的理想和信念反对一切否定中国共产党领导和中国社会主义制度的言行，以服务群众的宗旨反对一切损害人民利益的行为，以敢为人先的品质投身改革创新时代潮流，以爱国主义精神维护我国主权、安全和利益，以艰苦奋斗的品德战胜一切困难和挑战。

第二，中国共产党是在人口大国长期执政的政党，党的建设这一伟大工程能否建设好，不仅关系中国共产党的命运、关系14亿中国人的命运，而且关系整个中华民族和国家的命运。因此，全面从严治党，不断加强党的建设民主化和科学化水平是中国共产党当务之急和永久的课题。中国共产党在新民主主义革命时期就重视将马克思主义与中国革命具体实际相结合，实事求是，不断加强党的思想建设、组织建设和作风建设，为新时代党的建设水平的提高提供了丰富的经验和方法。

第三，中国特色社会主义伟大事业是中国共产党和中国人民艰苦奋斗取得的巨大成就。中国特色社会主义道路、理论、制度和文化的形成以中国革命精神和长征精神为支撑和导向。新时代全党加强道路自信、理论自信、制度自信和文化自信，也必须弘扬中国革命精神和长征精神。

第四，实现中华民族伟大复兴的中国梦是我们这一代人的“长征路”，要想走好“长征路”，就要从长征精神和中国革命精神中汲取营养。因此，只有大力弘扬长征精神和中国革命精神，才能为中国共产党进行伟大斗争、建设伟大工程、推进伟大事业、实现伟大梦想提供雄厚的精神力量。

（二）长征精神是坚定理想信念的力量源泉

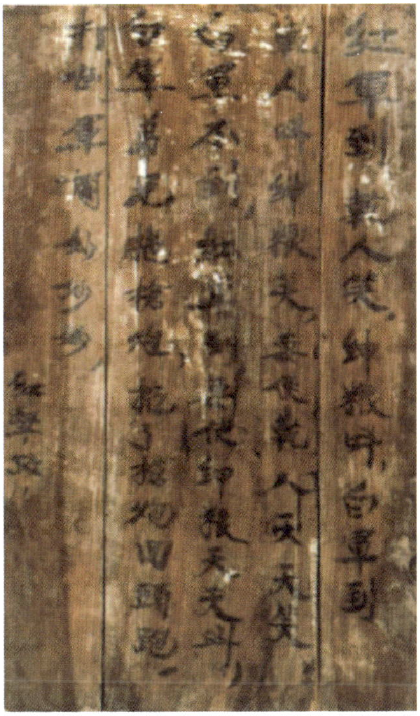

图3-9　红军某政治部于1935年在贵州仁怀写的木板标语[2]

长征的胜利是中国共产党和红军理想信念的胜利，长征精神的灵魂正是坚定的理想信念。我们这一代人的新长征，也必须有坚定的理想信念才能取得成功。习近平总书记多次强调：“坚定理想信念，坚守共产党人精神追求，始终是共产党人安身立命的根本。对马克思主义的信仰，对社会主义和共产主义的信念，是共产党人的政治灵魂，是共产党人经受住任何考验的精神支柱。形象地说，理想信念就是共产党人精神上的‘钙’，没有理想信念，理想信念不坚定，精神上就会‘缺钙’，就会得‘软骨病’。现实生活中，一些党员、干部出这样那样的问题，说到底是信仰迷茫、精神迷失。”[1]现如今，要想培育并保持坚定的理想信念，就必须大力弘扬长征精神，从长征精神中获取经验，从长征精神中获得力量。

---

① 习近平：《习近平谈治国理政》，外文出版社，2014，第15页。

② 中国国家博物馆编《见证辉煌 中国共产党90年文物图集上 没有共产党就没有新中国》，上海教育出版社，2011，第107页。

1. 长征精神为坚定理想信念提供了思想基础

习近平总书记在庆祝中国共产党成立九十五周年大会上指出："坚定的理想信念，必须建立在对马克思主义的深刻理解之上，建立在对历史规律的深刻把握之上。"[①]革命早期，党内学习马克思主义理论的主要途径是阅读马克思主义经典著作译本如《共产党宣言》《马克思恩格斯选集》《列宁选集》等，但是由于语言习惯和文化的差异，这些译本通常比较抽象，难以被大多数人理解。这时，以毛泽东同志为代表的一些中国共产党人因阅读过大量中国传统文化书籍如四书五经等，具有深厚的中国传统文化知识底蕴，这些人将马克思列宁主义基本原理同中国革命具体实践相结合，用中国人民喜闻乐见的典故和语言习惯对马克思主义理论进行解读，创立了中国化的马克思主义——毛泽东思想。

"长征期间尤其是遵义会议后，中国共产党人将马克思主义的革命斗争理论、民族宗教理论、统一战线理论和党建理论与所面临的实际情况紧密结合起来，对上述的问题进行了比较科学的解决。并在此基础上形成了相应的观点、思想和理论。"[②]例如在战略转移方向问题上，依据中国具体情况选择北上等革命斗争理论；在民族宗教问题上，提出尊重团结少数民族、与少数民族建立统一战线；在统一战线问题上，党站在民族的高度上提倡团结一切可以团结的力量，建立抗日民族统一战线；在党建问题上，提出吸收党员和教育党员要以共产主义教育为主。长征期间，中国共产党人在长征精神的鼓舞下对马克思主义理论的运用和发展，为今天我们学习和理解马克思主义和共产主义提供了丰富的资源。

长征途中，中国共产党不仅致力于丰富和发展马克思主义，还特别重视马克思主义在党内和群众中的宣传。长征中的红军是宣传队，每经过一个地方都要留下马克思主义的足迹。党内专门设立负责宣传马克思主义理论的政治部，"中央红军经过组编后，中央革命军事委员会、红军各总部和直属机关，混合

---

① 中共中央文献研究室：《十八大以来重要文献选编》（下），中央文献出版社，2018，第348页。

② 朱庆跃：《长征：马克思主义中国化从形成到成熟的关键一环——从意识形态宣传域的视域解读》，《学术探索》2014年第6期。

编成军委纵队（即代号为‘红星纵队’），沿用政治委员和政治部制度。红一方面军中，照旧设政治委员和总政治部，各军团配备政治委员，成立政治部。”① 同时，中国共产党采取多种方式进行宣传教育。首先，中国共产党通过创办报刊（如《红星》《前进》《红色战场》等）宣传马克思主义，让一大批知识分子接触并了解马克思主义思想。其次，中国共产党通过写标语宣传马克思主义。红军走到哪儿就把标语写到哪儿，让长征沿途各个民族、各个阶层的人民了解马克思主义，了解共产主义，了解中国共产党是无产阶级的政党。再次，中国共产党通过创办学校来宣传马克思主义，中国共产党创办红军学校，开设马列理论等多门课程，教育红军学习马克思主义理论，即使在长征中红军学校也没有停学，而是采取流动办学的方式。最后，中国共产党通过创作革命歌曲宣传马克思主义，如《红军三大纪律八项注意歌》，用娱乐轻快的方式让红军牢记马克思主义政党的纪律和使命，让沿途听到红军歌声的群众了解马克思主义政党。除此之外，党内干部还经常在沿途中给红军士兵和群众解答他们对马克思主义的困惑，建立起对共产主义的信心。

中国共产党在长征精神的鼓舞下对马克思主义理论的发展和宣传，为我们今天深刻理解马克思主义、理解社会发展规律作出了贡献，即为坚定理想信念提供了思想基础。

2. 长征精神为坚定理想信念塑造了实践典范

历史和实践反复证明，共产党只有坚定马克思主义信仰，坚定共产主义和社会主义信念，革命事业才能取得成功。习近平总书记在十八届中央纪律检查委员会第七次全体会议上的讲话中指出了党内频频出现领导干部违反党纪现象的原因："从那些落马领导干部的忏悔录中不难看到，他们都是理想信念先出了问题。有的是看到社会上阴暗面太多，对社会主义前途心生悲观而丢掉了理想信念；有的是人生不顺特别是仕途遇到挫折，对个人前途心生失望而丢掉了理想信念；有的是受亲情友情所累，违反原则办事而丢掉了理想信念；有的是经不住金钱、美色等诱惑而丢掉了理想信念；有的是临近退休，认为没有必要再那么坚守，赶紧给自己安排好晚年生活而丢掉了理想信念。凡此种种，说明

① 刘维菱：《中央红军长征中的思想政治教育》，《江西社会科学》1996年第7期。

领导干部必须始终把理想信念铭记于心、见诸于行，任何时候任何情况下都不可忽视或偏离，否则出问题是迟早的事。”[①]之后，习近平总书记在《推进党的建设新的伟大工程要一以贯之》讲话中提到东欧剧变、苏联解体的原因：“我们常说，基础不牢，地动山摇。信念不牢也是要地动山摇的。苏联解体、苏共垮台、东欧剧变不就是这个逻辑吗？苏共拥有二十万党员时夺取了政权，拥有二百万党员时打败了希特勒，而拥有近二千万党员时却失去了政权。我说过，在那场动荡中，竟无一人是男儿，没什么人出来抗争。什么原因？就是理想信念已经荡然无存了。”[②]国内外反面经验告诉我们，要时刻警惕党员干部理想信念缺失，不断加强理想信念的弘扬和教育。

正如习近平同志在革命圣地江西考察时指出：“理想信念之火一经点燃，就永远不会熄灭。在中央苏区和长征途中，党和红军就是依靠坚定的理想信念和坚强的革命意志，一次次绝境重生，愈挫愈勇，最后取得了胜利，创造了难

图3-10　1935年5月25日，红一方面军到达大渡河南岸的安顺场。17名勇士在此仅靠一条木船强渡大渡河，为沿河左岸北上的部队打开一条通道。图为安顺场一角[③]

---

① 中共中央党史和文献研究院、中央“不忘初心、牢记使命”主题教育领导小组办公室：《习近平关于“不忘初心、牢记使命”论述摘编》，党建读物出版社、中央文献出版社，2019，第84页。

② 中共中央党史和文献研究院、中央“不忘初心、牢记使命”主题教育领导小组办公室：《习近平关于“不忘初心、牢记使命”论述摘编》，党建读物出版社、中央文献出版社，2019，第87页。

③ 中国国家博物馆编《中国共产党90年图集》上，上海人民出版社，2011，第202页。

以置信的奇迹。我们不能忘记党的初心和使命，不能忘记革命理想和革命宗旨，要继续高举革命的旗帜，弘扬伟大的长征精神，朝着中华民族伟大复兴的目标奋勇前进。”[①]长征途中，英勇的红军战士，四渡赤水，巧渡金沙江，强渡大渡河，飞夺泸定桥，与敌军展开殊死搏斗；穿越渺无人烟的沼泽草地和空气稀薄的冰山雪岭，与恶劣的自然环境进行斗争；沿途弹药物资极度缺乏，与艰苦的生活环境进行抗争。在这样的条件下，无数红军战士在沿途牺牲，在历史画卷中留下了他们的英勇事迹，激励着一代又一代的中国人。尽管如此，红军战士依旧没有放弃长征，依旧保持着高昂的斗志，对革命前途充满了信心。面对各种艰难险阻，红军战士紧密团结，互助互爱，情同手足，正如诗中所写“风雨浸衣骨更硬，野菜充饥志越坚；官兵一致同甘苦，革命理想高于天。”

美国学者莫里斯·迈斯纳曾这样评价长征：“在中国共产主义革命的历史上，再没有任何事件，可以像长征——以及长征所产生的传奇故事——那样将这种希望和信心提供给革命者，使他们坚信，即使在最绝望的环境中，意志坚定的人也能够取得胜利。”[②]长征中红军战士的英勇事迹无一不体现着无比忠诚、坚定信念的革命理想主义精神，不怕困难、不怕牺牲的英雄主义精神，顾全大局、严守纪律的团结精神，联系群众、艰苦奋斗的崇高精神，为新时代党员干部坚定理想信念提供了大量的实践典范。

3. 长征精神为坚定理想信念提供了精神支撑

（1）长征精神为坚定理想信念提供了艰苦奋斗的精神

坚定理想信念并不是轻轻松松就能实现的，需要党员摒弃自身安逸享乐的思想，将为人民服务作为终生目标；消除对社会消极现象的悲观态度，将建设和谐社会作为自己的奋斗目标；消除对党内存在的问题置之不理的想法，积极致力于实现党的建设民主化科学化；消除对共产主义的怀疑态度，不断接受马克思主义教育。党员同志要想坚定理想信念，就要有艰苦奋斗的精神，把为国

---

① 中共中央党史和文献研究院、中央“不忘初心、牢记使命”主题教育领导小组办公室：《习近平关于“不忘初心、牢记使命”论述摘编》，党建读物出版社、中央文献出版社，2019，第90页。

② 莫里斯·迈斯纳：《毛泽东的中国及后毛泽东的中国》，杜蒲、李玉玲译，四川人民出版社，1992，第46页。

家、为民族、为党、为社会、为人民艰苦奋斗作为自己毕生的事业。艰苦奋斗是长征精神的基本内涵，红军是在同恶劣的自然环境、艰苦的生活环境、敌方围追堵截的危险环境作艰苦斗争的过程中完成长征的。正是因为具有艰苦奋斗精神，党和红军才能完成举世瞩目的长征，创造人类史上辉煌的奇迹，才能打开中国革命的新局面，推动中国革命的新发展。虽然时代改变了，但艰苦奋斗精神永不过时。新时代坚定理想信念，依旧需要广大共产党员继续保持艰苦奋斗的精神。

图3-11　红军长征途中翻过的雪山夹金山①

（2）长征精神为坚定理想信念提供了实事求是的品质

实事求是是马克思主义的根本观点，是毛泽东思想活的灵魂，也是中国共产党人认识世界和改造世界的根本要求和党的思想路线的核心。实事求是要求我们不断深化对中国国情的认识，找出适合中国情况的革命和建设道路。在中国革命事业如火如荼发展的时候，正是由于王明等党中央领导人没有实事求是解决中国革命问题，脱离中国具体情况，机械地照搬苏联经验，将马克思主义教条化，最终导致第五次反“围剿”失败，中国共产党和红军被迫长征进行战略战役。长征途中召开的遵义会议，结束了王明“左”倾路线在党中央的统

① 中国国家博物馆编《中国共产党90年图集》上，上海人民出版社，2011，第207页。

治，确立了毛泽东同志在党中央和红军的领导地位。新的党中央将党的路线转移到科学的马克思主义上来，用马克思主义实事求是的原则解决自己的路线、方针、政策问题，实现了中国革命的转危为安。长征的历史告诉我们：只有始终坚持实事求是的观点，才能够真正正确地认识和理解马克思主义理论，才能真正地坚持对马克思主义的信仰和对共产主义的信念。现如今，培育广大党员坚定理想信念，必须坚持实事求是的精神。

（3）长征精神为坚定理想信念提供了顾全大局的团结意识

顾全大局是长征精神的基本内涵，体现了中国共产党人高尚的政治品格。毛泽东同志曾指出："要提倡顾全大局。每一个党员，每一种局部工作，每一项言论或行动，都必须以全党利益为出发点，绝对不许可违反这个原则。"[①]中国共产党只有顾全大局、紧密团结，才能推进革命事业，进而发展马克思主义理论，向共产主义的目标前进，推动广大党员更加坚定革命的理想和信念。长征途中，红军个人之间、各方面军之间紧密团结、互相帮助，为了集体利益牺

图3-12 长征到达陕北后的红四方面军部分指战员[②]

① 毛泽东:《毛泽东选集》第3卷，人民出版社，1991，第821页。

② 中国国家博物馆编《中国共产党90年图集》上，上海人民出版社，2011，第209页。

牲个人利益，为了整体利益牺牲局部利益的事迹数不胜数。正是由于红军团结的大局观，红一、二、四方面军才能胜利会师，完成长征。现如今，中国共产党只有正确处理好个人利益、集体利益和国家利益的关系，时刻践行顾全大局的精神，才能使党员干部理想信念更加坚定，凝聚中国力量，取得更大辉煌。

（三）长征精神是加强党的建设的思想武器

党的十九大报告指出，中国特色社会主义进入新时代，我们党的执政环境依旧是复杂的，党内存在的思想不纯、组织不纯、作风不纯等突出问题尚未得到解决。为推动全面从严治党向纵深发展，党的十九大报告提出新时代党的建设总要求："坚持和加强党的全面领导，坚持党要管党、全面从严治党，以加强党的长期执政能力建设、先进性和纯洁性建设为主线，以党的政治建设为统领，以坚定理想信念宗旨为根基，以调动全党积极性、主动性、创造性为着力点，全面推进党的政治建设、思想建设、组织建设、作风建设、纪律建设，把制度建设贯穿其中，深入推进反腐败斗争，不断提高党的建设质量，把党建设成为始终走在时代前列、人民衷心拥护、勇于自我革命、经得起各种风浪考验、朝气蓬勃的马克思主义执政党。"①长征精神中所包含的坚定信念、不怕困难、实事求是、严守纪律、联系群众、艰苦奋斗的精神，是加强党的政治建设、思想建设、组织建设、作风建设、纪律建设的强大思想武器。

1. 长征精神为加强党的政治建设提供了精神支撑

中国共产党作为马克思主义政党，必须旗帜鲜明讲政治。习近平总书记在省部级主要领导干部学习贯彻党的十八届六中全会精神专题研讨班上的讲话中突出强调："讲政治，是我们党补钙壮骨、强身健体的根本保证，是我们党培养自我革命勇气、增强自我净化能力、提高排毒杀菌政治免疫力的根本途径。"②

---

① 习近平：《决胜全面建成小康社会 夺取新时代中国特色社会主义伟大胜利——在中国共产党第十九次全国代表大会上的报告》，人民出版社，2017，第4页。

② 中共中央党史和文献研究院、中央"不忘初心、牢记使命"主题教育领导小组办公室：《习近平关于"不忘初心、牢记使命"论述摘编》，党建读物出版社、中央文献出版社，2019，第107页。

党的政治建设是党的根本性建设，决定党的建设方向和效果。当前，党的政治建设的首要任务就是保证全党服从中央，坚持党中央权威和集中统一领导。但是，党内目前仍然存在各种错误思想，给党的事业造成严重损失，加强党的政治建设任务十分紧迫。

长征精神是无比忠诚、坚定信念的精神。长征途中，张国焘反对党中央北上建立陕甘根据地的正确政治路线，独断专行率领红四方面军南下，公然另立“中央”以分裂党和红军。在党中央的坚决斗争下，张国焘的分裂主义最终以失败告终。张国焘的行为严重违反了党的政治纪律，虽然红一、二、四方面军最后成功会师，但张国焘给红四方面军，以及红军整体、中国共产党带来的损失却是重大的。事实证明，党员干部对党的政治路线、方针、政策不忠诚，不服从党中央的集中统一领导将会给党带来严重后果。

新时代，我们要以无比忠诚、坚定信念的长征精神为依托，教育党员尤其是领导干部忠诚于党中央，坚决维护习近平总书记党中央的核心、全党的核心地位，坚决维护党中央权威和集中统一领导；严格遵守党的政治纪律和政治规矩，在政治立场、政治方向、政治原则、政治道路上始终同党中央保持高度一致；牢固树立政治意识、大局意识、核心意识、看齐意识，自觉在思想上政治上行动上同党中央保持高度一致；加强自身的政治素养，坚决执行党的章程、纲领和路线方针政策，坚决抵制和反对一切违背党的基本路线的错误政治倾向，促进党内政治生活正常健康，推动党的事业蓬勃发展。

2. 长征精神为加强党的思想建设提供了思想力量

思想建党是无产阶级政党的基本原则，党的思想建设是党的基础性建设。新时代加强党的思想建设，就要用中国特色社会主义思想武装全党。坚持把马克思列宁主义、毛泽东思想、邓小平理论、“三个代表”重要思想、科学发展观以及习近平新时代中国特色社会主义思想作为党的指导思想；坚持把共产主义远大理想和中国特色社会主义共同理想作为党的思想基础；坚持实事求是的思想路线。当前，党内理想信念不坚定、不信马列信鬼神的现象大量存在，党的思想建设面临重重挑战，要用长征精神引导全党，加强党的思想建设。

长征精神是坚定理想、实事求是的精神，长征的胜利是理想信念的胜利。

正是因为中国共产党始终将马克思主义作为指导思想，不断在全党开展马克思主义学习教育活动，让党员群众深入了解马克思主义，从而坚定共产主义理想信念，红军才能克服千难万险，完成举世瞩目的长征，扭转中国革命的局面。另外，长征的胜利也得益于实事求是的精神。当王明没有实事求是地依据中国国情制定战略方针时，第五次反“围剿”失败了；当以毛泽东同志为核心的新的中共中央领导集体实事求是进行战略转移时，长征胜利了。习近平同志指出：“回顾党的奋斗历程可以发现，我们党之所以能够不断历经艰难困苦创造新的辉煌，很重要的一条就是我们党始终重视思想建党、理论强党，坚持用科学理论武装广大党员、干部的头脑，使全党始终保持统一的思想、坚定的意志、强大的战斗力。”①

新时代要以坚定理想、实事求是的长征精神为指导，加强党性和道德教育，引导干部坚定理想信念，坚守共产党人的精神追求。党员、干部必须认真学习马克思列宁主义、毛泽东思想，以及中国特色社会主义理论体系，自觉用马克思主义的立场、观点和方法武装头脑、指导实践，为共产主义远大理想和中国特色社会主义理想而奋斗。

3. 长征精神为加强党的组织建设提供了精神动力

党的组织建设，是马克思主义建党学说的重要内容，是党的建设的一个重要方面。党的基层组织建设、干部队伍建设和党员队伍建设是党的组织建设的主要内容。“党的基层组织是确保党的路线方针政策和决策部署贯彻落实的基础，是宣传党的主张、贯彻党的决定、领导基层治理、团结动员群众、推动改革发展的坚强战斗堡垒。”②“党的干部是党和国家事业的中坚力量。”③党员是党的肌体细胞和党的活动主体，党的先进性要靠千千万万高素质的党员来体现，党的执政使命要靠千千万万党员卓有成效的工作来完成。当前，党的干部队伍和党员的纯洁性都有待提高，党的基层组织也有待严格管理，在党内弘扬长征精神是加强组织建设的关键。

---

① 习近平：《习近平谈治国理政》第2卷，外文出版社，2017，第67页。

② 习近平：《决胜全面建成小康社会 夺取新时代中国特色社会主义伟大胜利——在中国共产党第十九次全国代表大会上的报告》，人民出版社，2017，第65页。

③ 同②书，第64页。

长征精神是顾全大局、相互团结的精神。遵义会议结束了王明“左”倾教条主义在党中央的统治，确立了以毛泽东为代表的新的中央领导集体的地位，党的组织建设朝着有利于革命的方向发展。新的党中央领导集体重新重用在王明时期受“左”倾思想迫害的共产党人。不仅如此，对待犯错误的同志，党中央也没有“一棒子打死”，而是顾全革命形势的大局，采取“团结——批评——团结”的方针，大力加强了党的组织建设。

新时代，我们仍然要坚持顾全大局、互相团结的精神，不断加强党的组织建设。首先要建设高素质的干部队伍，坚持正确的选人用人标准，提拔牢固树立“两个维护”“四个意识”“四个自信”、全面贯彻执行党的理论和路线方针政策、忠诚干净担当的干部。其次要加强对党员队伍的管理，特别重视党员发展工作，严把入口关，确保党员的质量。最后要重视党的基层组织建设和管理，坚持“三会一课”制度，扩大基层组织的覆盖面；扩大党内基层民主，推进党务公开；加强党内团结关怀。要使每一个基层组织都能充分发挥坚强的战斗堡垒作用。

4. 长征精神为加强党的作风建设奠定了思想基础

作风建设是党的建设中极为重要的一部分，关系党的生死存亡。“党风，就是一个政党和它的党员在政治上、思想上、组织上、工作上、生活上的作风。党风体现着一个政党的性质和宗旨，是一个政党及其党员的党性和世界观的外在表现。”[①]党的作风建设的主要内容有：理论联系实际、密切联系群众、批评与自我批评的作风以及艰苦奋斗的作风。十年前，党内作风问题十分严峻，习近平总书记在党的十八届二中全会第二次全体会议上明确指出：“中央之所以要抓住改进作风来推进党的建设，是因为形式主义、官僚主义、享乐主义等问题实际上是党内存在的突出矛盾和问题的突出表征。用中医的话来说，就是‘肝风内动’‘血虚生风’。作风问题，有些看起来似乎不是什么大问题，但广大干部群众反映强烈，不能听之任之。‘千丈之堤，以蝼蚁之穴溃；百尺

---

① 文丰安：《不忘初心，牢记使命：中国共产党加强自身建设的历史传承与时代超越》，人民出版社，2018，第169页。

之室，以突隙之烟焚’。”[1]由此，党要大力弘扬长征精神，为加强党的作风建设提供力量源泉。

图3-13 藏民送给红军的银碗[2]

长征精神是联系群众、艰苦奋斗精神。长征途中，党和红军虽然每天都要行军打仗，十分艰苦，但党仍然重视作风建设，与人民群众保持紧密联系，不断进行批评与自我批评，艰苦奋斗，获得了人民群众的大力支持。长征期间，人民群众在人力、物力、财力方面都给予党和红军巨大的援助与支持，如果没有人民群众的支持和党的艰苦奋斗，伟大的长征是不可能取得胜利的。

新时代加强党的作风建设，仍然要以联系群众、艰苦奋斗的精神为指导。首先，要保持党同人民群众的血肉联系，在任何时候都不能改变与人民同呼吸共命运的立场，不能忘记全心全意为人民服务的宗旨，坚持立党为公、执政为民，不断厚植党执政的群众基础。其次，要坚持开展批评和自我批评，坚持惩前毖后、治病救人，抓早抓小、防微杜渐，解决党内自身问题，清除党内各种政治“灰尘”。最后，要坚持和发扬艰苦奋斗精神，反对形式主义、官僚主义、享乐主义和奢靡之风，加强党的作风建设。

5. 长征精神为加强党的纪律建设提供了思想武器

纪律建设是党的建设的重要组成部分，加强纪律性，革命无不胜。习近平同志指出：“遵守党的纪律是无条件的，要说到做到，有纪必执，有违必查，而不能合意的就执行，不合意的就不执行，不能把纪律作为一个软约束或是束

---

① 中共中央文献研究室、中央党的群众路线教育实践活动领导小组办公室：《习近平关于党的群众路线实践活动论述摘编》，中央文献出版社，2014，第16页。

② 中国国家博物馆编《见证辉煌 中国共产党90年文物图集上 没有共产党就没有新中国》，上海教育出版社，2011，第108页。

之高阁的一纸空文。"[①]我们党有九千多万党员，在一个人口众多、幅员辽阔的发展中大国执政，如果没有铁的纪律，党的凝聚力和战斗力就会大大削弱，党的领导能力和执政能力也会大大削弱。

长征精神是严守纪律的精神。长征途中出现了像张国焘分裂主义等严重破坏党的纪律的行为，给党和红军以及中国革命事业带来了深重的灾难；但也正是因为毛泽东等党中央领导人高度重视党内纪律建设，才使得破坏党的纪律的行为得到惩治，加强了纪律建设。

新时代必须传承和弘扬严守纪律的精神，不断加强党的纪律建设。习近平总书记在第十八届中央纪律检查委员会第六次全体会议上提出了加强党的纪律建设的途径："一是要健全完善制度，以党章为根本遵循，本着于法周延、于事有效的原则，制定新的法规制度，完善已有的法规制度，废止不适应的法规制度，健全党内规则体系，扎紧党纪党规的笼子。二是要深入开展纪律教育，加强学习宣传教育，使党员、干部增强纪律意识，把党章党规党纪刻印在心上，形成尊崇党章、遵守党纪的良好习惯。三是要狠抓执纪监督，以纪律为尺子衡量党员、干部的行为，对违纪问题发现一起就查处一起，提高纪律执行力，维护纪律严肃性。四是要养成纪律自觉，教育引导广大党员、干部特别是领导干部严格按党章标准要求自己，知边界、明底线，把他律要求转化为内在追求，自觉以身作则，发挥表率作用。"[②]只有这样，才能使纪律成为"带电的高压线"，保障党的各项事业向前发展。

（四）长征精神是实现中华民族伟大复兴的强大动力

习近平总书记率领第十八届中央政治局常委参观《复兴之路》展览时提出"中国梦"的概念，他指出："我以为，实现中华民族伟大复兴，就是中华民族近代以来最伟大的梦想。这个梦想，凝聚了几代中国人的夙愿，体现了中华民

① 中共中央文献研究室：《十八大以来重要文献选编》（上），中央文献出版社，2014，第764页。

② 习近平：《在第十八届中央纪律检查委员会第六次全体会议上的讲话》，人民出版社，2016，第18页。

族和中国人民的整体利益，是每一个中华儿女的共同期盼。”[1]实现中华民族伟大复兴的中国梦，就是要实现国家富强、民族振兴、人民幸福，这是所有中国人的共同追求。习近平同志在纪念红军长征胜利80周年大会上的讲话中指出：“历史是不断向前的，要达到理想的彼岸，就要沿着我们确定的道路不断前进。每一代人有每一代人的长征路，每一代人都要走好自己的长征路。今天，我们这一代人的长征，就是要实现‘两个一百年’奋斗目标、实现中华民族伟大复兴的中国梦。”[2]伟大的梦想需要伟大的精神做支撑，要想实现中华民族伟大复兴的中国梦，实现“两个一百年”奋斗目标，不仅需要强大的物质支持，更需要伟大的精神支撑。长征精神作为中华民族精神和中国共产党人精神谱系的组成部分，必将推动新长征取得胜利。

1. 长征精神为实现中华民族伟大复兴的中国梦提供了改革创新精神

创新是一个国家兴旺发达的不竭动力，是掌握民族发展命运的关键之举，是战胜各种风险挑战的制胜之道。习近平同志指出：“我们要把推进经济、政治、文化、社会、生态等方面改革开放有机衔接起来，把推进理论创新、制度创新、科技创新、文化创新以及其他各方面创新有机衔接起来，整体推进，重点突破，形成推进改革开放的强大合力。”[3]不仅改革开放需要创新，实现中华民族伟大复兴的中国梦也必须推进理论创新、制度创新、科技创新、文化创新。

中国共产党在革命、建设和改革时期都不断推进理论创新。革命早期，由于党内部分同志将马克思主义教条化，将苏联经验神圣化，导致中国共产党和中国革命事业遭受了巨大损失。毛泽东同志则是将马克思列宁主义基本原理同中国革命具体实践相结合，创新发展了马克思主义，创立了马克思主义中国化的理论成果——毛泽东思想，指导中国革命和建设取得了胜利。改革开放以后，以邓小平、江泽民、胡锦涛、习近平为主要代表的中国共产党人坚持将马克思主义基本原理与中国社会主义建设和改革的具体实际相结合，形成了邓小平理

① 习近平：《习近平谈治国理政》，外文出版社，2014，第36页。

② 习近平：《习近平谈治国理政》第2卷，外文出版社，2017，第48-49页。

③ 中共中央文献研究室：《习近平关于全面深化改革论述摘编》，中央文献出版社，2014，第36页。

论、“三个代表”重要思想、科学发展观以及习近平新时代中国特色社会主义思想等一系列理论创新成果，推动着中国梦的实现。

制度创新是具有全局性、稳定性、长期性的创新。中国特色社会主义制度就是中国共产党制度创新的结果。习近平同志强调：“中国特色社会主义制度之所以行得通、有生命力、有效率，就是因为它是从中国的社会土壤中生长起来的。中国特色社会主义制度过去和现在一直生长在中国的社会土壤之中，未来要继续茁壮成长，也必须深深扎根于中国的社会土壤。”①

上层建筑一定要适合经济基础状况，中国特色社会主义制度是在适合中国经济、政治、文化发展状况的前提下制定出来的，必定会促进经济、政治、文化的发展，为中国梦的实现奠定基础。

科学技术是第一生产力，科技创新是经济社会发展的动力。“面对科技创新发展新趋势，世界主要国家都在寻找科技创新的突破口，抢占未来经济科技发展的先机。我们不能在这场科技创新的大赛场上落伍，必须迎头赶上、奋起直追、力争超越。”②近代中国由于制度和思想落后，没能赶上世界第一次和第二次科技革命，导致与西方国家的差距越来越大。改革开放之初，第三次科技革命方兴未艾，中国奋起直追，力争超越。改革开放以来，中国共产党十分重视并花大力气推动科技创新，取得了丰硕的成果。新时代，中国还将继续推动生物技术、新能源技术等方面的创新，为实现中国梦作出更大贡献。

文化创新是社会发展的重要保障。习近平同志十分重视文化创新，多次强调要对传统文化进行创造性转化和创新性发展。他指出：“中华文化既坚守本根又不断与时俱进，使中华民族保持了坚定的民族自信和强大的修复能力，培育了共同的情感和价值、共同的理想和精神。没有中华文化繁荣兴盛，就没有中华民族伟大复兴。”③中国梦的实现离不开文化创新。

改革创新是长征精神的基本内涵，新时代，只有大力弘扬长征精神，坚持理论创新、制度创新、科技创新和文化创新，才能为实现中华民族伟大复兴的

---

① 习近平：《在庆祝全国人民代表大会成立60周年大会上的讲话》，人民出版社，2014，第16页。

② 习近平：《习近平谈治国理政》，外文出版社，2014，第120页。

③ 习近平：《在文艺工作座谈会上的讲话》，人民出版社，2015，第5页。

中国梦奠定坚实的基础。

2. 长征精神为实现中华民族伟大复兴的中国梦铸就了真抓实干精神

空谈误国，实干兴邦。胡锦涛同志深刻指出："世界上的事情都是干出来的，不干，半点马克思主义都没有。我国正面临着难得的重要战略机遇期，我们正肩负着前所未有的繁重任务，只有脚踏实地、埋头苦干，才能把握机遇、乘势而上。如果搞形式主义、做表面文章，则必将错失机遇，影响事业发展。"①回顾中国共产党一百年的奋斗史和中华人民共和国七十多年的建设史，都是党和人民群众披荆斩棘、真抓实干拼出来的。

真抓实干是长征精神的基本内涵，长征的历史也是一部党和红军真抓实干的历史。"在漫漫征途中，红军将士同敌人进行了600余次战役战斗，跨越近百条江河，攀越40余座高山险峰，其中海拔4000米以上的雪山就有20余座"②。红军战士正是通过坚持不懈的真拼实干，才上演了世界军事史上威武雄壮的战争活剧，创造了气吞山河的人间奇迹，使中国革命转危为安，最终取得革命胜利，实现民族独立和人民解放。

实现中华民族伟大复兴的中国梦仍然要大力弘扬真抓实干精神。党的领导干部是执政兴国的骨干力量，要重点培育领导干部的实干精神，"各级领导干部要发扬求真务实精神、大兴求真务实之风，增强工作责任感和紧迫感，克服浮躁情绪，抛弃私心杂念，下决心从文山会海和迎来送往中摆脱出来，把心思用在干事业上，把精力投到抓落实中，创造实实在在的工作成绩；要在攻坚克难上狠下功夫，敢于直面困难、正视矛盾，主动到条件艰苦、环境复杂、矛盾集中的地方去，同干部群众一起研究办法、采取措施，努力打开工作局面"③。

人民创造历史，劳动开创未来。"人世间的美好梦想，只有通过诚实劳动才能实现；发展中的各种难题，只有通过诚实劳动才能破解；生命里的一切辉煌，只有通过诚实劳动才能铸就。劳动创造了中华民族，造就了中华民族的辉

---

① 胡锦涛：《胡锦涛文选》第2卷，人民出版社，2016，第553页。

② 习近平：《在纪念红军长征胜利80周年大会上的讲话》，人民出版社，2016，第8页。

③ 同①书。

煌历史，也必将创造出中华民族的光明未来。”[①]全社会都要贯彻尊重劳动、尊重知识、尊重人才、尊重创造的重大方针，以辛勤劳动为荣、以好逸恶劳为耻，维护和发展劳动者的利益，保障劳动者的权利。

新时代，只有大力弘扬长征精神，坚持真抓实干，鼓励领导干部带领人民群众辛勤劳动、诚实劳动、焕发出劳动热情，才能最终实现国家富强、民族复兴和人民幸福。

3. 长征精神为实现中华民族伟大复兴的中国梦注入了实事求是精神

实事求是，是马克思主义的根本观点，是马克思主义理论成果的精髓，是中国共产党人认识世界、改造世界的根本要求，是我们党的基本思想方法、工作方法、领导方法。在领导中国革命、建设和改革的过程中，党始终坚持理论联系实际、实事求是的工作方法。毛泽东思想在形成的过程中，既坚持了马克思主义基本原理，又结合中国的实际进一步发展和完善马克思主义理论，体现了实事求是精神。改革开放以来，党仍然坚持实事求是的思想路线，在实践的基础上解答了中国的具体问题，形成了中国特色社会主义理论体系。

实事求是也是长征精神的重要组成部分。红军长征是党内“左”倾思想错误领导的结果，“左”倾思想存在的原因正是没有把马克思主义基本原理同中国具体情况相结合，而是将马克思主义教条化，脱离了实事求是的思想路线。遵义会议终结了错误的路线，恢复了实事求是的思想路线，党中央开始根据实际情况独立自主地解决中国革命问题，走出了中国道路，并最终取得了胜利。长征的胜利告诉我们，不能迷信教条主义和经验主义，只有具体分析中国情况和中国问题，将马克思主义中国化，坚持实事求是的思想路线，才能指导中国事业走向胜利。

要想实现中国梦，必须弘扬长征精神，弘扬实事求是的精神。首先，要清醒认识和正确把握我国仍处于并将长期处于社会主义初级阶段这个基本国情。我们推进改革发展、制定方针政策，都要牢牢立足社会主义初级阶段这个最大实际，都要充分体现这个基本国情的必然要求，坚持一切从这个基本国情出发。其次，要有光明磊落、以事实为依据、敢于说出事实真相的勇气和正气，

---

① 习近平:《习近平谈治国理政》，外文出版社，2014，第46页。

及时发现和纠正思想认识上的偏差、决策中的失误、工作中的缺点，及时发现和解决存在的各种矛盾和问题，使我们的思想和行动更加符合客观规律、符合时代要求、符合人民愿望。最后，“要及时总结党领导人民创造的新鲜经验，不断开辟马克思主义中国化新境界，让当代中国马克思主义放射出更加灿烂的真理光芒。”①

只有坚持实事求是的思想路线，才能真正做到走中国道路、弘扬中国精神、凝聚中国力量，才能最终实现中华民族伟大复兴的中国梦。

① 习近平:《习近平谈治国理政》，外文出版社，2014，第27页。

第四章 04

长征精神在党史上的传承

一、新民主主义革命时期

（一）毛泽东诠释长征精神

行程二万五千里、跨越11个省的中央红军主力长征是人类军事史和中国革命史上的奇迹与创举，以毛泽东同志为核心的中国共产党人谱写了惊天动地、无与伦比的革命英雄篇章。在这场史无前例、求生存、谋解放的斗争中，毛泽东创作了许多脍炙人口的长征诗词，诠释了长征精神的丰富内涵，铸就了坚定革命事业必胜，“一不怕苦，二不怕死”，无私无畏，团结一致、互助友爱，依靠群众、独立自主的伟大长征精神。他为世人留下了极其宝贵的精神财富，也成为长征精神践行的光辉典范。

1. 坚信革命事业必胜的伟大精神

漫漫长征路，红军爬雪山、过草地，既要克服极其恶劣的自然条件的困难，又要与围追堵截的几十万国民党军进行浴血奋战，排除了世所罕见的艰难险阻。红军战士渡过难关、战胜困难，完成史无前例的万里长征，靠的是对革命事业必然胜利的坚定信念和对革命事业的无限忠诚。这是每一位红军指战员的精神支柱，也是长征精神的第一要义，更是长征胜利的原动力。

毛泽东是长征精神的主要践行者，更是长征精神的光辉典范。在长征初期，毛泽东因党内“左”倾教条主义危害而受到排挤，但他不计个人得失，心系全军的安危，将国家和民族利益看得高于一切，始终没有忘记自己作为一名共产党员的义务和责任，为此他总结了第五次反“围剿”失败的惨痛教训，并进行了艰苦细致的思想政治教育工作，纠正了“左”倾错误，坚持在党的会议上提出自己的主张，用事实来启发红军将士们的觉悟。在毛泽东的启发和引导下，党和红军的高级领导干部提高了分辨正确路线和错误路线的能力，逐渐认识到了改变错误路线的必要性，从而扭转了中国革命的不利局面。毛泽东还经常鼓励身边的同志，要坚定革命理想信念，保持昂扬的战斗热情。他曾经说道："成千成万的先烈，为着人民的利益，在我们的前头英勇地牺牲了，让我们高举起他们的旗帜，踏着他们的血迹前进吧！"[①]毛泽东认为，"我们中华民族有同自己的敌人血战到底的气概，有在自力更生的基础上光复旧物的决心，有自立于世界民族之林的能力。"[②]毛泽东还鼓励中国共产党人，一定要"永久奋斗"，"奋斗到什么程度呢？要奋斗到五年，十年，四十年，五十年，甚至到六十年，七十年，总之一句话，要奋斗到死，没有死就还没有达到永久奋斗的目标。""一定要把革命干成功，干到底。"[③]

2."一不怕苦、二不怕死"的英雄主义精神

红军长征历时之久、行程之远、规模之大，所遇到的艰难险阻和极其险恶的自然环境条件在人类战争史上极其罕见。长征途中，红军渡过赤水、乌江、金沙江、大渡河，飞夺泸定桥，爬雪山、过草地，与数倍于自己的强大敌人进行了无数次殊死决战，勇往直前、前仆后继，在黑云压城中走出了一条胜利的道路。回顾长征历程，在那种严酷的环境下，要想生存并取得革命的胜利，广大红军将士所能依靠的只有自己顽强的生命意志和超乎常人的精神力量。他们在崇高革命理想的支撑下，怀着为革命吃苦是无上光荣的信念，不怕牺牲，彰显出大无畏的革命英雄主义精神，用钢铁般的意志战胜艰难险阻。在《七律·长征》里毛泽东写道："红军不怕远征难，万水千山只等闲"，诠释了这种奋勇争先、敢于吃苦、勇于牺牲的革命乐观主义精神。正是这种精神，才使得红军无往而不胜。

3. 团结一致、互助友爱的崇高精神

长征途中，红军摆脱国民党几十万大军的围追堵截，在经受极其恶劣的自然环境考验中，克服艰难险阻，顾全大局、紧密团结、互助友爱的高尚品质，为了救援同志宁可牺牲自己的崇高品德和忘我奉献的精神，表现得尤为突出。

---

① 毛泽东：《毛泽东选集》第3卷，人民出版社，1991，第1098页。

② 毛泽东：《毛泽东选集》第1卷，人民出版社，1991，第161页。

③ 毛泽东：《毛泽东文集》第2卷，人民出版社，1993，第190-191、194页。

特别是在反对王明“左”倾错误和粉碎张国焘分裂主义的斗争中，以毛泽东同志为代表的中国共产党人，采取正确的斗争策略和方法，坚持民主集中制原则，顾全大局，维护了党和红军的团结，表现出高度的原则性和灵活性，增强了红军队伍的凝聚力和战斗力。长征不仅造就了时刻为中国人民利益而奋斗的以毛泽东为核心的英雄集体，而且形成了一支具有严明纪律、紧密团结、相携相助、同甘共苦的人民军队。正是在团结一致、忘我奉献的高尚品德和特别能战斗、特别能牺牲的英雄主义精神的指引下，红军将士共同完成了这一伟大的长征奇迹。

图4-1 行军中的长征队伍[①]

4. 依靠群众、独立自主的奋斗精神

在红军刚刚踏上漫漫的长征路途时，苏区人民为红军队伍作出了巨大的牺牲，付出了巨大的努力，为红军提供了必要的物资支援。在长征后期，红军进入川西北地区，面临着物资极度缺乏的困境，又是藏、回、羌等各族人民慷慨解囊为红军筹集各种物资（如粮食、盐和牲畜等），作出了巨大的贡献，为红军长征胜利奠定了坚实的群众基础。依靠群众，得到群众支持，是红军胜利的

① 中共中央党史研究室:《中国共产党的九十年》(新民主主义革命时期)，中共党史出版社、党建读物出版社，2016，第135页。

重要保证。毛泽东指出，千百万真心实意拥护革命的群众是真正的铜墙铁壁，是什么力量都打不破的。红军在长征途中与人民群众建立了深厚的鱼水情谊，得到了群众的支持和拥护，从而征服了长征途中的千难万险。红军是人民的军队，来自人民，为争取更广大的人民群众参加到红军队伍中，以毛泽东为代表的中国共产党人十分重视宣传工作。在红军长征经过的少数民族地区，为加强各民族团结，毛泽东等人主持并制定了一系列民族政策，大力传播革命思想，长征队伍所到之处，播下了革命的火种。

综上所述，以毛泽东同志为代表的中国共产党人经过长征的锤炼，形成了坚信革命事业必胜的伟大精神，“一不怕苦、二不怕死”的英雄主义精神，团结一致、互助友爱的崇高精神，依靠群众、独立自主的奋斗精神，为中国革命不断从胜利走向胜利提供了强大的精神动力。毛泽东深刻诠释了长征精神的丰富内涵，也身体力行地践行了长征精神。长征精神丰富和发展了毛泽东思想，是以爱国主义为核心的民族精神的真实写照，是中国共产党人精神谱系的重要组成部分，它为中国革命开辟了全新的局面。

（二）长征精神助力抗日战争及解放战争取得胜利

从1934年10月至1936年10月，中国革命大本营从东南转移至西北，创造了人类战争史上的伟大奇迹。在长征途中，中国共产党积极宣传革命理想信念，密切联系、组织和领导群众，使党的基本理论和路线得到广泛认可。中央红军队伍得到空前发展，党的力量不断壮大，西北根据地得到了巩固和扩大，这为中国共产党进行抗日战争奠定了稳固的战略总后方。在抗击日本帝国主义的同时，长征也为中国共产党提高了政治地位和威望，为抗日战争胜利和解放战争胜利奠定了坚实的基础。回顾长征的艰难岁月，不难看出，正是蕴藏着爱国主义、顾全大局、紧密团结、不怕牺牲、艰苦奋斗的长征精神指引着中国共产党领导全国人民战胜困难和艰险，使中国革命事业从挫折走向胜利的曙光。在抗日战争及解放战争艰苦卓绝的斗争中形成的伟大的抗战精神、延安精神和西柏坡精神，是长征精神的继承和发展，也是中国共产党战胜任何艰难险阻的精神动力，是中华民族百折不挠、自强不息的精神象征。以毛泽东同志为代表的中国共产党人正是在这种精神的指引下取得了抗日战争和解放战争的胜利，奠定了中华人民共和国的基石。

1. 长征精神助力抗日战争取得胜利

抗日战争粉碎了日本帝国主义妄图殖民中国的野心，洗刷了中国自鸦片战争以来的百年屈辱，是近代以来中国第一次取得反侵略彻底胜利的伟大战争。在中华民族面临危亡之际，中国共产党人在高度的爱国主义精神和长征精神的指引下，顺应历史潮流，顾全大局，提出了全面抗战的路线和战略方针，团结各民族的力量，建立国共合作统一战线，将全国的军事力量凝聚在一起，坚定全民族的抗战信心，激发民众的决心和信念斗志，将军事上的被动转化为政治上的主动，引领中国各族人民取得了抗日战争的伟大胜利。在不可一世、貌似强大的日本帝国主义侵略者面前，贫穷、弱小、落后的中国最终取得了抗日战争的胜利，其中一个重要的因素是以爱国主义为核心的伟大民族精神的胜利。伟大的抗战精神是长征精神的延续与发展，更是中华民族爱国主义精神在抗日战争这一历史阶段的具体体现。

第一，百折不挠、坚忍不拔的必胜信念，是抗战胜利重要的思想指引。

抗日战争是中华民族面临的一场空前的灾难，中国共产党带领人民展开长达14年不屈不挠的抗日斗争。在这场惨烈的战争中，面对日本侵略者，无数优秀的中华儿女前仆后继、浴血奋战，不屈不挠、血洒疆场，为了民族独立和人民解放，不畏强暴、勇于抗争，充分展现了中华民族自强不息的爱国主义精神和坚定正义事业必然胜利的信念，彻底打败了日本帝国主义侵略者，铸就了人类战争史上的奇观，捍卫了人类和平正义事业。特别是全民族抗战之前，中日双方军力国力相差悬殊，虽然当时中国陆军兵力达200万，但装备十分落后，且军队中派系复杂、矛盾重重，与日军相比，日本各个方面都占有绝对优势，双方形成了明显的以弱抗强的格局。中国共产党带领人民军队在异常艰苦的条件下开展了世界历史上罕见的艰苦的游击战争，用极其简陋的武器装备同强大的日本帝国主义侵略者展开殊死战斗。中日力量悬殊，决定了中国的抗战胜利必须依靠不屈不挠、坚忍不拔的精神力量。在异常艰苦环境中锤炼出来的抗战精神正是长征精神的薪火相传。从长征中走过来的中国共产党人，汲取了长征精神的丰富养分，形成了在民族危亡时刻为理想信念威武不屈、愈难愈奋、愈挫愈坚的精神力量，在抗日战争中继续弘扬长征精神，为抗日战争的最终胜利提供了坚实的思想指引。[①]

第二，团结一致、众志成城、顾全大局、共御外侮的民族精神，是抗战胜利的坚实基础。

首先，红军长征的胜利形成了一个政治成熟的党的核心领导集体，也形成了一支千锤百炼的人民军队，这是中国共产党成为抗日战争中流砥柱的最重要的保证。在长征途中，中共中央在贵州召开了具有转折意义的重要会议——遵义会议。在这次会议上，中共中央解决了最为紧迫的军事和组织问题，基本上结束了“左”倾教条主义的错误领导，实际上确立了毛泽东在党中央和红军的领导地位，形成了纪律严明、紧密团结的以毛泽东为核心的第一代党中央领导集体。同时，红军长征是中国革命队伍的熔炉，长征途中艰苦的环境和险恶的形势对于中国共产党人和红军将士来说，既是一场严峻的考验，也是一次最有成效的锻炼。毛泽东曾说过：“我们的军事力量在长征前曾经达到过三十万人，因为犯错误，后来剩下不到三万人，不到十分之一。重要的是在困难的时候不要动摇。三万人比三十万人哪个更强大？因为得到了教训，不到三万人的队伍，要比三十万人更强大。”[②]这不到三万人的队伍是经过风雨历练后的中国革命精英，是经过千锤百炼的党和红军的骨干，长征打造出了一支在中国共产党领导下团结一致、众志成城、坚忍不拔的革命队伍。长征胜利结束前夕，红军三大主力实现了中国革命大本营从东南到西北的胜利转移，建立了西北革命根据地，为抗日战争时期建立陕甘宁边区提供了基础保障。经过长征考验的红军三大主力，在抗日战争时期，分别编成八路军的三个师。他们创建敌后根据地，开辟敌后战场，深入敌后，成为抗日战争的主力军和中坚力量。

其次，长征的伟大胜利，推动了抗日民族统一战线的形成，实现了中国共产党北上抗日的方针，为实现国共两党第二次合作和全民族共同抗战奠定了坚实的政治基础。在艰难的长征时期，中国共产党积极进行思想政治宣传工作，为争取进步力量做了很多细致工作。实现了“政治上争取团结合作、组织上切实扶持帮助、利益上充分尊重照顾、思想上给予说服批评”的策略，团结和争取了中间党派，促进了各民族、各阶级、各党派团结抗日，形成了抗日民族统

① 潘洵：《论红军长征对抗日战争的准备》，《西南师范大学学报》1996年第4期。

② 中共中央文献研究室：《毛泽东文集》第8卷，人民出版社，1999，第174页。

一战线。在长征时期，中国共产党利用地下党组织，组织发动群众性运动，唤醒了各民族、各阶级、各阶层人民的救国觉悟，使工人、农民、学生等人民群众成为革命力量的重要组成部分，给日本和国民党带来了巨大的压力，还迫使国民党放弃了“攘外必先安内”的错误政策，为工农民主统一战线的巩固和发展、抗日民族统一战线的建立起到了巨大的作用。[①]在中国共产党的领导和组织下，全国各地群众纷纷响应，以各种方式支援爱国运动，中国共产党宣传的“停止内战，一致对外”的抗日主张得到了各界爱国人士的支持，掀起了全民族共同抗日救亡运动的新高潮。在抗战中，中国人民向世界展示了天下兴亡、匹夫有责的爱国情怀，视死如归、宁死不屈的民族气节，不畏强暴、血战到底的英雄气概，百折不挠、坚忍不拔的必胜信念，伟大抗战精神得以孕育形成。抗战精神是长征精神的继承和发展，更是改变敌我局势和国内政治的根本原因，成为抗日战争取得伟大胜利的强大精神动力。全党全军形成的伟大抗战精神，具有鲜明的时代烙印，是五千多年来中华民族面临前所未有的危险前厚积薄发、迸发出来的精神火花和反复锤炼的精神品质，它为抗日战争取得伟大胜利、国家赢得独立、民族获得解放奠定了坚实的基础。

最后，中国共产党人从中日两国的国情分析出发，顾全大局、审时度势，对抗日战争进行了全面的分析，批评了“速胜论”和“亡国论”，提出了“敌强我弱、敌退步我进步、敌小我大、敌寡助我多助”的总体结论，并且始终坚持全面抗战路线，进行人民战争；始终坚持持久作战策略，与妥协投降的言论和行为进行坚决的斗争；实行“基本的游击战，但不放松有利条件下的运动战”的军事方针，强调游击战在抗日战争中的战略地位，坚持广泛而又持久的游击战争等一系列作战指导纲领；在战争的第一和第二阶段中，主动、灵活、有计划地执行防御中的进攻战，持久战中的速决战，内线作战中的外线作战；第三阶段的战略反攻制定一整套的战略方针。[②]这些作战的指导纲领和战略方针的制定，使人民群众对抗日战争的发展过程和前途有了更多的了解和较为清楚的掌握，也激发和坚定了人民群众抗战的决心和信心，从而引领中国人民取得了反侵略战争的伟大胜利。无论是抗日战争的正面战场，还是敌后战场，中

① 王刚、李懋君：《长征精神》，中共党史出版社，2017，第153页。

② 徐远兴：《抗日战争胜利的基本经验与历史启示》，《军事历史》2018年第5期。

国共产党人与爱国将士万众一心、浴血奋战，以民族大义为重、同仇敌忾，形成了伟大抗战精神，为抗战胜利奠定了坚实的基础。

第三，紧紧依靠人民群众，同人民群众共患难，生死相依、艰苦奋斗、自力更生的创业精神，是抗日战争胜利的基本条件。

抗战胜利的历史经验表明，人民群众的支持是战胜敌人的基本前提和条件，而长征精神的主要内容之一是要紧紧依靠人民群众。正如毛泽东同志所说，“日本敢于欺负我们，主要的原因在于中国民众的无组织状态。”[①]因此，停止内战、一致对外，成为中国人民抗战的先决条件。中国共产党主张的全面抗战路线认为，“民力和军力相结合，将给日本帝国主义以致命的打击。民族战争而不依靠人民大众，毫无疑义将不能取得胜利”[②]，“战争的伟力之最深厚的根源，存在于民众之中。”[③]在抗日民族统一战线旗帜下，以毛泽东同志为核心的中国共产党第一代中央领导集体，带领全国各族人民团结一致、众志成城，掀起了前所未有的抗日高潮，唤起了中华民族的国家意识。为了争取民族独立和解放，各民族儿女以不同方式参加了这场战争，展示了中华民族强大的凝聚力和战斗力，改变了中国长期的涣散状态与分裂局面。抗日战争的胜利，是抗日民族统一战线的胜利，是全民族空前团结、共同抵御外敌的伟大胜利。

1935年10月，中央红军经过长征，成功抵达陕北，随后进驻延安。到达陕北后，党中央政治上逐渐成熟，面对亡国灭种的危险，党中央不失时机地召开瓦窑堡会议，制定了抗战、团结、进步的方针，建立了抗日民族统一战线策略，为促进抗日战争和中国革命的胜利指明了正确的方向。延安期间，在艰苦卓绝的斗争中，中国共产党继承了自力更生、艰苦奋斗的政治本色和长征精神，形成了伟大的延安精神。面对人烟稀少、荒凉贫瘠的陕北，面对国民党反动派和日军对延安根据地的经济封锁，中国共产党人最大的压力就是物资匮乏和财政经济困难。加上再有进步人士、革命青年的纷至沓来，人口骤然增加，再加上不断遭受的自然灾害，抗日军民没有衣穿、没有油吃、没有菜吃，战士没有鞋袜，工作人员在冬天没有被盖，毛泽东深有感慨地说：“我们的困难真

① 毛泽东：《毛泽东选集》第2卷，人民出版社，1991，第511页。

② 同上书，第347页。

③ 同上书，第511页。

是大极了。”[①]王震等率领三五九旅自力更生、艰苦奋斗，一边训练、一边种地，掀起了轰轰烈烈的大生产运动，实现了部队粮食的自给自足。在短短三年内，昔日荒无人烟的南泥湾变成了到处是庄稼、遍地是牛羊的“陕北的小江南”。在大生产运动中，中国共产党紧紧依靠人民群众，同人民群众患难与共，形成了自力更生、艰苦奋斗的创业精神，被称为“南泥湾精神”，它也成为抗战时期的光辉典范。

总之，抗日战争时期尤其是延安时期，我们党形成了批评与自我批评、全心全意为人民服务的优良作风，并形成了尊重群众、依靠群众的人本意识，也形成了以“坚定正确的政治方向，解放思想、实事求是的思想路线，全心全意为人民服务的根本宗旨，自力更生、艰苦奋斗的创业精神”为核心内容的延安精神。抗战精神、南泥湾精神、延安精神是在抗日战争的洗礼下，继承并发展了长征精神，也继承了中华民族勤劳勇敢、奋发图强、威武不屈、自强不息的优秀品质。这些无坚不摧的伟大精神，成为战胜日本侵略者、夺取抗日战争胜利的重要法宝。它是中华民族深厚的历史文化底蕴，是在民族危亡时刻凝聚的民族精神之魂。

2. 长征精神助力解放战争的胜利

抗日战争胜利后，蒋介石迫于形势，表面承认“和平建国”，但仍企图发动内战来消灭中国共产党及人民革命力量。1947年3月，国民党派胡宗南部队大举进攻延安。毛泽东临危不惧，主动作出撤离延安的决定，并与周恩来、任弼时等组成中央前敌委员会留在陕北，指挥全国解放战争。面对强大的敌人，当时中国共产党在全国各个战场还处于劣势，然而在以毛泽东同志为核心的党中央坚强领导下，人民解放军迅速在西北战场转入反攻，仅一年时间便将进攻陕北的敌人歼灭近半，并于1948年4月22日收复延安。同时，在刘少奇、朱德的率领下，华北军队协同聂荣臻指挥的晋察冀野战部队也开始进行局部反攻，全国解放战争由战略防御逐步转入战略进攻。1948年3月21日，毛泽东、周恩来、任弼时率中共中央机关和人民解放军总部部分人员，从陕北米脂县杨家沟出发东渡黄河，与叶剑英、杨尚昆率领的中央后委会合。随后继续东

① 毛泽东:《毛泽东选集》第3卷，人民出版社，1991，第892页。

图4-2　辽沈战役[①]

进，于4月13日到达晋察冀军区司令部驻地阜平城南庄。4月23日，周恩来、任弼时等到达西柏坡与刘少奇、朱德率领的中央工委会合，毛泽东暂留城南庄。4月30日至5月7日，中共中央书记处在城南庄召开扩大会议，研究如何促进和迎接中国革命全面胜利的到来。5月27日，毛泽东到达西柏坡，同朱德、刘少奇、周恩来、任弼时会合。在西柏坡，中国共产党领导人民解放军取得了辽沈、淮海、平津三大战役的胜利。三大战役历时142天，共歼灭国民党正规军144个师、非正规军29个师，合计154万余人。至此，国民党赖以维持其反动统治的主要军事力量基本上被消灭。西柏坡是解放全中国之前的最后一个农村指挥所，是党中央进入北平之前的最后一个阵地。1949年3月5日，中共中央在西柏坡召开了中国共产党历史上具有重要意义和深远影响的七届二中全会。在这次会议上，中共中央提出了"务必使同志们继续地保持谦虚、谨慎、不骄、不躁的作风，务必使同志们继续地保持艰苦奋斗的作风"。中共中央在西柏坡虽然只有10个月，但形成的西柏坡精神是中国共产党从事二十余年武装斗争积累的丰富斗争的经验产物，是党的实事求是优良传统和作风的升华。西柏坡精神是长征精神、抗战精神和延安精神的延续和发展，是中国共产党人革命精神的坚固链条。这些民族精神筑起了不朽的精神丰碑，成为融入中华

① 中共中央党史研究室：《中国共产党的九十年》（新民主主义革命时期），中共党史出版社、党建读物出版社，2016，319页。

民族血液中的宝贵精神财富。

图4-3 攻占总统府[①]

二、社会主义革命和建设时期

（一）“新长征”路的开启

中国共产党于1949年3月5日在西柏坡召开了党的七届二中全会，会议上毛泽东提出了著名的“两个务必”，即“务必使同志们继续地保持谦虚、谨慎、不骄、不躁的作风，务必使同志们继续地保持艰苦奋斗的作风”，并指出，夺取全国胜利只是万里长征走完了第一步，中国的革命是伟大的，但革命以后的路更长，工作更伟大、更艰苦。[②]党的七届二中全会是全面总结中国革命经验、提出新民主主义建设新长征的重要转折点。会议指出了中国由农业国

① 中共中央党史研究室：《中国共产党的九十年》（新民主主义革命时期），中共党史出版社、党建读物出版社，2016，334页。

② 邱志方：《中国共产党的伟大精神》，吉林人民出版社，第87页。

变为工业国的发展方向，规定了政治、经济等方面应当采取的基本政策，为新民主主义社会向社会主义社会过渡奠定了基础。1949年3月23日，毛泽东率领党中央在从西柏坡动身前往北平之前，深情地说道："今天是我们进京赶考的日子。"这可以看作是中国开始"新长征"之路的重要标志。

1949年6月30日，毛泽东发表了重要文章《论人民民主专政》，他指出："过去的工作只不过是像万里长征走完了第一步。残余的敌人尚待我们扫灭。严重的经济建设任务摆在我们面前。我们熟习的东西有些快要闲起来了，我们不熟习的东西正在强迫我们去做。这就是困难。帝国主义者算定我们办不好经济，他们站在一旁看，等待我们的失败。""我们必须克服困难，我们必须学会自己不懂的东西。""我们完全可以依靠人民民主专政这个武器，团结全国除了反动派以外的一切人，稳步地走到目的地。"[①]新中国成立前夕，毛泽东为中国开始新民主主义和社会主义建设的"新长征"之路指出方向，即要坚持人民民主专政的国体，建立以工人阶级、农民阶级和城市小资产阶级的联盟为基础的人民民主专政，其中主要依靠工人阶级和农民阶级，因为这两个阶级是推翻了帝国主义和国民党反动派的主要力量，新民主主义和社会主义建设也主要依靠这个联盟。

1949年9月21日，中国人民政治协商会议第一届全体会议在北平开幕，会议通过了具有临时宪法性质的《共同纲领》，这为新中国成立及新民主主义和社会主义建设的"新长征"提供了必要的政治理论准备和法制保障。毛泽东将革命夺取全国胜利比作"旧世界"，将新民主主义和社会主义建设比作"新世界"，他曾说道："我们不但善于破坏一个旧世界，我们还将善于建设一个新世界。"[②]我们要继续走新长征之路。

1949年10月1日，中华人民共和国的成立标志着新民主主义革命的胜利，正式开启了新民主主义和社会主义建设的新篇章。此时，虽然全国大部分地区已获得解放，但匪患还没有完全根除，解放全中国的任务还没有完成。新中国面临着诸多十分严重的问题，社会稳定和经济发展更是困难万分。为了解决这些难题，为了巩固新生的政权，中国共产党和中央人民政府开始着手进行

---

① 毛泽东：《毛泽东选集》第4卷，人民出版社，1991，第1480、1481页。

② 同上书，第1439页。

四个方面的工作。

第一，彻底完成民主革命遗留的艰巨任务。中央人民政府成立之后，为了摧毁残留的旧政权，各级地方人民政权也逐步建立起来。为了体现人民当家作主的地位，毛泽东认为，人民代表会议是党和政府同人民群众紧密联系的重要形式。在毛泽东的重视和指导监督下，各地普遍开始陆续召开地方各界人民代表会议，促进了地方人民政权的建立，让人民行使当家作主的民主权利，发扬了人民民主精神，增进了党和人民的联系，积累了民主建政的经验，为人民代表大会制度建立做了充分的实践准备；实行土地改革，使绝大多数农民群众获得了土地，翻身解放。

第二，全面恢复国民经济工作。新中国成立初期，国民经济形势严峻，稳定经济秩序和发展生产力对于刚刚掌握新生政权的中国共产党来说，具有不亚于军事革命胜利的重要性。首先，根据中国当时的实际情况，毛泽东提出了“四面八方”的重要经济政策，即“公私兼顾，劳资两利，城乡互助，内外交流”，为新中国成立后的经济建设指明了前进方向，也成为整个经济恢复时期的指导方针。到1950年初，随着没收官僚资本和相关企业的民主改革及生产改革的完成，大资产阶级被消灭了，中国资本主义经济的主体部分已被改造成为社会主义性质的国营经济，社会主义性质的国营经济逐步在国民经济中确立了主导地位，这为社会主义改造奠定了重要的物质基础，使人民政权拥有了十分重要的经济基础。其次，将民族资本主义纳入国家资本主义。在利用和改造资本主义工商业的过程中，开始对资本主义工商业进行适当的限制，并把大部分资本主义工商业改造为国家资本主义初级形式。到1952年，资本主义金融业在此时完成了社会主义改造，不利于国计民生的部分私营经济被削弱甚至被淘汰，私营经济在数量上虽然明显上升，但是在国民经济中的比重却下降了。最后，引导个体农民逐步走上互助合作的道路。

随着国民经济的逐步恢复，集中力量进行经济建设，实现国家工业化，把中国从一个落后的农业国变成先进的工业国的艰巨任务，也被提上了党和国家的工作日程上。为了实现这项任务，中国共产党开始了新一轮征程的奋斗。近代以来的历史证明，实现国家工业化走资本主义工业化的道路虽然在美国、日本以及欧洲很多国家成功了，但是这并不适用于中国。由于受到外国垄断资本压迫和封建生产关系的严重束缚，中国民族资本主义工业从19世纪60年代末

70年代初产生之后，始终处于十分落后的状况。即使中国选择走资本主义道路，经济可能会取得一时的发展，但在经济上依赖外国，政治上也会受到影响，最终还是会成为帝国主义国家的附庸。到1952年，国民经济恢复工作完成时，中国的工业发展水平仍然较低，许多重要工业产品的人均产量远远落后于美国，甚至落后于印度。尽快实现国家工业化的任务，改变中国贫穷落后农业国面貌，是全体中国人民的迫切要求，也成为摆在中国共产党和人民政府面前的严峻任务。由于社会主义制度具有集中力量办大事，以及促进生产力快速发展的优越性，通过走苏联式社会主义道路来实现国家的工业化，对于中国这样一个经济文化落后的国家来说无疑是最好的选择。所以，为了实现国家的工业化，中国必须走社会主义道路。

第三，切实维护国家主权和安全。新中国成立后，中央人民政府废除了帝国主义国家在中国享有一切特权的不平等条约；驱逐在中国领土上驻扎的一切外国军队；收回了外国列强在中国的兵营；收回了海关、税收等管治权。

第四，进一步加强中国共产党自身建设。针对中国共产党成为长期执政党和党的工作重心从农村转向城市的新情况，面对广大干部和党员必须经受住生活环境变化、接管城市和执政能力的考验，中国共产党于1950年和1951年在全党范围内大力开展整风、整党运动。1951年底至1952年开展了“三反”运动，即“反贪污、反浪费、反官僚主义”，1952年开展了“反对行贿、反对偷税漏税、反对盗窃国家财产、反对偷工减料、反对盗窃经济情报”的“五反”运动。这些举措对于在执政的条件下继续保持共产党人的革命精神，促进中国共产党廉政建设起到了重要的作用。

毛泽东还十分重视统一战线工作，他指出，为了新民主主义顺利过渡到社会主义的新时期，“在国内我们必须要团结各民族、各民主阶级、各民主党派，各人民团体及一切爱国民主人士，必须巩固我们这个已经建立的伟大的有威信的革命统一战线”①。为此，他多次指出，要注意吸收多数中间分子，应该争取他们向我们靠拢，参加会议的党员数量控制在总人数的一半即可，不宜太多，给其他各界和各阶级的人员代表更多参加会议的机会。1949年10月7

---

① 中共中央文献研究室：《建国以来毛泽东文稿》第1册，中央文献出版社，1987，第417页。

日，毛泽东在电报中指出，在拟定各地方的省政府名单中，应注意吸收若干党外人士。他还将审阅稿中的“最好能有若干民主人士来担任”改为“必须有若干民主人士来担任”。在新中国成立后，人民民主统一战线达到了空前广泛的程度，开创了中国共产党与民主党派、人民团体和无党派民主人士共同建设新中国的新格局。毛泽东之所以如此重视民主人士参与人民政权建设，这也是当时的客观形势和背景使然。一方面，源于他对人民民主的思考；另一方面，当时国内国际的形势十分严峻，要想实现建设新中国的宏伟目标，仅仅依靠中国共产党的力量是不够的，必须团结一切能够团结的力量，巩固革命统一战线，共同奋斗。毛泽东还强调，不要四面出击，要做好工作，把人民中间不满意我们的人变成拥护我们。我们必须巩固我们的统一战线，领导全国人民稳步地达到自己的目的。[①]毛泽东强调，巩固革命统一战线，做好统一战线工作且要注重培养少数民族干部，这对于少数民族地区的政权建设十分重要。除了在一切工作中坚持民族平等和民族团结的政策外，各级政权机关还要吸收大量的能够与共产党人合作的少数民族参与政府工作，按照各民族人口的多少合理地分配名额。对于许多国民党军队起义将士，毛泽东也强调，要秉持着又团结又改造的方针，争取他们到新中国建设的队伍中来。对于文化教育及其他领域的知识分子中的有识之士，毛泽东鼓励他们积极参与到新中国建设中来，恢复人民经济，完成土地制度改革，以及提高人民群众的政治觉悟水平，这些任务都需要文化教育领域的专业人士来协助完成。[②]

以毛泽东同志为主要代表的中国共产党人，带领全国各族人民团结一致，发扬长征精神，克服重重困难，共同奋斗，建立和巩固了人民政权，以精准的政治嗅觉和强大的战略魄力，迅速恢复了经济、稳定了社会秩序，新中国的建设事业由此拉开帷幕，为新中国后续各项建设的顺利开展奠定了坚实的基础，从此中国开始踏上了社会主义革命和建设的新征程。毛泽东曾在中国人民政治协商会议筹备会上说道：“中国人民将会看见，中国的命运一经操在人民

---

① 中共中央文献研究室：《毛泽东年谱（1949—1976）》第1卷，中央文献出版社，2013，第153、156页。

② 中共中央文献研究室：《毛泽东年谱（1949—1976）》第1卷，中央文献出版社，2013，第43、44页。

自己的手里，中国就将如太阳升起在东方那样，以自己的辉煌的光焰普照大地，迅速地荡涤反动政府留下来的污浊泥水，治好战争的创伤，建设起一个崭新的强盛的名副其实的人民共和国。”[①]现实是历史的延续和发展。历史的发展也充分证明，中国共产党人有能力有责任把对未来的构想变成现实。以新中国成立这个中国革命万里长征第一步的胜利为起点，中国共产党人团结带领全国各族人民开始了新的长征，并不断引领着中华民族向着伟大复兴的目标奋勇前进。

（二）长征精神助力社会主义改造完成及社会主义建设探索取得成果

在新民主主义革命时期形成的伟大长征精神基础上，中国共产党在社会主义改造和社会主义建设时期继承和深化了伟大的长征精神，为长征精神增添和丰富了新的时代内涵。

1. 独立自主、艰苦奋斗的长征精神，为社会主义改造及社会主义建设提供了强大动力

“苦不苦，想想红军二万五”，成为激励人们前进的巨大动力。长征胜利的历史表明，艰苦奋斗、自强不息是中国共产党人优秀的政治本色。长征中锤炼出来的艰苦奋斗精神和长征所体现出来的自强不息、坚忍不拔的革命精神，是开创中国社会主义改造和社会主义建设新局面的根本保障。它激励中国共产党人迎难而上、奋力拼搏，为新中国进行社会主义改造和社会主义建设提供了强大的精神动力。

新中国从旧中国接收过来的是一副烂摊子：许多工厂倒闭，大批工人失业，物价上涨，通货膨胀。年轻的共和国“一穷二白”，百废待兴，当时人均国民收入只有27美元，人民生活遇到极大的困难。迅速恢复和发展国民经济，战胜严重的经济困难，对于刚刚执政的中国共产党来说，是一个新的严峻挑战。与此同时，以美国为首的帝国主义国家通过强硬的手段在政治上孤立、

---

① 毛泽东：《毛泽东选集》第4卷，人民出版社，1991，第1467页。

经济上封锁、军事上威胁，企图从根本上搞垮新中国。为恢复国民经济，党不失时机地提出了过渡时期总路线，进行社会主义改造，实现了历史上最伟大、最深刻的社会变革，创造性地完成了由新民主主义社会向社会主义社会转变。社会主义改造基本完成后，党中央又带领全国各族人民对适合中国国情的社会主义道路进行了艰苦的探索。为改变我国贫穷落后面貌，这一时期广大人民群众在党的领导下继承和发扬了长征精神，艰苦奋斗，怀揣创业豪情，以“为有牺牲多壮志，敢教日月换新天”的气魄，为社会主义建设作出了巨大贡献和付出了巨大努力。

第一，“爱国、创业、求实、奉献”的大庆精神。大庆精神是中国石油战线的一座丰碑，在“宁可少活二十年，拼命也要拿下大油田!”的誓言下，为使中国甩掉“贫油”的帽子，实现石油自给，大庆人开始了火热的油田生产建设实践。大庆油田从1960年开发建设以来得到了党和国家领导人的亲切关怀和全国人民的大力支持，几代大庆人以推动国民经济、发展石油工业为己任，凭借严谨的科学态度和自强不息的革命精神，克服了种种艰难险阻，开创了中国石油工业的新局面，为国家的经济社会发展提供了强大的能源支持，为国家作出了巨大的贡献。祖国始终在大庆人心中居于首位，为民族争气、为祖国争光的爱国精神在大庆人身上体现得淋漓尽致。他们始终牢记国家民族利益至上、国家荣誉至上、国家需求至上，仅用三年时间就完成了大油田建设，为我国的石油工业发展史书写了全新的一页。大庆人不求回报、埋头苦干的奉献精神创造了一个又一个奇迹，也感动了一代又一代中华儿女。大庆人独立自主、不畏艰难的创业精神，充实和丰盈了长征精神的时代内涵，是中华民族必须传承的珍贵政治资产，是中华民族的宝贵精神财富，也是中国社会主义先进文化的重要组成部分。

第二，“热爱祖国、无私奉献、艰苦创业、开拓进取”的兵团精神和“自力更生、艰苦创业、勇于开拓、甘于奉献”的北大荒精神。为了加快边疆开发建设步伐，提高各族人民生活水平，党中央决定组建生产建设兵团，并以长期屯垦戍边的新型方式驻扎在新疆。一批批转业军人、大中专毕业生和城乡青年从祖国四面八方来到这里，克服难以想象的困难，用勤劳的双手架桥修路、垦荒造田，修建了上百座水库，治理了数十条河流，建成了大规模的现代化农场，奠定了新疆现代农业的基础，为新疆的稳定和发展作出了巨大贡献。20

世纪50年代中期，54万名城市知识青年、地方干部来到东北肥沃的原野上，与农民组成了垦荒大军。他们头顶蓝天，脚踏荒原，人拉肩扛，继承了艰苦奋斗的长征精神和开拓进取的南泥湾精神，战胜了重重苦难，无私奉献、自强不息，发起了“向地球开战，向荒原要粮”的伟大壮举。几代拓荒人承受了难以想象的艰难困苦，战天斗地，建设了一大批机械化国营农场，实现了从北大荒到北大仓的历史性巨变，使原来的荒野成为国家重要的粮食基地。[①]在社会主义革命和建设时期，“开拓进取、无私奉献”的兵团精神和北大荒精神为社会主义改造和社会主义建设取得的成就提供了强大的动力。在这一时期，中国共产党形成的一部“敢教日月换新天”的奋斗建设史，也继承和发扬了独立自主、艰苦奋斗的长征精神。

2. 依靠人民群众、心系群众的长征精神，为社会主义改造和社会主义建设提供坚实的基础

中国共产党成为执掌全国政权的党，担负着领导全国各族人民建设新国家、新社会的重任。特别是，在我国国民经济遇到严重困难、国家和人民遭到严重损失的时期，无数党员干部冲锋在前、勇挑重担，把为人民服务作为人生的最大追求，无私奉献、服务社会，争做社会主义建设者，用青春、用汗水、用生命谱写亮丽无悔的生命赞歌。

图4-4　雷锋在学习《毛泽东选集》

第一，以“信念的能量、大爱的胸怀、忘我的精神、进取的锐气”为核心的雷锋精神。雷锋，一名普通的解放军战士和平凡的共产党员，只走过22个春秋。在雷锋短暂的一生中，他对待工作始终抱着热情，十分刻苦。他从点滴小事做起，对待工作认认真真、兢兢业业，干一行爱一行，凭借着韧性，孜孜不倦地研究着知识和技术。他

① 王炳江：《北大荒精神永放光芒》，《中国农垦》2012年第2期。

自觉服从组织安排，党需要他做什么他就做什么，一丝不苟、呕心沥血。也正是这种爱岗敬业、尽职尽责的“甘愿做一颗永不生锈的螺丝钉”精神成就了雷锋，使他成为了一名共产主义战士。雷锋曾说过：“一个人的作用，对于革命事业来说，就如一架机器上的一颗螺丝钉。螺丝钉虽小，但是其作用是不可估量的。”雷锋始终不忘艰苦奋斗，在生活中处处体现了中华民族勤俭朴素的传统美德。雷锋还牢固树立“人民的利益高于一切、全心全意为人民服务”的世界观和人生观，并在日常生活中自觉践行他的人生理念。雷锋曾在日记中写道：“人的生命是有限的，可是，为人民服务是无限的，我要把有限的生命，投入到无限的为人民服务中去。”[①]雷锋一生没有令人仰慕的地位，没有惊天动地的事业，但是他的事迹却获得了亿万人民群众的敬仰。雷锋精神具体体现为热爱党、热爱祖国、热爱社会主义的崇高理想和坚定信念，服务人民、助人为乐的奉献精神，干一行爱一行、专一行精一行的敬业精神，锐意进取、自强不息的创新精神，艰苦奋斗、勤俭节约的创业精神。雷锋精神是对雷锋事迹所表现出来的先进思想、道德形象和崇高品质的理论概括和总结，是中国共产党人的党性和无产阶级的阶级性在思想道德上的体现。这个时期形成的雷锋精神，是中华民族和中国共产党人的宝贵精神财富，是一座时代的丰碑。“为人民服务”的伟大雷锋精神集中体现了中华民族的优良传统，闪耀着共产主义道德的光辉。中国共产党人在革命斗争中培养的长征精神，对于雷锋精神的形成有着深刻的影响，雷锋精神也是长征精神的继承和发展。

第二，“亲民爱民、艰苦奋斗、科学求实、迎难而上、无私奉献”的焦裕禄精神。1962年，焦裕禄被调到一个饱受风沙、内涝、盐碱之患的老灾区兰考县。焦裕禄来到兰考的那一年，是这个地区连续三年遭受自然灾害比较严重的一年。面对严重的自然灾害，焦裕禄并没有退缩，他全身心地投入到治理风沙、内涝、盐碱的“三害”斗争之中。焦裕禄带领调查队四处跋涉，置身于人民群众之中，常年奔波于田地、农舍，最终取得了关于“三害”的资料，研究和掌握了“三害”的发生和

图4-5 焦裕禄

① 吴倬、李英：《论雷锋精神的现实基础》，《思想理论教育导刊》2003年第9期。

发展规律。他开始了抗灾斗争的战略部署，带领兰考县人民一起植树治沙，与“三害”作斗争。1964年5月4日，焦裕禄因积劳成疾病逝，时年42岁。正如焦裕禄所说：“共产党员应该在群众最困难的时候，出现在群众的面前；在群众最需要帮助的时候，去关心群众、帮助群众。”“党把这个县和36万群众交给我们，我们不能领导他们战胜灾荒应该感到羞耻和痛心。”焦裕禄时时刻刻都在想着人民群众的利益，关心着人民群众的疾苦。焦裕禄精神的实质和核心是视人民利益高于一切，始终牢记全心全意为人民服务的宗旨，带领人民群众植树治沙、脱贫致富，战斗到生命的最后一刻。焦裕禄还是一切从实际出发、实事求是思想路线的坚定践行者。他脚踏实地去丈量、编号、绘图。正是因为他身体力行，才能正确地制定出符合兰考县的改造规划，为改变兰考县的面貌作出了十分重要的贡献，充分体现了一名共产党员干部脚踏实地的工作作风和实事求是的工作态度。艰苦奋斗、知难而进是焦裕禄精神的支柱。在“三害”最严重时期，焦裕禄带领着全县人民一起没有退缩，苦战三五年。他和人民同甘共苦，吃苦在前、享受在后，用自己的模范行动来激发和鼓励人民群众一同与自然灾害作顽强的斗争，最终战胜了困难。焦裕禄精神的本质是廉洁奉公、勤政为民。焦裕禄严于律己、生活简朴、刚正不阿、清正廉洁，他经常与人民群众同吃同住，他的一言一行都充分展现了一名共产党员的思想境界，没有官僚主义，只有夜以继日地同治理“三害”灾难的斗争。焦裕禄精神是中华民族和我们党的优良传统和优秀品质的生动展示，是马克思主义的世界观、人生观和价值观的真实写照，是激励和鼓励广大干部群众的精神动力，是长征精神的传承和发展。焦裕禄“心里装着全体人民，唯独没有他自己”的公仆精神和“劳动无限光荣”的劳模精神，诠释了国家使命感、社会道德感和职业责任感，为祖国的繁荣和发展贡献了智慧和力量。鞠躬尽瘁、勤政为民的焦裕禄精神体现了把个人的追求和奋斗同国家命运、民族前途、党的事业紧密联系起来，它与长征精神是同质的、一脉相承的。

3. 乐观自信、团结一致的长征精神，为社会主义改造和社会主义建设提供必要条件

第一，“自力更生、艰苦创业、团结协作、无私奉献”的红旗渠精神。20世纪60年代，在中国共产党的领导下，为改善河南林县的缺水干旱状况，林

县人民在生产力水平较低的状态下，依靠自身力量，克服了重重困难，在悬崖峭壁之间，凭借着一双手和一身志气修成了长达1500多公里的“人工天河”，开凿了举世闻名的“红旗渠”。[①]红旗渠的建造完成解决了林县人民群众的饮水问题，创造了人类改造自然的伟大奇迹。从修建红旗渠的第一天起，就注定了这是一场异常艰苦卓绝的斗争。红旗渠的修建不仅造就了一项宏大的水利工程，而且孕育了红旗渠精神，它是林县人民团结一致精神的集中体现。立足条件、依靠自身力量的自力更生精神，愈是在困难面前，人类的团结协作精神就会显得愈发重要。顾全大局、齐心协力的团结协作精神，是红旗渠工程修建完成的重要原因之一。红旗渠修建历时十年，工程规模宏大，参与的施工人员众多。如果不是各个部门各个单位互相支持、互相配合，很难完成如此庞大的工程。伟大的民族精神是中华民族生存和发展的精神支撑。以独立自主为出发点，以艰苦奋斗、无私奉献为核心，以团结协作的集体主义为精神导向的红旗渠精神，充满了中华儿女的豪情壮志，是民族精神的时代体现，也是长征精神的继承和延续。同时，红旗渠精神有助于广大人民群众尤其是党员干部树立正确的世界观、人生观、价值观，有利于提高人民群众的思想道德素质，从而正确处理国家、集体和个人之间的利益关系。红旗渠精神继承和发展了中华民族优秀的传统文化，是中华民族不可或缺的民族精神，是激励着人民建设祖国的强大精神动力。

第二，“热爱祖国、无私奉献、自力更生、艰苦奋斗、大力协同、敢于攀登”的“两弹一星”精神。面对十分严峻的国际形势，为了改变超级大国的核垄断，中共中央决定研制“两弹一星”——原子弹和氢弹、导弹，人造卫星。1964年10月16日，我国成功爆炸了第一颗原子弹，有力地打破了超级大国的核垄断，集中代表了我国科学技术的水平，从而提高了我国的国际地位。1967年，我国第一颗氢弹空爆试验成功，我国成为世界上第四个掌握氢弹技术的国家。与此同时，我国的导弹和喷气技术也取得了十分显著的进步。1970年4月24日，我国第一颗人造卫星发射成功。“两弹一星”形成了我国自卫能力的盾牌，在维护世界和平和防止核战争方面发挥了越来越重要的作用。热爱祖国、无私奉献是“两弹一星”研制工作相关人员的思想觉悟和道德情操的集中体

① 丁巍：《弘扬历久弥新的红旗渠精神》，《百年潮》2016年第4期。

现。正是因为他们把国家利益、人民利益和集体利益摆在第一位，才能研制出“两弹一星”，使祖国的科学技术事业迈出重要的一步。自力更生、艰苦奋斗永远是我们战胜一切困难，夺取伟大事业胜利的重要法宝，这种精神也在“两弹一星”的相关研制工作人员身上体现得淋漓尽致。他们很多人在漫无边际的戈壁荒野、人烟稀少的深山峡谷风餐露宿，用着有限的科学技术突破了无数难关，以顽强拼搏的精神支撑着他们完成实验，最终取得了胜利。团结协作在“两弹一星”研制工作中也十分重要。在研制中，全国各地区、各部门成千上万的科学技术人员、工程技术人员、后勤保障人员等，齐心协力、团结协作、刻苦钻研、不断探索，用短短几年的时间就实现了原子弹和氢弹的成功爆炸，这为中华民族在国际的科学技术领域赢得一席之地。[①]“两弹一星”精神源自于对中华民族的热爱、对中华人民共和国的热爱。这种精神的本质是爱国主义，是一种忘我精神，是一种对科学不断探索的精神，是一种对事业的协同精神，是一种民族自豪感和自尊心的集中体现。这是一种民族精神的象征，不仅仅体现在危难时候，更应该体现在国家和民族建设事业发展的全部过程。

总之，20世纪50年代和60年代，在社会主义革命和建设时期，广大党员和人民群众继承和发扬党的长征精神和中国革命光荣传统，讲理想、讲纪律、讲为人民服务，爱党、爱国、爱社会主义，形成了具有时代特点的“爱国、创业、求实、奉献”的大庆精神，“热爱祖国、无私奉献、艰苦创业、开拓进取”的兵团精神和“自力更生、艰苦创业、勇于开拓、甘于奉献”的北大荒精神，以“信念的能量、大爱的胸怀、忘我的精神、进取的锐气”为核心的雷锋精神，“亲民爱民、艰苦奋斗、科学求实、迎难而上、无私奉献”的焦裕禄精神，“自力更生、艰苦创业、团结协作、无私奉献”的红旗渠精神，“热爱祖国、无私奉献、自力更生、艰苦奋斗、大力协同、勇于攀登”的“两弹一星”精神，等等。这些精神成为我国社会主义建设取得举世瞩目成就的重要原因，是中华儿女建设祖国、振兴中华的历史见证，是中国共产党人精神的集中体现，是长征精神的当代继承。

---

① 中共国防科技工业局党组：《在新时期将“两弹一星”精神发扬光大》，《人民日报》2011年6月3日。

三、改革开放和社会主义现代化建设新时期

（一）邓小平关于新长征的论断

邓小平作为中国共产党第一代中央领导集体的重要成员、中国共产党第二代中央领导集体的核心，参加了二万五千里长征。长征对于邓小平来说，是其一生中一段不同寻常的经历。在改革开放新时期，邓小平深刻总结了红军长征的经验教训，确立了新长征的战略目标，即实现社会主义现代化，并设计出新长征的战略步骤，即“三步走”战略，领导全党和全国各族人民迈出了新长征的步伐。

1. 确立新长征的战略目标

1978年10月11日，邓小平在中国工会第九次全国代表大会上发表了《工人阶级要为实现四个现代化作出优异贡献》的讲话，他在讲话中指出：“中国工会第九次全国代表大会的召开，对我国工人运动的发展和加快实现四个现代化，具有重要的意义。”“希望全国职工群众用丰硕的成果来迎接新长征中第一次盛大的群英会。”[①]这也意味着明确了将实现四个现代化称为“新长征”。1978年12月13日，邓小平在中共中央工作会议的闭幕会上发表了《解放思想，实事求是，团结一致向前看》的讲话，这篇讲话同时也是党的十一届三中全会的主题报告。这次中央工作会议为随后召开的中共十一届三中全会做了充分的准备。在这篇讲话里，邓小平对新长征的未来前景充满期望：“中央提出了把全党工作的重心转到实现四个现代化上来的根本指导方针，解决了过去遗留下来的一系列重大问题，必将使全党、全军和全国各族人民提高斗志，增强信心，加强团结。现在，我们可以有把握地说，全党、全军和全国各族人民在

① 邓小平：《邓小平文选》第2卷，人民出版社，1994，第134、137页。

党中央的正确领导下，在新的长征中，一定会不断取得新的胜利。”“实现四个现代化是一场深刻的伟大的革命。在这场伟大的革命中，我们是在不断地解决新的矛盾中前进的。因此，全党同志一定要善于学习，善于重新学习。”“只要我们大家团结一致，同心同德，解放思想，开动脑筋，学会原来不懂的东西，我们就一定能够加快新长征的步伐。让我们在党中央和国务院的领导下，为改变我国的落后面貌，把我国建设成现代化的社会主义强国而奋勇前进！”①在党的十一届三中全会后，我国进入到改革开放和社会主义现代化建设新时期，邓小平继续将“四个现代化”定为全党全国人民奋斗的战略目标，激励着全国各族人民一起大步迈向中国特色社会主义的新长征。

2. 设计新长征的战略步骤

作为党中央第二代领导集体的核心，邓小平不仅提出了实现四个现代化的新长征的战略奋斗目标，而且探索出了一条实现这一目标切实可行的路径。1979年3月，邓小平提出到20世纪末要分步骤分阶段实现“中国式的现代化”的战略目标。1982年8月，他在会见联合国秘书长德奎利亚尔时提出了“两步走”的战略设想。在确立“两步走”战略以后，邓小平又开始对新长征的目标进行了设计。1987年，在党的十三大召开前，他在同意大利共产党领导人约蒂和赞盖里的谈话时说道：“我国经济发展分三步走，本世纪走两步，达到温饱和小康，下个世纪用三十年到五十年时间再走一步，达到中等发达国家的水平。这就是我们的战略目标，这就是我们的雄心壮志。要实现我们的雄心壮志，不改革不行，不开放不行。我们要走的路还很长，任务还很艰巨。我们要艰苦奋斗，一心一意搞建设，发展生产力。”②“三步走”战略从20世纪80年代到21世纪中叶，其时间跨度长达70年，邓小平将实现社会主义现代化的时间确立在21世纪中叶，也就是从中华人民共和国成立起，用一百年的时间将我国建设成为中等水平的发达国家。从1981年到1990年，国民生产总值翻一番，解决人民的温饱问题，这是第一步的目标；从1991年到20世纪末，国民生产总值再增长一倍，人民生活水平达到小康，这

---

① 邓小平：《邓小平文选》第3卷，人民出版社，1993，第251页。

② 同上书。

是第二步的目标；从21世纪初到21世纪中叶，基本实现现代化，人均国民生产总值达到中等发达国家水平，人民生活水平比较富裕，这是第三步的目标。

邓小平关于新长征的论断清晰而科学，不仅确立了新长征的奋斗目标，而且具体提出了“三步走”的战略发展步骤，使中国人民的新长征之路越走越宽。它标志着中华民族在新的历史时期、在新的长征路上一次伟大的飞跃，在社会主义现代化建设历程上，在中华民族历史上都占有重要地位。[①]

（二）长征精神助力改革开放取得重大成就

伟大的时代呼唤伟大精神创新和升华。中国共产党人继承和发扬党在革命时期形成的长征精神，并赋予伟大精神新的时代内涵，为党带领全国各族人民在改革开放伟大征程中创造奇迹提供了强大的精神支撑。

1. 敢于冒险、敢于实践的长征精神，是推进改革开放的主要精神动力

党的十一届三中全会成为中国共产党历史上第三次重大转折，重新确立了解放思想、实事求是的思想路线；重新确立了党的正确的组织路线；健全了党规，严肃了党纪，加强了党的领导机构；重新确立了党的马克思主义的正确路线，揭开了党和国家的新篇章，是新中国成立以来中国共产党历史上具有深远意义的伟大转折。

改革开放是中国历史上一场深刻的社会大变革，是中国的第二次革命。改革开放不仅是国家经济体制、政治体制全方位、成系统的深层次变革，更是在社会大变革、大开放的今天，让人们的人生观、世界观、价值观也跟着发生变化。改革开放后的中国，在广大党员干部和人民群众开展社会主义现代化建设如火如荼的进程中，全国各地形成了你争我赶、奋勇前行的场面，一个个经济社会发展的奇迹被创造着，一曲曲改革创业的号角在吹响着。在改革开放的新征程中，我国当前改革已经进入了攻坚期和深水区，我们仍然需要发扬敢于啃

① 胡学举、丁妍虹：《邓小平与新长征》，《邓小平研究》2016年第6期。

硬骨头、敢于涉险的精神。这种精神就是不畏艰险、排除万难、坚忍不拔、勇往直前的长征精神的最真实、最深刻的写照。

2. 实事求是、勇于探索的长征精神，是推进改革开放的智慧和力量之源

党的十一届三中全会召开后，虽然其精神在各地贯彻，但是由于长久以来“左”的思想的影响，一些政策无法在实践中得以实施。农民的积极性还没有充分调动起来。1978 年 12 月，安徽省凤阳县小岗村 18 户农民以“敢为天下先”的胆识，按下了 18 个手印，搞起了“大包干”，率先揭开了中国农村改革的序幕。由此，安徽小岗村成为中国农村改革的发源地。实事求是、勇于探索、敢闯敢干的“大包干”精神是小岗精神的精髓。小岗村改革是中国改革开放的重要开篇，小岗精神是中国新时期改革开放精神的源头。其创立的“大包干”制度，是一种制度的创新精神。正是有小岗村“大包干”制度的创立，才会有中国家庭联产承包责任制的确立。大包干制度是帮助农村脱贫致富的灵丹妙药，土地的包干到户释放了农民积压多年的关于温饱的压力，包括小岗村在内的中国农民在短时间内迅速实现了丰衣足食的美好愿望。家庭联产承包责任制对于当时解决中国几亿农民面临的最大现实问题提供了最有效的途径。从精神层面来看，反映出了改革精神和探索勇气，对中国全民启动改革和推进社会进程发挥了十分重要的作用。时至今日，这种探索的精神勇气仍然值得我们去继承与发扬。弘扬小岗精神就是要发扬勇于创新、敢闯敢干的精神，激活广大农民的创造、创业精神。从小岗村“大包干”制度的创立到家庭联产承包责任制在全国的确立，一次次事实证明广大农民拥有着极大的创业需求和巨大能量。激发广大农民的创业热情，首先要为农民创造环境，培养他们的创业理念。要在全社会大力倡导和弘扬创业精神，把创业精神深深扎根于社会观念中，变为人民群众可以为之自觉的行动。首先通过机制和制度创新，解决制约农民创业的现实问题，支持和鼓励发展广大农民自主创业。其次要积极实行创业政策，最大限度地调动农民积极性，引导他们敢闯敢干、勇于创新，弘扬小岗精神，为实现农村建设又一次历史性的飞跃打下基础。

3. 树立坚定理想信念的长征精神，是推进改革开放取得成就的精神支撑

改革开放是党和国家事业发展的关键举措，具有长期性、艰巨性的特征，需要一代代人不断深入地推进这项伟大事业。而在推进改革开放过程中，如何解决“后续乏力”“精神懈怠”的问题，是改革开放先行者必须面对的一个重大挑战。创办于1980年的深圳经济特区，是我国最早实施改革开放、影响最大、建设最好的经济特区。历经40多年的砥砺奋进，深圳从一个边陲农业县，发展成为现代化、国际化大都市，成为粤港澳大湾区核心引擎城市之一。深圳在改革开放过程中取得成功的秘诀，主要包括以下几方面：第一，以长征精神中把全国人民和中华民族的根本利益看得高于一切，坚定革命理想和信念，坚信正义事业必然胜利的精神为指引，始终坚持共产主义远大理想，坚持中国特色社会主义共同理想。改革开放后，深圳坚持发展是硬道理，率先冲破计划经济束缚，打开国门搞建设，在所有制结构、分配制度、经济运行机制、市场规则等方面大胆创新，打造社会主义市场经济典范，闯出社会主义现代化建设新道路。党的十八大以来，深圳高举中国特色社会主义伟大旗帜，把握社会主义本质特征和价值追求，率先建设社会主义现代化先行区，继续为中国特色社会主义理论形成和发展提供素材和经验。深圳在40多年的发展历程中，始终坚持中国特色社会主义道路不动摇、不懈怠，用辉煌的发展成就向世界展示了中国特色社会主义的勃勃生机和光明前景。第二，以长征精神中紧紧依靠人民群众，同人民群众生死相依、患难与共、艰苦奋斗的精神为指引，始终坚持以人民为中心。发展为了人民、发展依靠人民，发展成果由人民共享。深圳始终坚持依靠人民，尊重人民首创精神，使人民群众支持发展、投身发展，在认识和实践上的每一次突破和深化，每一个新生事物的产生和发展，每一个领域和环节经验的创造和积累，无不来自人民群众的智慧和实践。深圳始终把人民对美好生活的向往作为奋斗目标，把市民群众关心的问题一个一个解决好，让改革开放成果更好惠及市民群众。第三，以长征精神中坚持独立自主、实事求是，一切从实际出发的精神为指引，始终坚持实事求是、解放思想。深圳的每一项改革开放重大措施的出台和实施，都以解放思想开辟道路。深圳在解放思想中冲破观念束缚，在改革实践

中打破种种陈旧观念的禁锢，孕育和催生了以“时间就是金钱、效率就是生命”“空谈误国、实干兴邦”“敢于冒险、崇尚创新、追求成功、宽容失败”等风靡全国的“深圳观念”，对于全国范围内的思想解放产生了重要的带动和促进作用。深圳在实事求是、独立自主中，敢于大胆闯、大胆试，甘当“拓荒牛”，敢于“吃螃蟹”，不空谈、不折腾，聚精会神干事创业，取得了改革开放的伟大成就。

4. 开拓进取、知难而进的长征精神，是推进改革开放的时代要求

在中国这样一个幅员辽阔、人口众多，经济、文化发展极不平衡的国家，进行一项伟大的创业实践，其艰巨性、复杂性都是前所未有的。1992年邓小平发表南方谈话后，中国的改革开放进入了一个新的阶段。深圳、珠海、汕头、厦门这四个经济特区的设立创造了“经济特区”的奇迹，也孕育了以经济改革创新为特征的“特区精神”。这种“特区精神”再后来发展为“浦东精神”。以浦东开发为开头，打造上海国际经济、金融、贸易和航运中心的地位，并且带动长江经济带的飞速发展。浦东的发展，蕴含了浦东精神。浦东精神创造了浦东速度，创造了浦东奇迹。浦东精神是开放精神的浓缩，浦东精神是发展速度与发展效益的结晶。浦东精神的内涵包括了团结合作的精神，开拓进取的锐气，追求高速度、高效益的执着，灵活的应变能力，服务群众的宗旨。浦东精神的首要特征是团结合作，浦东人的团结合作精神形成了浦东发展的整体合力和强大的凝聚力。这首先体现在浦东的党委和政府各机构之间的合作。各个地方的领导班子各司其职、各尽其责，区委总揽全局、协调各方，各职能部门互相支持、互相配合。其次体现在浦东人的强大凝聚力，为浦东的发展贡献自己的一份力量。面向人民群众、基层党组织和党员，开设了网络书记信箱，以此来加强信息反馈，成为倾听人民群众呼声的一个重要通道。浦东精神的第二个特征是充满了开拓进取的锐气。开拓进取的锐气是活力之源、生命之本。无论是对于一个国家还是一个地区来说，能否养成和保持这样一种锐气，对于发展来讲都是十分重要的。实践充分证明，正是因为在浦东新区开发建设者身上拥有着这份锐气，浦东新区的开发才取得了举世瞩目的巨大变化。第三个特征是追求高速度、高效益的执着。高速度、高效益是浦东新区发展的一大竞争优势。当今世界，观念更新、科技进步、产品更新换代甚至于企业的

图4-6　改革开放前的上海浦东

兴衰速度都越来越快。在这样一个瞬息万变的社会中，一个地区的经济发展速度往往取决于政府服务的效率。浦东新区的经济跨越式发展，很大程度上依靠的是高效率、高速度的支撑。精简高效、快速便捷是浦东政府的追求，浦东新区所构建的“小政府、大社会”的格局就是追求高速度、高效益执着精神的最好体现。第四个特征是灵活的应变能力。浦东精神饱含着与时俱进、不甘于落后形势、灵活有效的应变能力。浦东人拥有着放眼全球、纵观历史，始终深刻认识和预见正在到来的形势的能力，能够保持着浦东作为我国改革开放的前沿地位始终不变。最后一个特征是服务群众的宗旨。服务群众的宗旨是浦东新区发展扎实的群众基础。浦东之所以能够如此大规模的高速发展，是因为群众的

图4-7　改革开放后的上海浦东

无私奉献和积极参与。正是因为群众的无私奉献，才能获得成功的基石。若是失去了人民群众这块重要的基石，发展无从获得，成绩无从取得。学习浦东精神，就是要学习浦东人的开放开发精神，在社会主义建设的伟大征程中，用开放的视野、先进的头脑、大气的魄力来建设祖国，这样才能让祖国实现跨越式发展，实现中华民族伟大复兴。

5. 励精图治、无私奉献的长征精神，是推进改革开放的实践基础

任何时代精神的精华，既不是宗教经典中的箴言和圣谕，也不是道德家们超凡脱俗的说教和描绘，而是能够反映时代的客观要求和人民群众的追求与渴望的精神内涵。孔繁森，一名普通的中共党员，一个贫苦家庭出身的农民儿子，但共产党人的党性和中华民族的传统美德却在他身上得到了凝聚和升华。孔繁森以其高尚的品格和坚强的党性，响亮地回应了祖国和人民的要求。孔繁森精神的内涵就是热爱人民、鞠躬尽瘁，这种精神体现在工作、生活、学习、人生追求等各个方面，表现为全心全意为人民服务、艰苦奋斗、甘于吃苦、鞠躬尽瘁、不计较个人得失，甚至于宝贵的生命。孔繁森精神表现在工作上，就是他在极端艰苦的条件下仍然不畏艰险、奋发有为的精神。孔繁森知难而上，接受党组织交给他的任务，一到任就扎进基层调查研究。孔繁森精神还反映在生活上，主要表现为艰苦节俭、勤俭朴素、清正廉洁。孔繁森精神反映在学习上，主要表现为谦虚谨慎、勤奋好学、刻苦钻研。他每天都坚持读书、读报、做笔记，生前留下了大量的工作笔记、文章和书稿，这些都是他勤奋好学的证明。孔繁森精神反映在人生追求上，就是不怕牺牲、无私奉献的人生观；帮助他人解决困难，舍己为人的幸福观；知难而上，越是边远贫穷、条件艰苦的地方，就越需要共产党人为之努力拼搏和奋斗的以苦为荣的苦乐观。孔繁森精神并不是与生俱来的，是他认真学习马克思列宁主义、毛泽东思想时学到的，牢固树立共产主义的世界观和人生观是孔繁森始终保持艰苦奋斗精神的根源。孔繁森精神代表着时代精神的精华，是时代和人民的要求，是共产党人党性的昭示。[①]孔繁森精神是改革开放事业的客观要求，是改革开放条件下共产党人行

① 吉宣文:《论孔繁森精神 》,《求是》1995年第15期。

为准则和道德规范的参照体系，也是时代的呼唤。在孔繁森留下的宝贵财富中，全心全意为人民服务这一党的根本宗旨成为孔繁森的毕生追求和道德实践。为人民服务并不是一句空洞的口号，而是党与人民血肉联系的纽带，是共产党人一切言行的价值尺度。孔繁森用他对党和人民的忠诚之心，展示了党性的真谛，为人民服务才是真正的共产党人的唯一宗旨。孔繁森精神还是中华民族的宝贵精神财富。即使在如今的市场经济条件下，也需要道德准则，需要雷锋精神、艰苦奋斗精神，仍然要传承中华民族最宝贵的民族精神，将长征精神代代传承下去。

图4-8　孔繁森（左一）在辅导藏族儿童学习

6. 万众一心、顽强拼搏的长征精神，是推进改革开放胜利的坚强保障

1998年汛期，长江流域和嫩江、松花江流域相继暴发了百年不遇的特大洪水。在中国共产党的正确领导下，军民携手，顽强拼搏，最终取得了九八抗洪抢险的伟大胜利。这次抗洪抢险中，诞生了“万众一心、众志成城、不怕困难、顽强拼搏、坚忍不拔、敢于胜利”的抗洪精神。抗洪精神是军民干群团结的胜利凯歌，是党群团结的雄浑乐章，是民族凝聚力的空前展演。九八抗洪的胜利，是军政军民团结、携手拼搏的胜利。险情出现在哪里，解放军就出现在哪里。九八抗洪重演了当年战争时期军民合作、共同战斗的场景。抗洪精神也继承和延续了新民主主义革命时期的长征精神。在抗洪抢险的前线，随时随地

都可以看到哪里有解放军，哪里就有人民群众全力支援的动人场景。解放军作为“突击队”，群众作为“主力军”，军民同甘苦、共患难，生动地描绘了一幅“军队打胜仗，人民是靠山，军民团结如一人”的壮丽时代画卷。党群团结、干群团结是九八抗洪胜利的政治保障。中国共产党的群众路线既是中国共产党的政治优势，又是保持党员干部同人民群众血肉相连的根本法宝。在九八抗洪抢险斗争中，始终要确保人民群众的生命安全，这成为千万军民众志成城的奋斗目标和强大动力。这不仅体现了中国共产党时刻把人民群众利益放在首位的政治定位，也能以此更广泛地发动人民群众为实现跨世纪的目标而不懈奋斗。九八抗洪抢险斗争，把全党、全军、全国各族人民的心凝聚在了一起，中华民族优秀传统美德在灾难面前得以充分展示，爱国主义精神再次得到充分发扬。全党、全军、全国各族人民在抗洪抢险斗争中彰显出的同舟共济、敢于牺牲、甘于奉献的精神是中华民族的力量源泉，是我们克服前进道路上种种困难的精神支柱，并成为把改革开放和社会主义现代化建设事业全面推向前进的强大动力。

7. 勇于登攀、敢于超越的长征精神，是推进改革开放取得成就的重要法宝

2003年10月15日9时整，“神舟五号”飞船在酒泉卫星发射中心发射，航天员杨利伟乘坐“神舟五号”进入太空，成功实现中国首次载人空间飞行。10月16日6时许，飞船在轨运行14圈后，其返回舱成功返回内蒙古主着陆场。这是我国载人航天工程继1999年“神舟一号”飞船成功发射后取得的具有里程碑意义的重大成就。

2005年10月17日，我国自主研制的“神舟六号”载人飞船返回舱在预定区域成功着陆，这标志着我国在发展载人航天技术、进行有人参与的空间实验活动方面取得了又一个具有里程碑意义的重大成果。这是我国人民攀登世界科技高峰的又一伟大壮举，也是我国改革开放和社会主义现代化建设取得的又一伟大成就。

伟大事业孕育伟大精神。“神舟六号”载人飞船顺利返回，催生了“特别能吃苦、特别能战斗、特别能攻关、特别能奉献”的载人航天精神。胡锦涛在“隆重庆祝神舟六号载人航天飞行圆满成功大会”上发表了重要讲话，将载人

航天精神高度概括为：热爱祖国、为国争光的坚定信念，勇于登攀、敢于超越的进取意识，科学求实、严肃认真的工作作风，同舟共济、团结协作的大局观念，淡泊名利、默默奉献的崇高品质。载人航天精神是中华民族的宝贵精神财富，包括了国家至上的爱国精神、自主创新的自立精神、尊重科学的求实精神、严保质量的负责精神、大力协同的协作精神、勇于攀登的进取精神、不畏艰苦的奉献精神。载人航天精神也是社会主义革命和建设时期“两弹一星”精神的传承和升华，是伟大的民族精神在新时期的延伸，必将化作推动国家改革开放和现代化建设事业不断前进的强大动力源泉，成为新时代伟大的精神资源。这也告诉我们：要坚持弘扬自主创新的精神，只有提高自主创新能力，掌握核心技术，拥有科学知识产权，才能将祖国的发展掌握在自己手中；也要坚持倡导无私奉献的精神，要认清个人利益与集体、国家利益之间的关系，用崇高的追求和执着的信念为国家作出更多的贡献；最后要始终坚持科学的求实态度，科学态度、求实精神是从事任何事业必备的优秀品质。载人航天精神成为进一步激发人民智慧和实施科教兴国战略和人才强国战略的不竭精神动力。

图 4-9 “神舟六号”载人飞船点火发射

总之，革命为民、实事求是、联系群众是社会主义改革对长征精神的高度总结。伟大的长征精神，“就是把全国人民和中华民族的根本利益看得高于一切，坚定革命的理想和信念，坚信正义事业必然胜利的精神；就是为了救国救民，不怕任何艰难险阻，不惜付出一切牺牲的精神；就是坚持独立自主、实事求是，一切从实际出发的精神；就是顾全大局、严守纪律、紧密团结的精神；就是

图 4-10 “嫦娥一号”卫星遨游太空

紧紧依靠人民群众，同人民群众生死相依、患难与共、艰苦奋斗的精神。”[①]长征是中国共产党领导中国人民英勇革命的壮丽史诗，是中国共产党人光荣革命传统和中华民族伟大民族精神的集中反映。在改革开放和社会主义现代化建设新时期，长征精神也继续发展。在中国发生翻天覆地变化的背后，凝聚着无数人的心血和汗水。也正是这些人的辛苦付出，给国家带来了繁荣。这些丰富的时代价值，是留给我们社会主义建设事业的宝贵精神财富。我们应十分珍惜这个民族精神宝库，在改革开放发展任务如此繁重的形势下，在深刻变化的国际环境中，更加注重运用中国革命史来教育党员干部和人民群众，将中华民族伟大的民族精神继续传承和弘扬下去。

总之，改革开放以来，中国共产党人继承和发扬了长征精神，带领中国人民绘就了一幅波澜壮阔、气势恢宏的历史画卷，谱写了一曲感天动地、气壮山河的奋斗赞歌。改革开放以来，国民经济保持持续健康快速发展，现代化建设事业稳步推进，综合国力和国际竞争力显著提高，人民生活总体上达到小康水平。我国国内生产总值由1978年的3679亿元增至2017年的82.7万亿元，年均实际增长9.5%，远高于同期世界经济2.9%左右的年均增速。我国国内生产总值占世界生产总值的比重由改革开放之初的1.8%上升到15.2%，多年来对世界经济增长贡献率超过30%。我国货物进出口总额从206亿美元增至超过4万亿美元，累计使用外商直接投资超过2万亿美元，对外投资总额达到1.9万亿美元。我国主要农产品产量跃居世界前列，建立了全世界最完整的现代工业体系，科技创新和重大工程捷报频传。我国基础设施建设成就显著，信息畅通，公路成网，铁路密布，高坝矗立，西气东输，南水北调，高铁飞驰，巨轮远航，飞机翱翔，天堑变通途。现在，我国是世界上第二大经济体、制造业第一大国、货物贸易第一大国、商品消费第二大国、外资流入第二大国。我国外汇储备连续多年位居世界第一。中国人民在富起来、强起来的征程上迈出了决定性的步伐。[②]

改革开放以来，我们始终坚持在发展中保障和改善民生，全面推进幼有所育、学有所教、劳有所得、病有所医、老有所养、住有所居、弱有所扶，不断

① 习近平：《习近平谈治国理政》第2卷，外文出版社，2017，第47页。

② 习近平：《习近平在庆祝改革开放40周年大会上的讲话》，人民出版社，2018。

改善人民生活、增进人民福祉。全国居民人均可支配收入由1978年的171元增至2017年的2.6万元，中等收入群体持续扩大。教育事业全面发展，九年义务教育巩固率达93.8%。我国建成了包括养老、医疗、低保、住房在内的世界最大的社会保障体系，基本养老保险覆盖超过9亿人，医疗保险覆盖超过13亿人。2017年，常住人口城镇化率达到58.52%，上升40.6个百分点。居民预期寿命由1981年的67.8岁提高到2021年的78.2岁。“我国社会大局保持长期稳定，成为世界上最有安全感的国家之一。粮票、布票、肉票、鱼票、油票、豆腐票、副食本、工业券等百姓生活曾经离不开的票证已经进入了历史博物馆，忍饥挨饿、缺吃少穿、生活困顿这些几千年来困扰我国人民的问题总体上一去不复返了！”①

改革开放以来，中国共产党人带领中国人民始终坚持保护环境和节约资源，坚持推进生态文明建设，生态文明制度体系加快形成，主体功能区制度逐步健全，节能减排取得重大进展，重大生态保护和修复工程进展顺利，生态环境治理明显加强，积极参与和引导应对气候变化国际合作，中国人民生于斯、长于斯的家园更加美丽宜人。

改革开放以来，有了长征精神的推动和助力，在党的坚强领导下，极大改变了中国的面貌、中华民族的面貌、中国人民的面貌、中国共产党的面貌。中华民族迎来了从站起来、富起来到强起来的伟大飞跃。中国特色社会主义迎来了从创立、发展到完善的伟大飞跃。中国人民迎来了从温饱不足到小康富裕的伟大飞跃。中华民族正以崭新的姿态屹立于世界的东方！

---

① 习近平:《习近平在庆祝改革开放40周年大会上的讲话》，人民出版社，2018。

第五章 05

新时代要大力弘扬和传承长征精神

一、弘扬和传承长征精神是新时代的重大课题

1934年10月，红军第五次反“围剿”失败。为了突破国民党军围追堵截，红一方面军主力部队不得已进行战略转移，开始长征。长征途中，红一方面军共进行了380余次战斗，攻占了700多座县城，并四渡赤水河、飞夺泸定桥、巧渡金沙江，同国民党反动派展开了十分艰苦的战斗，行进了约二万五千里。1935年10月，红一方面军到达陕北，与陕北红军胜利会师。1936年10月，红二、红四方面军到达甘肃会宁地区，同红一方面军会师。红军三大主力会师，标志着红军长征取得了伟大胜利。经此胜利，红军顺利实现了北上的战略转移，彻底粉碎了国民党军想要消灭中国共产党和中国工农红军的企图，实现了中国共产党和中国革命从挫折走向胜利的伟大转折。

在二万五千里长征的艰难行程中，中国共产党及其领导的工农红军展现出了伟大而崇高的长征精神，不管是在革命战争时期还是在新的历史时期，长征精神的内涵都值得我们深入挖掘和深刻铭记。2016年10月21日，纪念红军长征胜利80周年大会在北京召开。在大会上的讲话中，习近平总书记对长征精神的科学内涵进行了新的阐释，指出：“伟大长征精神，就是把全国人民和中华民族的根本利益看得高于一切，坚定革命的理想和信念，坚信正义事业必然胜利的精神；就是为了救国救民，不怕任何艰难险阻，不惜付出一切牺牲的精神；就是坚持独立自主、实事求是，一切从实际出发的精神；就是顾全大局、严守纪律、紧密团结的精神；就是紧紧依靠人民群众，同人民群众生死相依、患难与共、艰苦奋斗的精神。”①

伟大长征精神既是中华民族优良传统的体现，也是对中国共产党人革命精神的诠释。自中国共产党成立之日起，中国共产党人就把实现共产主义作为自己的理想，把为中国人民谋幸福、为中华民族谋复兴作为自己的历史使命，并

① 中共中央文献研究室：《十八大以来重要文献选编》（下），中央文献出版社，2018，第395页。

图5-1 纪念红军长征胜利80周年大会会场①

在自身发展壮大过程中不忘初心、牢记使命，为实现共产主义远大目标进行矢志不渝的奋斗。在领导中国革命过程中，中国共产党人始终树立坚定革命的理想信念，坚持以马克思主义为指导，一方面同党内“左”倾关门主义错误思想作斗争，另一方面也警惕右倾投降主义的危险。长征的胜利表明，中国共产党人的理想信念是坚不可摧的。正是由于心中有远大的共产主义理想作支撑，红军将士在面对路途中恶劣的自然条件和敌人疯狂的进攻时没有选择退缩，尽管他们是一支指挥员的平均年龄不足25岁、战斗员的平均年龄不足20岁的年轻队伍，他们依然保持积极乐观态度和艰苦奋斗作风，努力克服艰难险阻，勇于同残暴的敌人作斗争。因此，经历过长征的中国共产党，无论是在理论思想、自身实力方面，还是在群众的宣传、组织、动员上，都取得了巨大的进步，并为即将到来的全民族抗战奠定了广泛的群众基础和厚实的军事力量。同时，长征的胜利也是马克思主义中国化的胜利，它再一次证明了，只有将马克思列宁主义基本原理同中国革命具体实践相结合，走一条适合中国国情的正确道路，中国革命才能取得最终胜利。

虽然红军长征已经过去了八十多年，但革命英雄用血肉之躯开辟的长征之

① 新华社记者 饶爱民 摄。

路不应被后辈遗忘，伟大的长征精神值得我们深刻铭记。习近平总书记强调："每一代人有每一代人的长征路，每一代人都要走好自己的长征路。"[①]在中国特色社会主义进入新时代的今天，党和人民踏上了新的长征之路，那就是以习近平新时代中国特色社会主义思想为指导，为实现"两个一百年"奋斗目标、实现中华民族伟大复兴的中国梦而不懈奋斗的道路。实现中华民族伟大复兴，就是要实现国家富强、民族振兴、人民幸福。这一美好愿景，凝聚了中华民族多少代人的夙愿，是每一个热爱祖国的中华儿女内心最深切的期盼，体现了中华民族最根本的利益追求。

新中国成立以来，饱经磨难的中国人民在中国共产党的带领下实现了从站起来、富起来到强起来的伟大飞跃。尤其是改革开放40多年来，我国综合国力不断提升，人民生活水平明显改善，社会主义现代化建设取得显著进展，社会主义制度得到极大的巩固和完善，这与中国共产党的坚强领导和全国人民的共同努力是分不开的。我们比历史上任何时期都更接近实现中华民族伟大复兴的目标，也比历史上任何时期都更有能力实现这个目标。在这样一个新的历史节点上，我们更要认清，今天的长征之路是对革命时期长征道路的继承和发展，长征胜利来之不易，长征精神永垂不朽。如何走好今天的长征路，传承与弘扬伟大的长征精神，是中国共产党和全国人民面临的一个重大课题。与红军长征时期的旧中国相比，今天的中国无论是在制度、道路、环境、任务等方面，还是在综合国力和国际地位上，都有着很大的不同，但新的长征之路仍然不是一帆风顺的，取得新长征的胜利也不是一蹴而就的。面对新的历史方位和历史条件，习近平总书记指出："我们还有许多'雪地'、'草原'需要跨越，还有许多'娄山关'、'腊子口'需要征服。"[②]面对这些"雪地""草原""娄山关""腊子口"，以及新长征路上的种种困难和考验，中国共产党人只有自觉坚持和维护党中央的领导，坚定革命的理想和信念，以人民为中心，坚定不移地走中国特色社会主义道路，时刻不忘艰苦奋斗、开拓进取，才能夺取中国特色社会主义事业的伟大胜利。

---

① 中共中央文献研究室：《十八大以来重要文献选编》（下），中央文献出版社，2018，第396页。

② 同上书，第397页。

二、坚定理想信念，强化新时代的理论武装

（一）为崇高理想信念而矢志奋斗

理想信念是一个人的精神支柱和精神动力。一个拥有理想信念的人，在遇到挫折时会保持积极乐观的态度，不断克服和战胜困难，在日常工作和生活中会自强不息、积极进取，不断提高人生的精神境界。对于一个国家和民族来说，坚定的理想信念是全国人民团结奋斗的动力源泉和精神追求。而对于一个政党来说，树立什么样的理想信念，坚持什么样的奋斗目标，决定了一个政党要走什么样的道路，怎样走好这条道路。成立之初的中国共产党就把实现共产主义作为党的最高理想。1922年召开的中国共产党第二次全国代表大会对党的最终奋斗目标和党的最高纲领进行了具体阐述，并指出："中国共产党是中国无产阶级政党，它的目的是要组织无产阶级，用阶级斗争的手段，建立劳农专政的政治，铲除私有财产制度，渐次达到一个共产主义的社会。"[①]这就提出了中国共产党人坚实的理想信念。此后，中国共产党人所有的革命活动都是在这一理想信念的指引下进行的。

对马克思主义的信仰，对社会主义和共产主义的信念，是中国共产党的政治灵魂，也是共产党人面对困难和考验时的精神支柱。为了实现这一远大理想，也为了实现中华民族伟大复兴这一具有艰巨性、复杂性、开创性的任务，一代又一代共产党人英勇奋斗，成千上万的烈士献出了宝贵生命。1928年初，中共湖北省委常委夏明翰在汉口被捕。面对敌人的刑讯拷打，夏明翰不曾屈服。在牢房里，他写下了"砍头不要紧，只要主义真。杀了夏明翰，还有后来人"的就义诗，后遭敌人杀害，年仅28岁。革命烈士方志敏生前也曾表达过自己矢志不渝的理想信念。他说："敌人只能砍下我们的头颅，决不能动摇

---

① 中共中央党史研究室：《中国共产党历史》第1卷，中共党史出版社，2011，第79页。

我们的信仰。”这些大义凛然、不屈不挠的坚定誓言，充分展现出以夏明翰和方志敏为代表的中国共产党人为了心中崇高的理想信念而英勇就义的大无畏精神。正是这样的精神一代代传承，融入了共产党人的血液之中，并凝聚为磅礴的力量，最终领导中国人民推翻了压在身上的“三座大山”，取得了新民主主义革命的胜利，实现了民族独立和人民解放。

思想理论的坚定是理想信念坚定的前提。中国共产党从成立之日起就把马克思主义作为自己的指导思想，作为科学真理的马克思主义也是实践的、发展的。只有认识真理、掌握真理、信仰真理、发展真理，才能为坚定理想信念提供精神前提。从1934年10月到1936年10月整整两年中，中国工农红军离开了原来的南方根据地，进行了震惊世界的二万五千里长征。长征开始后，由于“左”倾路线在红军军事行动中的错误继续蔓延，红军受到了重大损失。离开中央苏区后，中央红军第五军团担负了掩护全军的后卫工作。为了躲避敌人的追击，红军将士只能在山中的羊肠小道前进，拥挤不堪，常常一夜只能翻一个山坳，疲惫不堪。而敌人走的是大道，速度非常快，红军很难摆脱追兵。经过三次苦战，红军突破敌人三道封锁线后，蒋介石紧急调派四十万大军，分三路前堵后追，企图将红军消灭在湘江之畔。在“左”倾路线指引下，红军面对敌人的重兵包围，只能硬攻硬打，企图夺路突围，把希望寄托在与红二、红六军团会合上。虽然红军突破了敌人的第四道防线渡过了湘江，但人员损失过半，付出了十分惨重的代价。在危急关头，毛泽东力主放弃与红二、红六军团会合的战略意图，改向敌人力量薄弱的贵州前进，并在贵州遵义召开了具有历史转折意义的遵义会议。这次会议在危急关头挽救了党，挽救了红军，确立了毛泽东在党中央和红军的领导地位。以毛泽东为主要代表的中国共产党人从此开启了独立自主探索中国革命的正确道路、实现马克思主义中国化的新征程，不仅丰富了马克思主义的科学内涵，也让红军将士明确了长征路接下来的方向和任务，赋予了革命军队无坚不摧的战斗力量。

理想信念的力量是无穷的。毛泽东用“雄关漫道真如铁，而今迈步从头越”来形容红军将士虽然处境艰难，但英勇无畏，没有放弃必胜的决心。在国民党反动军队的围追堵截下，在严酷恶劣的自然环境的威胁下，伟大的红军将士始终抱着一个信念，那就是在中共中央的领导下，坚定革命的理想信念，保存部队的有生力量，顺利实现北上的战略转移，响应人民联合抗日的呼声，为实现伟大的共产主义事业奉献终生。在理想信念的支撑下，中国工农红军始终保持着拼搏精神和乐观态度。红一方面军在南渡乌江时，原本打算趁敌人尚未发觉采取突然袭击的手段强渡乌江，但很快被敌人发觉了，因此只能改偷袭为强攻。这时，部队进行了政治动员，号召全体同志学习北渡乌江的勇士们的革命英雄主义精神。全体干部、战士斗志昂扬，并且提出了渡江战斗竞赛：看谁打得顽强勇猛，看谁先到对岸，看谁先占领并巩固住江边的阵地。将士们都下定了决心：只有前进，打垮敌人，不能回头。[①]在翻越夹金山这座海拔四千多米、常年白雪皑皑的雪山时，红四团的将士们身上只穿了一件单衣，当地居民既少又穷，除了烈酒、辣椒等驱寒物品，能找到的只是每人一根木棍。红军指战员向战士们详细交代了爬雪山将要遇到的困难，要大家想办法克服苦难，做到爬雪山不落一个人，不掉一匹马。将士们也没有被困难吓倒，豪迈地说："乌江我们最先强渡，泸定桥是我们亲手夺过来的，敌人的层层截击都被我们突破，量这座夹金山也只能乖乖地驯服在我们的脚下。""强帮弱，大助小，走不动的扶着走，不能扶的抬着走，让每个战友安全越过夹金山！"[②]面对着稀薄的空气、漫天飞舞的雪花，每个红军战士都拼尽全身力气，互相搀扶着，同残酷无情的大自然搏斗，以内心的革命烈火去战胜雪山的严寒，用手中的木棍去征服雪山的艰险。在过草地时，风雪、泥泞、寒冷的折磨和饥饿的煎熬，使得红军将士的身体明显衰弱下去了，但是处境越艰难，大家团结得越紧，身体较强的同志搀扶着身体弱的同志，在粮食紧缺的情况下，红军战士依然把仅有的粮食让给更需要的队友，希望他们增加一些力气，走出草地。正是在共产主义理想信念的坚定指引下，在工农红军彼此团结、众志成城精神的指导下，中国共产党及其领导的工农红军在长征中实现了强渡乌江、巧渡金沙江、四渡赤水河、飞夺泸定桥等重大战略转移，有效避免了与国民党主力部队正面交锋，保存了党和红军的革命力量，把燃烧着的革命火种带到了陕北。

中国特色社会主义进入新时代以来，中国共产党仍然把加强全体党员和干部的理想信念教育作为加强思想建设的主要内容。一方面，党员干部要树立起共产主义远大理想，不仅要认真学习马克思主义理论，用辩证唯物主义和历史

① 中国人民解放军征文编辑委员会：《星火燎原》第3集，人民文学出版社，1959，第85页。
② 同上书，第163页。

唯物主义来认识世界、改造世界，自觉抵制不良思想的侵袭，还要推动马克思主义不断发展，更好地与中国实际相结合，在中国大地上散发出更加耀眼的真理光辉。另一方面，党员干部还要坚定对中国共产党的信任，坚定走中国特色社会主义道路，坚定实现中华民族的伟大复兴，做中国特色社会主义共同理想的坚定信仰者和忠实践行者。

习近平总书记在多个时间、多次场合的讲话中都反复强调了党员干部要坚定理想信念，并认为现实生活中，党员、领导、干部出了这样那样的问题，归根结底是信仰迷茫、精神迷失。习近平总书记还强调了理想信念的重要性，形象地把理想信念比作中国共产党人精神上的“钙”，指出：“没有理想信念，理想信念不坚定，精神上就会‘缺钙’，就会得‘软骨病’。”[①]改革开放以来，受到外国资本主义思想的影响，很多党员干部思想和精神上出现了滑坡，不仅放松了对自己的要求，在金钱和权力交错中迷失自我，而且脱离了人民群众，淡薄了同人民群众的感情，犯了违反党纪和法纪的错误。还有一些党员干部对马克思列宁主义产生怀疑，对共产主义远大理想不够坚定，甚至向往西方的社会制度和思想体系，这就是犯了“软骨病”的表现。面对党内存在的思想滑坡风险，习近平总书记警示众人，指出：“理想信念动摇是最危险的动摇，理想信念滑坡是最危险的滑坡。一个政党的衰落，往往从理想信念的丧失或缺失开始。我们党是否坚强有力，既要看全党在理想信念上是否坚定不移，更要看每一位党员在理想信念上是否坚定不移。”[②]为了加强对党员理想信念的教育，必须首先判断党员的理想信念是否坚定。在新时代，虽然党员干部很少会面对生死考验，但坚定理想信念并不是一句口号，而是应当表现在生活和工作的方方面面。在今天，衡量一名共产党员尤其是一名党员干部有无共产主义远大理想，是有客观标准的。习近平总书记强调：“那就要看他能否坚持全心全意为人民服务的根本宗旨，能否吃苦在前、享受在后，能否勤奋工作、廉洁奉公，

① 中共中央文献研究室：《十八大以来重要文献选编》（上），中央文献出版社，2014，第80页。

② 中共中央文献研究室：《十八大以来重要文献选编》（下），中央文献出版社，2018，第347页。

能否为理想而奋不顾身去拼搏、去奋斗、去献出自己的全部精力乃至生命。”[①] 只有经历过这“四个能否”检验的共产党员，才是一个理想坚定、对党忠诚的合格党员。

加强新时代党员的理想信念教育，首先，要让党员干部在思想和政治上保持清醒，在行动上保持自觉，时刻不忘党的初心和使命、责任和宗旨，不仅要深入学习马克思列宁主义、毛泽东思想、邓小平理论、“三个代表”重要思想、科学发展观、习近平新时代中国特色社会主义思想，还要不断思考、不断领悟，做到学有所得、思有所悟。全体党员干部应当在全心全意为人民服务的过程中实现人生价值，并把自身理想和前途与实现共产主义远大理想、中国特色社会主义共同理想联系起来，与实现中华民族伟大复兴的中国梦联系起来。其次，全体党员干部要学习老一辈革命家追求真理、坚定理想信念、为共产主义奋斗终生的精神。习近平总书记在纪念朱德同志诞辰130周年座谈会上的讲话中提到：“我们纪念朱德同志，就是要学习他追求真理、不忘初心的坚定信念。朱德同志经历过旧民主主义革命的失败，从切身体验中认识到，旧的道路走不通了，只有马克思主义才是解决中国问题的真理。在确立马克思主义信仰、树立为共产主义事业奋斗的崇高理想后，无论面对什么样的艰难险阻和重大挫折，他始终没有动摇。”[②]实现中华民族伟大复兴，是朱德同志等老一辈革命家毕生追寻的目标。为了实现这个伟大目标，全国人民应当自觉团结在党的周围，自强不息、顽强奋斗，把革命先辈开创的伟大事业继续推向前进。其中，青年一代必将大有可为。习近平总书记把“功崇惟志，业广惟勤”八个字送给广大青年，让他们一定要坚定理想信念，并指出：“中国梦是全国各族人民的共同理想，也是青年一代应该牢固树立的远大理想。中国特色社会主义是我们党带领人民历经千辛万苦找到的实现中国梦的正确道路，也是广大青年应该牢固确立的人生信念。”[③]习近平总书记的一席话，激励广大青年把激昂的青春梦融入伟大的中国梦，为崇高的理想信念而矢志奋斗。

---

① 中共中央文献研究室：《十八大以来重要文献选编》（上），中央文献出版社，2014，第116页。

② 习近平：《在纪念朱德同志诞辰130周年座谈会上的讲话》，《党的文献》2017年第1期。

③ 同①书，第278页。

（二）坚持用习近平新时代中国特色社会主义思想武装头脑

党的十八大以来，以习近平同志为核心的党中央，团结带领全国各族人民，为实现“两个一百年”奋斗目标和实现中华民族伟大复兴的中国梦不懈奋斗。在中国共产党的带领下，全党全国人民统筹推进“五位一体”总体布局，协调推进“四个全面”战略布局，迎难而上、锐意进取，取得了改革开放和社会主义现代化建设历史性、开创性的成就，解决了许多长期想解决而没有解决的难题，办成了许多过去想办而没有办成的大事。经过全党全国人民长期不懈的努力，中国特色社会主义进入了新时代，这是我国发展新的历史方位。面对新的历史方位，中国共产党从国内外形势和我国各项事业的发展出发，坚持以马克思列宁主义、毛泽东思想、邓小平理论、“三个代表”重要思想、科学发展观为指导思想，坚持解放思想、实事求是，从理论上和实践上系统回答了新时代应当坚持和发展什么样的中国特色社会主义，怎样坚持和发展中国特色社会主义，形成了习近平新时代中国特色社会主义思想。这不仅是马克思主义中国化的最新成果，也是中国特色社会主义理论的重要组成部分，实现了马克思主义在中国的又一次创造性发展，为更好坚持和发展中国特色社会主义指明了前进的方向。只有深刻理解这一重要思想并将其用于指导改革发展的实践，才能将中国的改革开放事业和社会主义现代化建设事业推向更远的未来。

1. 用习近平新时代中国特色社会主义思想武装头脑、指导实践，是中国特色社会主义事业发展的必然要求

习近平新时代中国特色社会主义思想不是凭空产生的，而是深深植根于中国特色社会主义这一伟大而深刻的实践中。中国特色社会主义进入了新时代，党所处的实践基础和面临的风险考验必将发生相应的变化，许多新风险、新考验摆在中国共产党面前。要克服这些风险、考验，必须先领会习近平新时代中国特色社会主义思想的深刻内涵。2017年10月18日，中国共产党第十九次全国代表大会在北京召开。大会对习近平新时代中国特色社会主义思想作出了具体阐释，并把这一思想作为中国共产党必须长期坚持的指导思想，

实现了党的指导思想的又一次与时俱进。对于新时代应当坚持和发展什么样的中国特色社会主义，怎样坚持和发展中国特色社会主义这一时代课题，习近平总书记用“八个明确”的核心要义和“十四个坚持”的实践要求进行了总结。“八个明确”是指，“明确坚持和发展中国特色社会主义，总任务是实现社会主义现代化和中华民族伟大复兴，在全面建成小康社会的基础上，分两步走：在本世纪中叶建成富强民主文明和谐美丽的社会主义现代化强国；明确新时代我国社会主要矛盾是人民日益增长的美好生活需要和不平衡不充分的发展之间的矛盾，必须坚持以人民为中心的发展思想，不断促进人的全面发展、全体人民共同富裕；明确中国特色社会主义事业总体布局是‘五位一体’、战略布局是‘四个全面’，强调坚定道路自信、理论自信、制度自信、文化自信；明确全面深化改革总目标是完善和发展中国特色社会主义制度、推进国家治理体系和治理能力现代化；明确全面推进依法治国总目标是建设中国特色社会主义法治体系、建设社会主义法治国家；明确党在新时代的强军目标是建设一支听党指挥、能打胜仗、作风优良的人民军队，把人民军队建设成为世界一流军队；明确中国特色大国外交要推动构建新型国际关

图5-2　中国共产党第十九次全国代表大会会场[①]

① 新华社记者 谢环驰 摄。

系，推动构建人类命运共同体；明确中国特色社会主义最本质的特征是中国共产党领导，中国特色社会主义制度的最大优势是中国共产党领导，党是最高政治领导力量，提出新时代党的建设总要求，突出政治建设在党的建设中的重要地位。”[①]“十四个坚持”则指出，要“坚持党对一切工作的领导；坚持以人民为中心；坚持全面深化改革；坚持新发展理念；坚持人民当家作主；坚持全面依法治国；坚持社会主义核心价值体系；坚持在发展中保障和改善民生；坚持人与自然和谐共生；坚持总体国家安全观；坚持党对人民军队的绝对领导；坚持‘一国两制’和推进祖国统一；坚持推动构建人类命运共同体；坚持全面从严治党”[②]。其中，“八个明确”涵盖了中国特色社会主义的总目标、总任务、主要矛盾、总体布局、战略布局等方面的内容，描绘了新时代中国特色社会主义的样貌。“十四个坚持”则从改革发展稳定、内政外交国防、治党治国治军等方面为全党和全国人民指明了努力的方向，成为新时代人们坚持和发展中国特色社会主义的行动指南。

2. 用习近平新时代中国特色社会主义思想武装头脑、指导实践，是提升党员干部思想觉悟和理论水平的必然要求

党的十八大以来，以习近平同志为核心的党中央，全面加强党的领导和党的建设，正风肃纪、反腐惩恶，使党内政治生态明显好转，党内政治生活气象更新。但是我们也要看到，党内仍然存在精神懈怠危险、能力不足危险、脱离群众危险、消极腐败危险，党面临的长期执政考验、改革开放考验、市场经济考验、外部环境考验更加复杂而深刻。一些党员干部仍然存在着理想信念不坚定、思想作风不正、群众观念淡薄的问题，这就是精神上缺了“钙”。这些问题归根结底，都是因为没有真正领会和贯彻执行党的十九大精神，没有把习近平新时代中国特色社会主义思想内化于心、外化于行。为了切实提高思想觉悟、理论素养和专业本领，党员特别是各级领导干部要自觉、刻苦学习马克思列宁主义、毛泽东思想、邓小平理论、“三个代表”重要思想、科学发展观、习近平新时代中国特色社会主义思想。习近平总书记在纪念马克思诞辰200周

① 中共中央文献研究室：《十九大以来重要文献选编》（上），中央文献出版社，2019，第13-14页。
② 同上书，第14-18页。

年大会上的讲话中指出："要深入学、持久学、刻苦学、带着问题学、联系实际学，更好地把科学思想理论转化为认识世界、改造世界的强大物质力量。"[①]只有党员干部深入领会马克思主义及其中国化成果的深刻内涵，才能增强政治责任感和历史使命感，不断形成政治自觉、思想自觉、行动自觉。

3. 用习近平新时代中国特色社会主义思想武装头脑、指导实践，也是不断推进改革开放和社会主义现代化建设，实现中华民族伟大复兴的必然要求

中国特色社会主义进入了新时代，正处在即将实现第一个百年奋斗目标，并向第二个百年奋斗目标迈进的阶段。在这一关键性阶段，中国共产党人坚持解放思想，一切从实际出发，把马克思主义基本原理同中国的具体实践结合起来，团结带领全国各族人民进行伟大斗争、建设伟大工程、推进伟大事业、实现伟大梦想，实现了中华民族从富起来到强起来的伟大飞跃。然而，在新的历史时期，世界形势瞬息万变，经济全球化浪潮不断席卷。在这样的情形下，人们的世界观和价值观开始变得多元化，有些甚至受到西方资本主义思想的影响，这给中国改革开放和社会主义现代化建设带来了新变化和新挑战。面对一些人认为中国特色社会主义不利于中国发展的错误言论，习近平新时代中国特色社会主义思想对其进行了响亮的回击，明确了不断推进马克思主义中国化时代化是正确的，明确了新的历史条件下仍然要用与时俱进的马克思主义理论指导中国实践。当前，改革开放和社会主义现代化建设道路仍然充满风险和挑战，改革发展稳定的任务仍然很重，阻力和矛盾仍然很多。为了应对重大挑战、抵御重大风险、克服重大阻力、化解重大矛盾、解决重大问题，必须提高运用科学理论的能力，用习近平新时代中国特色社会主义思想武装头脑，攻坚克难，并把科学理论学习的成果运用于社会主义现代化建设中，为早日实现中华民族伟大复兴的中国梦而不懈奋斗。

---

① 中共中央文献研究室：《十九大以来重要文献选编》（上），中央文献出版社，2019，第434页。

三、坚定“四个自信”，夺取中国特色社会主义伟大事业新胜利

（一）坚定“四个自信”

自信是一个国家发展进步的强大动力，也是一个政党安身立命的坚实基础。2016年7月1日，庆祝中国共产党成立九十五周年大会在北京召开。习近平总书记在大会上的讲话中明确提出，中国共产党人“坚持不忘初心、继续前进，就要坚持‘四个自信’即‘中国特色社会主义道路自信、理论自信、制度自信、文化自信’，坚持党的基本路线不动摇，不断把中国特色社会主义伟大事业推向前进”[①]。习近平总书记关于“四个自信”的重要论述，创造性地对党的十八大提出的“三个自信”进行了拓展，在原有的道路自信、理论自信、制度自信的基础上加入了“文化自信”。“四个自信”的重要思想是中国特色社会主义的重大理论创新之一，也是中国共产党带领全国人民实现中华民族伟大复兴和建设社会主义现代化强国的强大精神动力。

1. 坚持道路自信，归根结底就是要坚持中国特色社会主义道路的根本方向不动摇

习近平总书记指出：“古今中外的历史都告诉我们，世界上没有一个民族能够亦步亦趋走别人的道路实现自己的发展振兴，也没有一种一成不变的道路可以引导所有民族实现发展振兴；一切成功发展振兴的民族，都是找到了适合自己实际的道路的民族。”[②]历史和实践证明，只有中国特色社会主义道路，才

---

① 中共中央文献研究室：《十八大以来重要文献选编》（下），中央文献出版社，2018，第348页。

② 习近平：《在纪念孙中山先生诞辰150周年大会上的讲话》，《人民日报》2016年11月12日，第2版。

是适合中华民族发展的道路。这条道路来之不易，几代人的艰辛探索和不懈奋斗，才最终开辟了这条通往中华民族伟大复兴的坚实道路。中国近代以来的曲折发展历史充分表明：方向决定道路，道路决定命运。1840年的鸦片战争使中国从一个封闭但独立的封建国家变为一个半殖民地半封建国家，中国人民日益陷入了饱受列强欺凌、内忧外患的黑暗境地。为了改变旧中国积贫积弱的状况，无数仁人志士开始向西方学习技术、制度、思想、文化等，各种主义、思潮流传开来，但都没有从根本上改变旧中国的面貌，也没有改变人民悲惨的生活状况，无不以失败告终。俄国十月革命的胜利让中国人民看到了革命胜利的希望，并开始研究他们所遵循的主义——马克思主义。以马克思主义作为指导思想的中国共产党将马克思主义基本原理同中国革命具体实践相结合，探索出一条适合中国国情的道路，并领导中国人民取得了新民主主义革命的胜利。新中国成立后，中国共产党带领中国人民坚定不移地走社会主义道路，社会主义现代化建设取得了显著成就。改革开放以来，我们走出一条适合国情的中国特色社会主义道路，这条道路关系着国家前途、民族未来、人民幸福，是实现社会主义现代化和中华民族伟大复兴中国梦的必由之路，是历史和人民的选择。我们必须坚定不移地沿着中国特色社会主义道路前进，使中国特色社会主义这条康庄大道越走越宽广。

2. 坚持理论自信，就是要坚持学习中国特色社会主义理论体系，即邓小平理论、“三个代表”重要思想、科学发展观、习近平新时代中国特色社会主义思想

正确的道路离不开先进的理论体系的指导。中国特色社会主义理论体系立于时代前沿，是与时俱进的科学理论。它的先进性体现在：它不仅与马克思列宁主义、毛泽东思想是一脉相承的关系，还在马克思主义传入中国后，与中国社会主义建设和改革开放的具体实践相结合，与时俱进、不断创新，成为当代中国的马克思主义。坚持理论自信，首先要坚决维护马克思主义在意识形态领域的指导地位。马克思主义始终是我们追求真理、认识世界、改造世界的强大思想武器，只有不断学习和实践马克思主义，从中汲取精神和力量，才能使党和国家保持强大的战斗力。习近平总书记在纪念马克思诞辰200周年大会上的讲话中也告诫全党，要赢得优势、赢得主动、赢得未来，“必须不断提高运用

马克思主义分析和解决实际问题的能力，不断提高运用科学理论指导我们应对重大挑战、抵御重大风险、克服重大阻力、化解重大矛盾、解决重大问题的能力，以更宽广的视野、更长远的眼光来思考把握未来发展面临的一系列重大问题，不断坚定马克思主义信仰和共产主义理想。”[①]马克思主义理论从来不是教条，而是行动指南。它指导着我们着眼于社会主义现代化建设和改革开放的实践，着眼于对改革发展稳定的现实问题进行思考，实现指导思想的与时俱进。在今天的中国，坚持中国特色社会主义理论体系就是坚持真正的马克思主义，而最重要的就是用习近平新时代中国特色社会主义思想武装头脑、指导实践。

3. 坚持制度自信，就是要坚持中国特色社会主义制度

近代以来的无数努力和尝试证明，只有社会主义制度适合中国的国情，只有中国特色社会主义制度是实现中华民族伟大复兴的根本制度保障。坚定制度自信并不是盲目自信、故步自封，而是在坚定中国特色社会主义制度的同时不断发展创新，推进制度更加完善、体系更加健全。改革开放40多年来，中国在经济、科技、军事实力等方面取得了举世瞩目的成就，充分体现了中国共产党的坚强领导和社会主义制度的优越性。当前，改革进入攻坚期和深水区，制度建设还有很长的道路要走。党的十九大明确了全面深化改革总目标是完善和发展中国特色社会主义制度、推进国家治理体系和治理能力现代化。党的十九届四中全会确立了制度建设的目标是到中国共产党成立一百年时，在各方面制度更加成熟更加定型上取得明显成效；到2035年，各方面制度更加完善，基本实现国家治理体系和治理能力现代化；到新中国成立一百年时，全面实现国家治理体系和治理能力现代化，使中国特色社会主义制度更加巩固、优越性充分展现。在实现国家治理体系和治理能力现代化过程中，要始终坚持制度自信。这种自信来源于中国共产党在长期执政中始终坚持用中国化的、与时俱进的马克思主义指导国家制度和治理体系的完善和发展，使得共产党人对执政规律、社会主义建设规律有了更加深刻的了解。同时，这种自信也来自中国共产党全心全意为人民服务的根本宗旨。习近平总书记指出：“中国特色社会主义

① 中共中央文献研究室：《十九大以来重要文献选编》（上），中央文献出版社，2019，第433页。

制度好不好、优越不优越，中国人民最清楚，也最有发言权。”[①]中国共产党人始终把实现好、维护好、发展好最广大人民的根本利益作为一切工作的出发点，尊重群众首创精神，力图让每个人都能公平地享受改革发展稳定的成果，让中国特色社会主义制度彰显出更加强大的生命力，焕发出更加耀眼的光彩。

4. 坚持文化自信，就是要坚持中国特色社会主义文化

文化是一个国家发展进步的精神支柱，也是一个民族长久以来最深厚的历史底蕴。党的十九大上，习近平总书记强调了文化的重要性：“文化兴国运兴，文化强民族强。没有高度的文化自信，没有文化的繁荣兴盛，就没有中华民族伟大复兴。要坚持中国特色社会主义文化发展道路，激发全民族文化创新创造活力，建设社会主义文化强国。”[②]中华民族的文化自信来源于五千年来悠久的历史积淀，来源于近代以来中华儿女为抵御外来侵略、实现民族振兴的顽强意志，来源于社会主义建设和改革路上不屈不挠的拼搏精神。这些独特的经历，使得中华文化的内涵不断扩充，成为包含中华优秀传统文化、革命文化和社会主义先进文化在内的优秀文化，成为所有中华儿女共有的精神家园。同时，中华民族在发展传统文化的同时，也以一种兼收并蓄的态度对待外来文化，对传统文化进行创造性转化、创新性发展，使中华文化不断焕发出勃勃生机，展现出绵延不绝的生命力。坚定文化自信，坚持中国特色社会主义文化发展道路，就要把文化建设放在与经济建设、政治建设、社会建设、生态文明建设同等高的地位上，不断推进中国特色社会主义文化繁荣昌盛。同时，还要在社会上弘扬社会主义核心价值观，以及以爱国主义为核心的民族精神和以改革创新为核心的时代精神，保障人民的基本文化权益，增强全体人民对中华文化的归属感和认同感，不断提升国家文化软实力。

在中国特色社会主义进入新时代的今天，坚定不移地增强中国特色社会主义道路自信、理论自信、制度自信、文化自信，是使中国特色社会主义永远充满生机活力的必然要求。增强“四个自信”，首先要全面推进社会主义现代化

① 习近平：《习近平著作选读》第2卷，人民出版社，2023，第283页。

② 中共中央文献研究室：《十九大以来重要文献选编》（上），中央文献出版社，2019，第29页。

建设。“四个自信”作为一种强大的精神力量，需要一定的物质力量作为支撑。因此必须全面落实“五位一体”总体布局和“四个全面”战略布局，贯彻新发展理念，推进经济、政治、文化、社会、生态协调发展，不断增强综合国力，为增强“四个自信”提供坚实的物质基础。虽然“四个自信”为我们进行社会主义现代化建设提供了精神支撑，但当前有些人仍然对所走的中国特色社会主义道路不够自信，对中国特色社会主义理论产生怀疑，甚至妄自菲薄、崇洋媚外，这对于全社会坚定社会主义共同理想，实现中华民族伟大复兴的中国梦十分不利。因此，要加强全党和全国人民的“四个自信”教育，让“四个自信”真正深入人心，让全社会形成“四个自信”的高度自觉，坚定全国人民对夺取中国特色社会主义事业胜利的决心。

（二）坚持和发展中国特色社会主义伟大事业

改革开放以来的历史和实践充分证明，只有以马克思列宁主义、毛泽东思想、中国特色社会主义理论体系为指导，沿着中国特色社会主义道路，坚定不移地发展中国特色社会主义，才能推进中国的改革发展稳定和社会主义现代化进程，实现中华民族伟大复兴的中国梦。坚持和发展中国特色社会主义伟大事业，必须全面贯彻落实“五位一体”总体布局、“四个全面”战略布局，实现社会主义的全面发展。布局决定了发展的内容和方向，只有解决好布局问题，才能自觉把握社会主义建设的深刻规律。

1.“五位一体”总体布局

中国共产党对于“五位一体”总体布局的认识，经历了一个逐渐发展的过程。在1964年12月召开的第三届全国人民代表大会第一次会议上，周恩来根据毛泽东的建议，在政府工作报告中首次提出了“四个现代化”，即在20世纪内，把中国建设成为一个具有现代农业、现代工业、现代国防和现代科学技术的社会主义强国。这一设想为推进社会主义现代化建设事业奠定了坚实的思想基础，也推动了改革开放后社会主义建设总体布局的形成和发展。

1982年，党的十二大召开。除了提出实现“四个现代化”的目标，还提出了要把我国建设成为具有高度文明、高度民主的社会主义现代化强国。1987

年，党的十三大鲜明地提出了党在社会主义初级阶段的基本路线，即领导和团结全国各族人民，以经济建设为中心，坚持四项基本原则，坚持改革开放，自力更生，艰苦创业，为把我国建设成为富强民主文明和谐的社会主义现代化国家而奋斗。党在社会主义初级阶段的基本路线旗帜鲜明地提出了物质文明、精神文明、政治文明“三位一体”的社会主义建设的总体布局和奋斗目标。这以后，社会主义事业的总体布局在这一基础上不断发展。2007年，党的十七大在进一步全面推进经济建设、政治建设、文化建设和社会建设方面做出更具体的部署，形成了经济、政治、文化、社会“四位一体”的总体布局，表明中国共产党对中国特色社会主义事业的总体布局更加明确。

2012年，党的十八大从历史和全局的战略高度，提出了“五位一体”总体布局，即全面推进经济建设、政治建设、文化建设、社会建设、生态文明建设，并对总体布局进行了新的战略部署。把生态文明建设纳入社会主义建设的总布局中，是因为随着我国经济社会的不断发展，生态环境问题日益凸显，生态文明建设的作用日益提升。2012年11月17日，习近平总书记在十八届中共中央政治局第一次集体学习中提到，“党的十八大把生态文明建设纳入中国特色社会主义事业总体布局，使生态文明建设的战略地位更加明确，有利于把生态文明建设融入经济建设、政治建设、文化建设、社会建设各方面和全过程。这是我们党对社会主义建设规律在实践和认识上不断深化的重要成果。我们要按照这个总布局，促进现代化建设各方面相协调，促进生产关系与生产力、上层建筑与经济基础相协调。”[①]这一论断对于推进“五位一体”协调发展的总体布局具有重要意义。在中国特色社会主义事业进入新时代这样一个新的历史条件下，“五位一体”总体布局有利于推动我国政治、经济、文化、社会、生态文明建设协调发展，对于推进社会主义现代化建设和实现中华民族伟大复兴的中国梦具有强大的指导作用。从经济、政治、文化“三位一体”到经济、政治、文化、社会“四位一体”，再到经济建设、政治建设、文化建设、社会建设、生态文明建设“五位一体”总布局的确立，这是一个不断发展和完善的过程，体现出中国特色社会主义实践的内容不断丰富，中国共产党对社会主义建

---

① 中共中央文献研究室：《十九大以来重要文献选编》（上），中央文献出版社，2019，第77页。

设规律的认识逐渐加深。

2.“四个全面”战略布局

“四个全面”战略布局是以习近平同志为核心的党中央在新的历史阶段治国理政思想的总体框架和基本纲领，不仅为党和国家指明了当前和今后的一个时期内工作的重点领域和关键环节，还为解决新的历史条件下国家面临的许多现实问题和突出矛盾贡献了方案，为推动改革开放和社会主义现代化建设，实现“两个一百年”奋斗目标提供了强有力的保障。

（1）全面建设社会主义现代化国家

2012年11月，党的十八大根据中国经济发展的实际情况，在党的十六大和十七大确立的全面建设小康社会的基础上提出了更高的要求，确保到2020年实现全面建成小康社会的宏伟目标。“全面建设小康社会”和“全面建成小康社会”虽然仅有一字之差，但所蕴含的科学内涵却大不相同。改革开放40多年来，我国在经济建设、政治建设、文化建设、社会建设、生态文明建设等方面取得了显著的成就，综合国力大大提升。从“建设”到“建成”，是改革开放以来党和人民努力奋斗的结果，是长期量变并最终形成质变的过程。然而，伴随着快速发展产生的许多问题和矛盾仍然不容忽视。在新的历史条件下，我国社会的主要矛盾发生了变化。党的十九大指出：“我国稳定解决了十几亿人的温饱问题，总体上实现小康，不久将全面建成小康社会，人民美好生活需要日益广泛，不仅对物质文化生活提出了更高的要求，在民主、法制、公平、正义、安全、环境等方面的要求日益增长。”[①]因此，我国社会主要矛盾已经转变为人民日益增长的美好生活需要和不平衡不充分的发展之间的矛盾。在社会生产力水平显著提高的基础上，如何转变经济发展方式，实现发展的平衡性、协调性、可持续性，如何让人民生活得更有幸福感、归属感，如何让发展成果公平地惠及每一个人等问题，成为全面建成社会主义现代化强国、实现第二个百年奋斗目标所要解决的重要问题。

（2）全面深化改革

2013年11月，中共十八届三中全会在北京召开，会议通过了《中共中央

---

① 中共中央文献研究室：《十九大以来重要文献选编》（上），中央文献出版社，2019，第8页。

关于全面深化改革若干重大问题的决定》（以下简称《决定》），确立了全面深化改革的重要战略部署，并指出，“全面深化改革的总目标是完善和发展中国特色社会主义制度，推进国家治理体系和治理能力现代化。”[①]同时，《决定》还确立了全面深化改革中的五大体制改革，即经济体制改革、政治体制改革、文化体制改革、社会体制改革、生态文明体制改革，并强调了改革的系统性、整体性、协同性。习近平总书记在党的十九大上对全面深化改革提出了新的要求，即“必须坚持和完善中国特色社会主义制度，不断推进国家治理体系和治理能力现代化，坚决破除一切不合时宜的思想观念和体制机制弊端，突破利益固化的藩篱，吸收人类文明有益成果，构建系统完备、科学规范、运行有效的制度体系，充分发挥我国社会主义制度的优越性”[②]。这为新时代全面深化改革指明了前进的方向。改革开放40多年来，我国的社会生产力得到极大解放，创造了许多举世瞩目的成就，开创和发展了中国特色社会主义事业。在改革与发展的过程中，也产生了一些无法忽视的矛盾和问题，正是这些矛盾和问题推动了改革、发展和创新。中国特色社会主义不会故步自封、停滞不前，改革开放也是一项只有进行时、没有完成时的事业，这就决定了随着实践和认识的发展，改革创新的广度和深度也要加强。只有不断改革不合时宜的观念和制度，为生产力的解放和发展扫清障碍，才能不断加快建设社会主义现代化强国的步伐。

（3）全面依法治国

全面依法治国是我国治国安邦的基本方略，是全面深化改革、全面从严治党的根本制度保障。全面依法治国是中国共产党对历史进行深刻反思后，从中总结经验教训，从而制定的重大战略部署。新中国成立后，我国的民主法制建设取得了一定的成就，但是由于长期受到“左”倾思想的影响，民主法制建设一度停滞不前甚至荒废。在邓小平的主持下，党的十一届三中全会重新确立起党的正确的组织路线，提出了健全社会主义民主和加强社会主义法制建设。自

① 中共中央文献研究室：《十八大以来重要文献选编》（上），中央文献出版社，2014，第512页。

② 习近平：《决胜全面建成小康社会 夺取新时代中国特色社会主义伟大胜利——在中国共产党第十九次全国代表大会上的报告》，《人民日报》2017年10月28日，第1版。

此以后，我国的社会主义法律体系不断完善。1997年，党的十五大正式将依法治国确立为治国的基本方略。2014年10月，中共十八届四中全会在北京召开，第一次以全会的形式对全面依法治国进行了战略部署，将法治作为社会主义现代化建设过程中的重要议题和中国共产党治国理政的基本方式，并通过了《中共中央关于全面推进依法治国若干重大问题的决定》，向建设社会主义法治国家迈近了一大步。2017年，党的十九大强调“全面依法治国是中国特色社会主义的本质要求和重要保障”，并提出要“坚持依法治国、依法执政、依法行政共同推进，坚持法治国家、法治政府、法治社会一体建设”[①]，使全面依法治国的内涵得到深化。改革开放40多年来，历史与实践表明，我国社会主义法治建设不断深化，法治体系不断完善，并在中国特色社会主义事业中发挥着越来越重要的作用。当前，改革进入攻坚期和深水区，全面依法治国在党和国家工作全局中的作用更加突出，不仅关系着党和国家能否长治久安，也关系着人民能否幸福安康。只有全面推进依法治国，社会秩序才能稳定，改革才能平稳推进。

（4）全面从严治党

全面从严治党，是党的十八大以来党中央为了切实加强党的建设而进行的一项重大部署。2014年10月，习近平总书记在党的群众路线教育实践活动总结大会上强调了从严治党的重要性，指出：“历史使命越光荣，奋斗目标越宏伟，执政环境越复杂，我们就越要增强忧患意识，越要从严治党。”[②]从严治党这一战略性要求，是由中国共产党自身的性质决定的。中国共产党是中国工人阶级的先锋队，也是中国人民和中华民族的先锋队，自成立之日起，中国共产党就把全心全意为人民服务作为根本宗旨。这就决定了所有党员干部必须保持良好的作风，以维护党在群众中的威信和形象。在中国共产党长期执政过程中，一些党员干部脱离群众、思想腐化，危害极大。在新的历史节点上，中国共产党还面临着严峻且长期的执政考验、改革开放考验、市场经济

① 中共中央文献研究室：《十八大以来重要文献选编》（下），中央文献出版社，2018，第16页。

② 中共中央文献研究室：《十八大以来重要文献选编》（中），中央文献出版社，2016，第92页。

考验、外部环境考验，存在着精神懈怠危险、能力不足危险、脱离群众危险、消极腐败危险。如果不切实应对考验、应对风险，中国特色社会主义事业就无法平稳进行。只有不断加强党的自身建设，不断进行自我完善和自我革新，对党内的不正之风和腐败现象予以坚决地纠正和处理，中国共产党才能切实增强执政能力，在实现第二个百年奋斗目标的过程中发挥好坚强的领导核心作用。

四、强化担当实干，谱写新时代的壮美篇章

（一）发挥中国共产党党员的先锋作用

先进性建设是马克思主义政党的根本性建设，保持党的先进性是马克思主义政党在长期实践中一项艰巨而又重要的课题，需要不断发展和完善。中国共产党是具有先进性的政党，这是由中国共产党的性质决定的。中国共产党是中国工人阶级的先锋队，同时是中国人民和中华民族的先锋队，是中国特色社会主义事业的领导核心，代表中国先进生产力的发展要求，代表中国先进文化的前进方向，代表中国最广大人民的根本利益。这就决定了中国共产党自成立之日起就在不断加强党的建设以保持自身的先进性，并且要求所有党员要坚持中国共产党的领导，在生活和工作中担当起标杆的作用，成为人民学习的榜样和典范。2022年10月22日，中国共产党第二十次全国代表大会通过了《中国共产党章程（修正案）》。党章对党员要履行的义务做出了规定，其中第二条就提出党员必须“贯彻执行党的基本路线和各项方针、政策，带头参加改革开放和社会主义现代化建设，带动群众为经济发展和社会进步艰苦奋斗，在生产、工作、学习和社会生活中起先锋模范作用”。在中国特色社会主义进入新时代的今天，全党全国各族人民都在为全面建设社会主义现代化国家，实现中华民族伟大复兴的中国梦而团结奋斗。面对复杂多变的国际环境、艰巨而繁重的国内改革发展稳定任务，中国共产党必须加强自身建设，建设一支高素质的干部队

伍，充分发挥共产党员的先锋模范作用，密切同群众的关系，团结一切可以团结的力量，卓有成效地完成各项任务，才能领导全国人民推进中国特色社会主义伟大事业。

建设高素质的干部队伍，发挥共产党员的先锋模范作用，要坚决贯彻执行新时代党的组织路线，选贤任能，提拔人民心中的好干部。对于什么是好干部，在不同的历史时期，好干部的具体要求是不一样的。习近平总书记强调，“在革命战争时期，对党忠诚、英勇善战、不怕牺牲的干部就是好干部。社会主义革命和建设时期，懂政治、懂业务、又红又专的干部就是好干部。改革开放初期，拥护党的十一届三中全会确定的路线方针政策，有知识、懂专业、锐意改革的干部就是好干部。”①可见，好干部的标准具有鲜明的时代性，在建设中国特色社会主义的新时代，衡量一个干部是不是好干部，首先要看他的理想信念是否坚定，一个合格的党员必须坚定马克思主义，树立共产主义远大理想，这样在政治上才靠得住。其次，一个合格的党员必须紧紧依靠人民，全心全意为人民服务，并且在工作中求真务实、兢兢业业、清正廉洁，做出人民满意的政绩，才可以说是一个好干部。同时，一个人民满意的好干部不会自然而然地产生，一个党员干部的思想觉悟、道德水平也不会随着党龄的增加而自然增加，也不会随着职位地位的提升而提高，而要靠党员干部自身的努力。因此，党员干部要认真学习马克思主义理论特别是中国特色社会主义理论体系，自觉贯彻执行党的路线、方针和政策，把自己的思想从以前固化的模式、体制的束缚中解放出来，从把马克思主义教条化的错误中解放出来，不断与时俱进、开拓创新，做人民的模范和表率。

建设高素质的干部队伍，发挥共产党员的先锋模范作用，要求共产党员在日常工作和各项活动中应当以身作则，尤其是在困难面前要勇于走在人民前面，起良好的带头作用。2020年春节，在严峻的新冠肺炎疫情面前，广大基层党员干部和医护人员深入一线，积极参与疫情防控和救治工作，展现出了英勇顽强、大公无私的奉献精神，成为全国人民学习的榜样。榜样的力量是无穷的，只要党员干部带了头，在群众中就会形成强大的示范效应，全国人民就会

---

① 中共中央文献研究室：《十八大以来重要文献选编》（上），中央文献出版社，2014，第337页。

对抗击疫情充满信心，形成一股强有力的向心力。习近平总书记在统筹推进新冠肺炎疫情防控和经济社会发展工作部署会议上号召共产党员要发挥好带头作用，指出："关键时刻冲得上去、危难关头豁得出来，才是真正的共产党人。在统筹推进疫情防控和经济社会发展工作中，各级干部特别是领导干部必须增强必胜之心，拿出战胜一切敌人而不被任何敌人所屈服的大无畏革命气魄，勇当先锋，敢打头阵，用行动展现共产党人政治本色；必须增强责任之心，把初心落在行动上、把使命担在肩膀上，在其位谋其政，在其职尽其责，主动担当、积极作为；必须增强仁爱之心，当好人民群众贴心人，及时解决群众所急所忧所思所盼；必须增强谨慎之心，对风险因素要有底线思维，对解决问题要一抓到底，一时一刻不放松，一丝一毫不马虎，直至取得最后胜利。"[①]习近平总书记对党员干部提出的要求，特别是对奋斗在一线的基层干部们具有很强的激励和鼓舞作用。同时，习近平总书记也多次强调要关心关爱疫情严重地区的干部群众，及时帮助他们解决遇到的实际困难和问题，以便让广大基层干部把更多精力投入到抓好疫情防控和复工复产一线工作之中。

共产党员应充当连接共产党和人民群众的纽带，积极向群众做宣传工作，让群众更好了解中国共产党的路线、方针、政策，更紧密地团结在中国共产党周围。无论在什么时候，人民群众都是中国共产党发展进步的强大动力，只有以人民群众为依托，忠诚于人民，想人民所想、急人民所急，才能始终处于不败的地位。在革命战争时期的长征途中，中国共产党就是通过宣传工作与群众保持密切联系，让群众知道中国共产党是全心全意为人民服务的。沿途路过村庄时，很多村民都因为受了敌人的欺骗宣传，不了解红军的政策而纷纷离开了。在中国共产党的领导下，红军将士通过实际行动和宣传教育，如张贴布告、宣传标语、开军民联欢会等形式，让村民们明白了红军与国民党军队不同，不会欺压人民、抢劫财物，而是穷人的队伍、人民的军队。在听说敌人已经被消灭后，村民们纷纷回到村子，并帮助红军买粮、买菜，向红军诉说豪绅

---

① 习近平：《在统筹推进新冠肺炎疫情防控和经济社会发展工作部署会议上的讲话》，《当代党员》2020年第Z1期。

地主和国民党军队施加在他们身上的痛苦。[①]在中国特色社会主义事业进入新时代的今天，党员干部同样要发挥好先锋模范作用，成为沟通党和人民的桥梁。党员干部在向人民群众宣传党的路线、方针、主张的同时，也要积极并及时地向上级反映人民面临的困难、想要解决的问题等，并吸收群众对党和政府工作提出的意见和建议，更好地改进工作。对于群众在工作和生活中存在的困难，共产党员要主动帮助群众解决问题。而当群众的利益受到损害时，共产党员应当挺身而出，维护人民群众的正当权益，保护人民群众的合法财产，增强人民群众对党员干部的信任，更加坚定地为社会主义现代化建设和中国特色社会主义伟大事业而不懈奋斗。

（二）强化党员干部的责任意识

敢于担当是中国共产党人的鲜明品格，也是党员干部的时代责任和使命所在，是最基本的素质要求。党员干部的责任意识关系到党的发展和党的事业兴衰成败，这就要求党员干部必须敢于负责、勇于担当。作为党员干部，责任与担当就意味着埋头苦干，就意味着直面问题与挑战，攻坚克难、积极应对。每一代人都有自己的历史责任，从新民主主义革命时期到改革开放和社会主义现代化建设新时期，敢于担当一直都是中国共产党人的优秀品质。随着中国特色社会主义进入新时代，新一代党员继承了勇于担当的良好传统，在保持深厚的家国情怀和负责的历史担当的同时，也要有新担当和新作为，将个人发展与党和祖国的命运紧密相连，脚踏实地地做好本职工作，从平凡中成就伟大的事业。

具体什么是责任与担当，习近平总书记在2013年全国组织工作会议上谈道："敢于担当，党的干部必须坚持原则、认真负责，面对大是大非敢于亮剑，面对矛盾敢于迎难而上，面对危机敢于挺身而出，面对失误敢于承担责任，面对歪风邪气敢于坚决斗争。清正廉洁，党的干部必须敬畏权力、管好权力、慎用权力，守住自己的政治生命，保持拒腐蚀、永不沾的政治本色。"[②]责

① 中国人民解放军征文编辑委员会:《星火燎原》第3集，人民文学出版社，1959，第17页。

② 习近平:《在全国组织工作会议上的讲话》,《军队生活》2013年第8期，第2版。

任与担当是共产党人从历史中传承下来的优秀品质，习近平总书记不断通过回顾历史和伟人的经典，强调这一观点。虽然在不同时期对党员干部的具体要求有所区别，但革命时期的不怕牺牲、改革开放时期的锐意改革，都是时代下的责任与担当。习近平总书记在纪念邓小平同志诞辰110周年座谈会上的讲话中指出，“开拓创新，是邓小平同志一生最鲜明的领导风范，也永远是中国共产党人应该具有的历史担当。”①中国共产党一直以来都肩负着实现中华民族伟大复兴的历史使命，到了新的历史时期，人民更加需要能够让人民信任、作风过硬、政治上可靠的党员干部，这也为新时代的党员干部提出了更高要求。只有所有党员干部不断奋斗，将责任与担当作为一种基本素质，敢于面对复杂形势、担负艰巨任务，才能真正做到将党和国家的事业放到第一位，将人民的利益放到第一位。

在党的发展与治理的过程中，时刻需要党员干部的责任与担当精神。这种担当精神才是最能有利于人民群众的，能够真正帮助党的发展和为人民谋利益的。正如习近平总书记在2018年春节团拜会上的讲话中所说：“改革开放40年来，我们以敢闯敢干的勇气和自我革新的担当，闯出了一条新路、好路，实现了从‘赶上时代’到‘引领时代’的伟大跨越。”②可以说，改革开放的伟大成功，就是因为党有着众多具备责任担当意识的干部，能够在无数个关键的发展时刻站出来，勇敢地承担责任，帮助党和国家快速发展。要想进一步实现中华民族伟大复兴的中国梦，过程一定是艰辛困难的，一定需要全体党员干部付出艰苦的努力，担当应有的责任，需要一代又一代人民共同为之奋斗。所谓“空谈误国，实干兴邦”，党员干部需要团结全体人民，带领人民走向新时代，把国家建设好，把民主发展好。

党员干部的权力是人民赋予的，因此党员干部的责任与担当既要有利于人民群众当下的利益，也要保障后续的持续发展。习近平总书记参加第十三届全国人大一次会议山东代表团审议时指出：“要牢固树立正确政绩观，既要做让人民群众看得见、摸得着、得实惠的实事，也要做为后人做铺垫、打基础、利

---

① 习近平：《在纪念邓小平同志诞辰110周年座谈会上的讲话》，《人民日报》2014第8月21日，第2版。

② 习近平：《在2018年春节团拜会上的讲话》，《人民日报》2018年2月15日，第2版。

长远的好事，既要做显绩，也要做潜绩，不计较个人功名，追求人民群众的好口碑、经过历史沉淀后真正的评价。”[①]只有真正经历过历史考验，党员干部的责任才是真正落到了实处，才真正有利于人民群众的生活，才能够帮助国家长治久安。承担责任，尤其要发挥领导干部的带头作用，通过各级领导干部的身先士卒作用，全体党员干部才能够真正地参与到党的建设事业中，实现统一意志、共同发展。为了能够真正了解人民的利益所在，党员干部要多深入人民群众，倾听人民的声音。习近平总书记在党的十九届一中全会上的讲话中指出：“既要听群众的顺耳话，也要听群众的逆耳言，这样才能听到实话、察到实情、收到实效。”[②]只有真正动起来，才能够真正地直面问题，党员干部才可以正确地承担相应的责任，把工作做好，做到实处。

遇到困难，党员干部的担当才显得更为重要。2020年初暴发的新冠肺炎疫情是对所有党员干部的一次重要考验。2020年1月25日，中共中央政治局常务委员会召开会议，习近平总书记发表重要讲话，强调指出：“疫情就是命令，防控就是责任。各级党委和政府必须按照党中央决策部署，全面动员，全面部署，全面加强工作，把人民群众生命安全和身体健康放在第一位，把疫情防控工作作为当前最重要的工作来抓。只要坚定信心、同舟共济、科学防治、精准施策，我们就一定能打赢疫情防控阻击战。”[③]在疫情期间，正是因为党员干部积极响应，在困难时刻勇于担当，在关键时刻挺身而出，作为真正合格的共产党人发挥了强烈的爱国主义和集体主义精神，才能有效抑制住疫情的传播。党员干部的带头作用不仅保卫了人民群众的身体健康，也成功地安抚了社会情绪，最终使疫情防控工作取得阶段性成果，完美展现了家国情怀和历史担当。

在中国特色社会主义进入新时代的今天，社会不断发展变革，国家也在经济社会的快速发展中不断推进5G、人工智能、大数据等新产业、新基建。在社会转型、思想转变的新时代，党员干部更需要树立勇于担当的作风。只有担当越多，人的价值才越大。因此，党员干部需要主动学习更多新知识，适应时代的

---

① 新华社:《习近平李克强王沪宁赵乐际韩正分别参加全国人大会议一些代表团审议》,《人民日报》2018年3月9日，第1版。

② 习近平:《在党的十九届一中全会上的讲话》,《当代党员》2018年第2期。

③ 新华社:《研究新型冠状病毒感染的肺炎疫情防控工作》,《人民日报》2020年1月26日，第1版。

发展，做到统筹兼顾、看清形势，承担起帮助战略性新兴产业发展的重要任务，帮助我国尽快完善战略性新兴产业和未来产业的布局，真正引领时代的发展。

五、坚持以人为本，汇聚新时代的力量源泉

（一）把人民群众放在心中最高地位，一切为了人民

人民群众是历史的创造者，是社会物质财富和精神财富的创造者。一个能够赢得民心的政党，才是一个可以带领人民群众获得幸福生活的政党。中国共产党自成立之日起，就自觉肩负起为中国人民谋幸福、为中华民族谋复兴的历史使命，并在发展过程中始终不忘初心和使命。党在发展和壮大的过程中坚持以人民为中心，把全心全意为人民服务作为一切工作的出发点和落脚点，这是中国共产党区别于其他任何政党的显著标志。

人民也是中国共产党生存和发展的坚定基石。在纪念毛泽东同志诞辰120周年座谈会上，习近平总书记强调："坚持人民主体地位，充分调动人民积极性，始终是我们党立于不败之地的强大根基。在人民面前，我们永远是小学生，必须自觉拜人民为师，向能者求教，向智者问策；必须充分尊重人民所表达的意愿、所创造的经验、所拥有的权利、所发挥的作用。我们要珍惜人民给予的权力，用好人民给予的权力，自觉让人民监督权力，紧紧依靠人民创造历史伟业，使我们党的根基永远坚如磐石。"①不管是在新民主主义革命时期、社会主义革命和建设时期还是改革开放和社会主义现代化建设新时期，中国共产党都十分注重与群众保持密切联系，因为党深知，没有人民的支撑，也就没有了党的立足之地。

长征时期，工农红军正是在中国共产党的领导下，紧紧依靠人民，并发动

① 中共中央文献研究室：《十八大以来重要文献选编》（上），中央文献出版社，2014，第697页。

人民、组织人民，既向人民群众宣传共产党的主张、路线和方针，让人民群众更加了解共产党和红军，紧密团结在党和红军身边，同时红军将士体恤民情、爱护百姓的优良作风也赢得了人民群众的好感，在艰难的行军途中也获得了人民的支持、拥护和帮助。长征途中，红军将士常常带着短枪，穿着便衣，在扎营的周边地区打土豪、分粮食，还经常帮助当地的老乡们干活，向他们宣传革命的道理。老乡们没有粮食和衣服，温饱无法满足，红军将士就把打土豪得来的粮食和衣服分给老乡们。中国共产党来之前，当地的人民群众不知道什么是红军。红军来之后，他们很快就明白了红军是帮助穷苦人民的军队，所以当土豪们勾结反动的保安队来“搜剿”红军时，群众都会给红军打掩护，不仅白天替红军放哨，晚上还给红军指路打土豪。在中国共产党和工农红军的宣传工作和动员工作下，一些经过斗争考验的年轻人也加入了红军的队伍。[①]

在中国共产党的努力下，红军的力量越来越壮大，影响力越来越大，在人民心中的地位也越来越高。长征途中，红军将士爬雪山、过草地，来到满目荒凉、人烟稀少的藏族地区。在缺乏补给、后有追兵的艰难处境下，将士们缺衣少食，日子十分艰难。在这种情况下，党中央也要求红军将士严格遵守群众纪律，严格执行“三大纪律八项注意”的有关规定，保持优良的作风。政治委员任弼时就时常对将士说：“饿肚饿不掉我们为群众服务的这颗心，大家一定要维护群众利益，一草一木也不能侵犯！”[②]

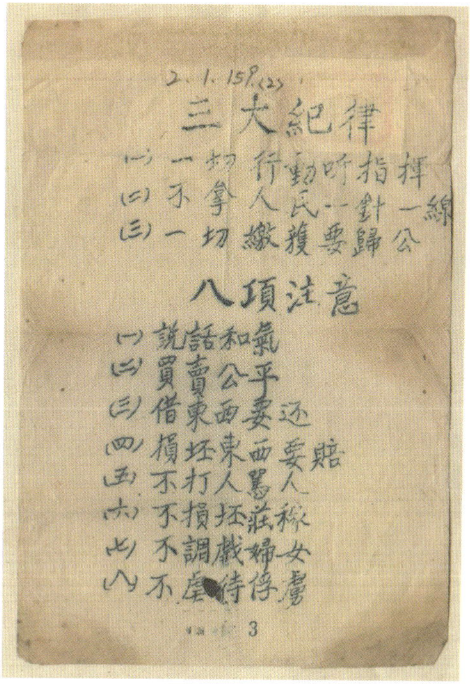
2.1.159(2)
三大紀律
(一)一切行動听指揮
(二)不拿人民一針一線
(三)一切繳獲要歸公
八項注意
(一)説話和氣
(二)買賣公平
(三)借東西要还
(四)損坏東西要賠
(五)不打人駡人
(六)不損坏莊稼
(七)不調戲婦女
(八)不虐待俘虜
3

图5-3　三大纪律八项注意

① 中国人民解放军征文编辑委员会：《星火燎原》第3集，人民文学出版社，1959，第257页。
② 同上书，第298页。

为了确保党员干部能够时刻严格遵守群众纪律，中央还专门设立了纪律检查组，来监督和检查党员干部有无违纪的行为，并及时对违纪行为进行警告和处罚。当时在红军中还传唱着这样一首歌曲："红军纪律最严明：行动听命令，不得胡乱行；打土豪要归公，买卖要公平；工农的东西，不可拿分文；说话要和气，开口不骂人；无产阶级劳苦群众，个个尽相亲。出发与宿营，样样要记清：上门板、捆铺草，房子扫干净；借物要送还，损失要赔银；便溺找厕所，不搜俘虏身。三大纪律八项注意，大家照此行。"[①]在长征过程中，红军不仅是这样唱的，而且是这样做的。严明的纪律使得中国共产党在人民群众中树立了良好的形象，密切了党同群众的联系，不仅让人民群众对共产党和红军不再产生恐惧心理，也让红军得到了人民的拥戴和帮助，壮大了革命的有生力量，为革命的发展奠定了坚实的群众基础。

自古以来，得民心者得天下，失民心者失天下。中国共产党在发展壮大过程中一直铭记这一真理。习近平总书记曾多次强调人民对于党的重要性，说道："我们党来自人民、植根人民、服务人民，党的根基在人民、血脉在人民、力量在人民。失去了人民拥护和支持，党的事业和工作就无从谈起。党要继续经受住执政考验、改革开放考验、市场经济考验、外部环境考验，就必须始终密切联系群众。在任何时候任何情况下，与人民同呼吸共命运的立场不能变，全心全意为人民服务的宗旨不能忘，群众是真正英雄的历史唯物主义观点不能丢，始终坚持立党为公、执政为民。"[②]在新的历史条件下，要把我国建设成为富强、民主、文明、和谐、美丽的社会主义现代化强国，实现中华民族伟大复兴的中国梦，必须始终坚持以人民为中心的发展思想，坚持人民利益高于一切，紧紧依靠人民，充分调动人民参与社会主义建设的积极性、主动性、创造性。在中国共产党长期革命和建设的实践中，形成了一切为了群众、一切依靠群众，从群众中来、到群众中去的群众路线。这条群众路线是毛泽东思想活的灵魂之一，也是中国共产党的生命线和根本路线。坚持群众路线，不仅要虚心向人民群众学习，听取他们的意见和建议，并进行广泛的调查研究，制

① 穆华莹：《〈三大纪律八项注意〉词曲的由来》，《军队党的生活》2008年第6期。

② 中共中央文献研究室：《十八大以来重要文献选编》（上），中央文献出版社，2014，第309页。

定符合人民根本利益的路线、方针、政策等，还要号召人民群众行动起来，在中国共产党的领导下，不断推进社会主义现代化建设，创造美好生活。在新的历史条件下，我们党仍然坚定不移地贯彻群众路线，积极联系群众、倾听群众、组织群众，让人民群众参与到社会治理中来，不断创新社会治理制度，开创了社会治理的崭新局面。同时，中国共产党尤其尊重人民群众的首创精神，尊重知识、尊重人才、尊重创造，不断激发人民群众的创造热情，让人民成为建设社会主义现代化强国的参与者、建设者，在劳动中发挥自己的社会价值，得到社会的认可，获得真正的幸福感和满足感。

党的十九大明确提出，我国社会的主要矛盾已经转变为人民日益增长的美好生活需要和不平衡不充分的发展之间的矛盾。社会主要矛盾的转变意味着在发展中必须坚持人民的主体地位，更加注重经济社会发展的协调性，推动经济、政治、文化、社会、生态文明“五位一体”协调发展，以满足人民在民主、法治、公平、正义、安全、环境等多领域的要求，同时在发展过程中要更加倾听民意、顺应民心、关注民生。只有从人民当前最关心最棘手的问题入手，制定满足最广大人民根本利益的政策，才能最大限度地让人民过上幸福的生活。对于民生问题，习近平总书记曾在多个场合发表过重要讲话，在党的十九届一中全会上，习近平总书记告诫全党同志，“一定要抓住人民最关心最直接最现实的利益问题，坚持把人民群众关心的事当作自己的大事，从人民群众关心的事情做起，多谋民生之利，多解民生之忧，在幼有所育、学有所教、劳有所得、病有所医、老有所养、住有所居、弱有所扶上不断取得新进展，不断促进社会公平正义，不断促进人的全面发展、全体人民共同富裕。”[①]只有坚持以人民为中心的发展思想，在发展中保障和改善民生，促进社会公平正义，人民的获得感、幸福感、安全感才会不断增强，社会主义现代化建设才会充满活力，中华民族伟大复兴的中国梦才能早日实现。

（二）巩固全国各族人民大团结，凝聚磅礴之力

在中国这样一个统一的多民族国家，维护民族团结有着十分重要的意义。

① 习近平:《在党的十九届一中全会上的讲话》,《当代党员》2018年第2期。

首先，民族团结是国家统一的前提。一个民族不团结的国家，必然是一个四分五裂、矛盾冲突不断的国家。没有国家统一，更谈不上实现民族振兴、人民幸福。其次，民族团结是社会安定的基础。只有实现民族团结，社会才能维持稳定的秩序，为人民创造良好的生产生活环境。在这样环境下安居乐业的人民才能过上幸福的生活，国家才能实现长治久安。同时，一个国家要实现发展进步，各民族必须团结一心搞建设。只有全国各族人民心往一处想、劲往一处使，社会主义现代化建设才会取得显著的成就。对于少数民族地区来说，坚持中央统一领导，维护民族团结，可以促进少数民族地区经济社会的发展，也可以极大改善少数民族地区人民的生活，增强走中国特色社会主义道路的决心和信心。中国自古以来就是一个多民族的国家，56个民族呈现出大杂居、小聚居的分布特点，并且有着不同的民族文化、生活环境、宗教信仰，独特的国情使中国的民族问题相较于世界上其他国家更加复杂多变。为了实现民族振兴、人民幸福的历史使命，为了团结全国各族人民投身到革命与建设的行列中，中国共产党历来就十分重视民族工作，在吸取古今中外民族理论和民族政策的基础上，从中国的具体国情出发，不断推进民族工作理论与实践创新。

在红军长征这个特殊时期，中国共产党的民族工作具有鲜明的特色。红军长征经过了湖南、贵州、四川、云南、甘肃等十几个省份，这些省份大多位于西南、西北等少数民族聚居地区。这些地区交通闭塞、经济落后，分散着彝族、回族、藏族、苗族、壮族、白族等多个少数民族。这些少数民族由于近代以来受到帝国主义的剥削和侵略，社会经济发展落后，人民十分贫困，与汉族之间的差距加大，隔阂加深。同时，由于受到国民党反动派的虚假宣传，导致少数民族地区的人民因对共产党不了解而对党和红军产生畏惧心理。有的村子听说红军要来了，村民们纷纷搬家，就是因为听信了伪保甲保长们的话："红军来了要共产，共产党不分什么人的东西通通分个精光。"[①]有些情况严重的地区，一些受到蒙骗、不明真相的少数民族群众甚至组织武装，设置埋伏，抢夺红军的干粮等，这给在民族地区开展工作的中国共产党和工农红军带来了很大的困难。为了团结少数民族地区的人民群众，也为了能够顺利通过民族地区，

① 中国人民解放军征文编辑委员会：《星火燎原》第3集，人民文学出版社，1959，第116页。

中国共产党开展了一系列卓有成效的民族工作。在进入少数民族地区前，中国共产党强调红军干部要尊重少数民族地区人民的宗教风俗和习惯，并把这些习惯向战士说明，如回民不吃猪肉，夷民男女授受不亲，黑夷敬重灶君等。[①]因此，红军将士在进入回民地区前，都预先把猪油、猪肉吃完，在进入回民地区后改吃菜油、豆油。不仅如此，还禁止驻扎清真寺，禁止破坏回文经典等。党和红军尊重、帮助少数民族人民群众的实际行动，不仅让少数民族同胞不再像之前一样害怕、排斥红军，甚至还给红军将士打掩护、放哨、筹集粮食，一些少数民族同胞还加入了中国共产党的队伍。中国共产党在开展民族工作过程中始终坚持民族平等的原则，从中国的国情出发，结合各少数民族不同的民族特征和具体情况，对他们进行思想政治工作和宣传动员工作，让他们完全消除对红军的怀疑和误会，争取让他们成为红军。为了让少数民族彻底摆脱国民党反动派的控制，中国共产党还帮助少数民族的人民群众建立革命政权，掌握革命武装力量，实行民族自治，让他们可以行使自己管理本民族内部事务的权利。这不仅让少数民族同胞拥有了可以保护本民族的能力，掌握自己的命运，还鼓舞他们积极投身于新民主主义革命事业中，成为工农红军可靠的同盟军，为夺取革命事业的胜利贡献力量。

红军长征时期，中国共产党对待民族地区的理论和实践虽然还不十分成熟，但仍然为新时代的民族工作提供了良好的借鉴。在中国革命、建设、改革的长期实践中，不仅汉族离不开少数民族，少数民族也离不开汉族，各少数民族之间也互相离不开。各民族相互依托，共同进步。新中国成立后，各民族在中国共产党带领下完成了社会主义改造，建立了社会主义制度。在摆脱封建剥削制度的基础上，各民族之间逐渐形成了平等、团结、互助、和谐的新型民族关系。在社会主义新型民族关系的指引下，全国各族人民都统一于中国共产党的领导，以马克思列宁主义、毛泽东思想、中国特色社会主义理论体系为指导思想，坚定不移地沿着中国特色社会主义道路前进，共同为建设社会主义现代化强国，实现中华民族伟大复兴的目标而奋斗。在中国这样统一的多民族国家，搞好民族工作对于维护国家的稳定和繁荣具有重要意义。中国共产党历来就高度重视民族工作，并不断推进民族理论和实践创新。改革开放以来，我国

① 中共中央统战部：《民族问题文献汇编》，中共中央党校出版社，1991，第339页。

的民族问题呈现出更加复杂的特点。首先，少数民族主要聚居在我国的西北、西南地区，这些地区不仅生态环境脆弱，生产力水平较低，与中部、东部沿海地区相比，少数民族地区在经济、教育、医疗、社会保障体系等多方面都有较大的差距，人民生活水平亟待提高。其次，随着经济全球化进程不断推进，国际形势呈现出复杂多变的特点，虽然和平与发展仍然是时代主题，但局部地区的不安定因素依然存在。西方敌对势力企图用宗教极端思想和恐怖主义分裂中国，破坏我国的团结和统一，这对我国的国家安全和地区安定造成了严重的威胁，对我国经济发展、人民生活改善造成了不良影响。对于打击分裂活动，维护国家安全和社会稳定，习近平总书记强调："民族分裂势力越是企图破坏民族团结，我们越要加强民族团结，筑牢各族人民共同维护祖国统一、维护民族团结、维护社会稳定的钢铁长城"。他还说道："民族团结是各族人民的生命线。要高举各民族大团结的旗帜，在各民族中牢固树立国家意识、公民意识、中华民族共同体意识，最大限度团结依靠各族群众，使每个民族、每个公民都为实现中华民族伟大复兴的中国梦贡献力量，共享祖国繁荣发展的成果。"[①]习近平总书记把民族团结上升到各族人民"生命线"的高度，足以说明民族团结对于维护祖国统一、社会安定、人民幸福的重要性。

要巩固全国各族人民的大团结，应当首先贯彻落实好民族区域自治制度，这是我国的一项基本政治制度。民族区域自治制度是中国共产党从我国的国情出发，创造性地将马克思主义的民族理论同中国民族发展的具体实际相结合，以解决我国民族问题的一项制度安排。实行民族区域自治可以让自治地方在中央的集中统一领导下，根据本民族的特点和发展需要设立自治机关，行使自治权，并能够自主管理本民族内部的各项具体事务，不仅能够让少数民族的人民群众更好地行使当家作主的权利，还能推动少数民族地区经济、政治、文化快速发展，对于巩固平等、团结、互助、和谐的新型民族关系具有重要作用。在新的历史方位下，民族区域自治制度仍然是国家民族政策制定的基础，必须坚定不移地完善和发展。习近平总书记在中央民族工作会议上强调，坚持和

---

① 中共中央文献研究室：《习近平关于社会主义政治建设论述摘编》，中央文献出版社，2017，第148页。

完善民族区域自治制度，要做到“两个结合”：“一是坚持统一和自治相结合。团结统一是国家最高利益，是各族人民共同利益，是实行民族区域自治的前提和基础。没有国家团结统一，就谈不上民族区域自治。同时，要在确保国家法律和政令实施的基础上，依法保障自治地方行使自治权，给予自治地方特殊支持，解决好自治地方特殊问题。二是坚持民族因素和区域因素相结合。民族区域自治，既包含了民族因素，又包含了区域因素。民族区域自治不是某个民族独享的自治，民族自治地方更不是某个民族独有的地方。”[①]只有做到统一与自治相结合，民族因素与区域因素相结合，才能依法保障少数民族地区的自治地方行使自治权，才能使新时代的民族区域自治制度得到灵活有效的运用。

要巩固全国各族人民的大团结，应当始终贯彻民族平等的基本原则。民族平等是民族团结的前提，而各民族团结一致必然会促进民族繁荣，反过来又可以保障民族平等。在中国，各民族无论人口多少，经济发展程度如何，都具有平等的地位，即使在风俗文化和宗教信仰上有所差别，但各民族始终都是中华民族不可分割的一部分，都应履行相同的义务，依法享有相同的权利。在维护全国各族人民团结的实践中，中国共产党始终反对“两大主义”，既反对大汉族主义，也反对地方民族主义，并通过立法、行政等手段着力改变历史上遗留的民族歧视和民族间不平等问题。习近平总书记强调：“我们要全面贯彻党的民族理论和民族政策，坚持共同团结奋斗、共同繁荣发展，促进各民族像石榴籽一样紧紧拥抱在一起，推动中华民族走向包容性更强、凝聚力更大的命运共同体。”[②]习近平总书记生动形象地将各民族比喻为石榴籽，意味着全国各族人民在国家荣誉和利益面前只有紧紧抱在一起，团结一致，才能维护祖国统一和人民幸福。

加快少数民族地区经济社会发展，是加强民族团结、解决民族问题的根本途径。发展是硬道理，只有促进少数民族地区经济发展，基础设施不断完善，社会保障体系不断健全，人民生活水平不断提高，民族地区与经济发达地区

---

① 中共中央文献研究室：《习近平关于社会主义政治建设论述摘编》，中央文献出版社，2017，第151页。

② 习近平：《在全国民族团结进步表彰大会上的讲话》，《人民日报》2019年9月28日，第2版。

的差距才会逐渐缩小，民族问题才能彻底解决。多年来，国家从少数民族和民族发展的实际出发，把提高各族人民生活水平，维护好、实现好、发展好各族人民的根本利益作为一切工作的根本出发点和落脚点。尤其是党的十八大以来，国家从资金、人才、技术、政策等多方面不断加强对民族地区发展的帮扶力度，使民族地区大踏步赶上新时代的进程。在中国特色社会主义新时代，更要顾及每个民族、每个地区，不能让一个民族、一个地区的人民落下。解决好民族地区人民的脱贫问题，才能更好推动民族地区的团结和稳定，更好加快民族地区的经济发展。习近平总书记强调："我们要加快少数民族和民族地区发展，推进基本公共服务均等化，提高把'绿水青山'转变为'金山银山'的能力，让改革发展成果更多更公平惠及各族人民，不断增强各族人民的获得感、幸福感、安全感。"①要解决民族团结这个核心问题，就要积极创造条件，加快少数民族和民族地区经济社会发展，促进各民族共同繁荣发展。我们深知，没有民族地区的全面小康和现代化，就没有全国的全面小康和现代化；只有这些地区建成了小康社会，才可以说全国建成了小康社会。实现中华民族伟大复兴的中国梦，需要全国各民族携手并进，共同为之奋斗。

六、坚持全面从严治党，推进党的建设新的伟大工程

（一）坚持党的领导

中国共产党自成立之日起，就肩负起了带领中国人民实现中华民族伟大复兴的历史使命。在新民主主义革命时期，党的领导权问题是关系党生死存亡的一个重要问题。在中国共产党成立初期，由于党自身理论和实践的不成熟，以及受到共产国际的影响，在与国民党争夺领导权的问题上缺乏清醒的认识，在

① 习近平：《在全国民族团结进步表彰大会上的讲话》，《人民日报》2019年9月28日，第2版。

国民大革命时期放弃了对革命的领导权。在掌握革命的武装力量上，尚处在幼年时期的中国共产党还没有认识到独立的革命武装对于革命的极端重要性，而是把主要精力放在了发动工人阶级上。1927年4月12日，以蒋介石为首的国民党新右派分子在上海发动了反革命政变，大肆逮捕、屠杀中国共产党人、国民党左派以及革命群众。四一二反革命政变标志着国共合作破裂、大革命彻底失败。在关系党生死存亡的紧要关头，中共中央政治局在汉口秘密召开紧急会议，史称“八七会议”。血一般的惨痛教训告诫共产党人：只有掌握了革命的领导权以及独立的武装力量，中国共产党才能领导中国人民取得革命的胜利。1935年1月15日，中共中央政治局在遵义召开政治局扩大会议。这次会议在实际上确立了毛泽东在党中央和红军的领导地位，也标志着中国共产党在经过国民革命失败、土地革命兴起后，逐渐成长为一个在政治上成熟的政党，在领导能力和领导水平上有了显著的提升。新中国成立后，中国共产党实现了从一个领导人民进行新民主主义革命的革命党转变为一个领导人民进行社会主义建设的执政党。在中国共产党的坚强领导下，社会主义建设取得了举世瞩目的成就。1978年3月18日，全国科学大会在北京召开。邓小平在大会开幕式上强调：“党委的领导，主要是政治上的领导，保证正确的政治方向，保证党的路线、方针、政策的贯彻，调动各个方面的积极性。”[①]1978年12月18日，党的十一届三中全会召开，不仅将党的工作重心重新转移到经济建设上来，还在实际上形成了以邓小平同志为核心的党的第二代中央领导集体。在开辟中国特色社会主义的伟大道路上，邓小平始终强调要坚持党的领导的正确方向，并把坚持党的领导作为坚持四项基本原则的重要内容之一。在以邓小平同志为核心的党的第二代中央领导集体的坚强领导下，中国人民顽强应对改革开放带来的各种风险和挑战，不断将中国特色社会主义事业推向前进。

在半殖民地半封建的中国，正是因为没有一个坚强有力的政党来领导中国人民团结起来、组织起来，所以旧中国如同一盘散沙，受到帝国主义的侵略和反动阶级的统治，人民民不聊生，处于水深火热之中。历史的经验教训告诉我们，没有马克思主义的理论指导，没有用马克思主义武装起来的中国共产党的坚强领导，没有党顺应历史潮流、勇担历史重任，带领人民勇敢地进行革命、

① 邓小平：《邓小平文选》第2卷，人民出版社，1994，第98页。

建设和改革，就没有国家统一、民族振兴、人民幸福。

党的十八大以来，党和国家事业取得了全方位、开创性的历史性成就，发生了深层次、根本性的历史性变革。这些伟大成就和变革，归根结底是由于中国共产党的坚强领导。改革开放40多年来，我国经济社会发展之所以能够取得举世瞩目的巨大成就，我国人民生活水平之所以能够大幅度提升，都同党的坚强领导、各级党组织和全体党员领导带头作用分不开。习近平总书记在庆祝中国共产党成立九十五周年大会上的讲话中指出："办好中国的事情，关键在党。中国特色社会主义最本质的特征是中国共产党领导，中国特色社会主义制度的最大优势是中国共产党领导。坚持和完善党的领导，是党和国家的根本所在、命脉所在，是全国各族人民的利益所在、幸福所在。"[①]习近平总书记的一席话强有力地说明了，进入新时代，党的领导作用将在国家发展道路上发挥更加至关重要的作用，这种作用是其他政治力量所无法比拟的。中共十九大上强调要坚持党对一切工作的领导，并提出了"党政军民学、东西南北中，党是领导一切的"[②]，深刻说明了无论是从空间地域来看，还是从不同领域来看，党都是最高政治领导力量，这种政治领导体现在国家和社会的方方面面，是全党上下一心、团结一致的体现。

党的十九大提出了党的政治建设这个重大命题，并强调党的政治建设是党的根本性建设，为新时代加强和完善党的领导，不断提高党的领导能力和领导水平指明了清晰的前进方向。每一个政党都有其政治属性，也都有其政治目标和政治追求。中国共产党虽然是一个坚定的马克思主义政党，但是作为一个拥有9671.2万名党员和493.6万个基层组织（截至2021年底）的大党，要保持马克思主义的政治属性绝非易事。党的十八大以来，党内的政治建设取得了显著的成绩，但仍需清醒地看到，党内存在的一些政治问题仍未从根本上解决。一些党员干部政治观念淡薄，政治信仰动摇，对党内政治规律没有牢牢遵守，政治意识、大局意识、核心意识、看齐意识不强，长此以往，党员干部和人民群众的距离会越来越远，党内的政治生态也会越来越恶化，这就丧失了马克思主义政党在政治上的先进性和纯洁性，不利于中国共产党的发展和壮大，不利于

① 中共中央文献研究室：《十八大以来重要文献选编》（下），中央文献出版社，2018，第355页。

② 中共中央文献研究室：《十九大以来重要文献选编》（上），中央文献出版社，2019，第14页。

党领导人民进行社会主义现代化建设和实现中华民族伟大复兴的事业。在新时代，坚持和完善党的领导，必须切实提升党的执政能力和执政水平。党员干部应当增强“四个意识”，尤其要增强核心意识。一个没有核心的政党是无法带领全党全国人民发展进步的，其领导力和凝聚力也会随之下降。为此，党员干部要坚持“两个维护”，即坚决维护习近平总书记党中央的核心、全党的核心地位，坚决维护党中央权威和集中统一领导，这也是加强党的建设的首要任务。“两个维护”不应当仅仅是一句口号，而应该以实际行动来落到实处，将核心意识内化于心、外化于行，在政治上、思想上和行动上与党中央保持高度一致，真正实现党的团结统一。

在中国特色社会主义新时代，维护党中央权威，同党中央保持高度一致，必须坚持党的集中统一领导，贯彻党的民主集中制。习近平总书记强调：“民主集中制是我们党的根本组织原则和领导制度，是马克思主义政党区别于其他政党的重要标志。这项制度把充分发扬党内民主和正确实行集中有机结合起来，既可以最大限度激发全党创造活力，又可以统一全党思想和行动，有效防止和克服议而不决、决而不行的分散主义，是科学合理而又有效率的制度。”[①]因此，贯彻落实党的民主集中制对于维护党中央权威、加强党员干部的政治纪律具有举足轻重的作用。中国共产党历来就有坚持民主集中制的传统，并在领导中国革命、建设和改革的历史过程中不断完善和发展。在新时代发扬党的民主集中制优良传统，仍然要坚持将民主基础上的集中和集中指导下的民主相结合，二者不可偏废。在坚持党的集中统一领导的同时，也要充分发扬党内民主。中国共产党作出的重大决策、党代会报告、党的全会文件、政府工作报告等重要文件，都是先在党内一定范围内多次征求意见。部门的重要文件，有时还要征求全国省、自治区、直辖市的意见和建议。这样做的目的就是为了充分发扬党内民主，广泛听取意见和建议，促进科学民主决策。在听取多方面的意见之后，最后作出决定的也必须是党中央。通过民主集中制，可以实现全党思想一致、行动一致，并把广大党员干部和群众的思想和行动统一到党中央的精神和决策部署上来，朝着共同目标不懈奋斗。

---

① 白宇：《树牢“四个意识”坚定“四个自信” 坚决做到“两个维护”勇于担当作为 以求真务实作风把党中央决策部署落到实处》，《人民日报》2018年12月27日，第1版。

在新的历史时期，维护党中央权威，坚持党的领导，尤其要坚持党对人民军队的绝对领导。在新民主主义革命时期，党中央就非常注重在军队中发挥党的政治领导作用。1927年9月，毛泽东带领秋收起义的部队进行三湾改编时，就确立了“支部建在连上”的制度，为实现党对军队的领导奠定了坚实的基础。1929年12月，毛泽东主持召开古田会议，阐明了党对军队的政治领导，确立了思想建党、政治建军原则，建立起了党领导的新型人民军队。党的十八大以来，习近平总书记曾在多种场合多次强调必须毫不动摇坚持党对军队的绝对领导，深入贯彻古田全军政治工作会议精神。在庆祝中国人民解放军建军90周年大会上，习近平总书记强调：“党的领导，是人民军队始终保持强大的凝聚力、向心力、创造力、战斗力的根本保证。党对军队的绝对领导是中国特色社会主义的本质特征，是党和国家的重要政治优势，是人民军队的建军之本、强军之魂。”[①]只有毫不动摇地坚持党对人民军队的绝对领导，建设一支听党指挥、能打胜仗、作风优良的人民军队，才能实现“两个一百年”奋斗目标。

图5-4　庆祝中国人民解放军建军90周年阅兵式（局部）

① 中共中央文献研究室：《十八大以来重要文献选编》（下），中央文献出版社，2018，第816页。

（二）坚持全面从严治党向纵深发展

管党治党关系着党的事业发展，也关系着国家和民族的命运。全面从严治党向纵深发展，是当前新的历史条件下加强党的建设的必然要求。党的十八大正式将全面从严治党纳入“四个全面”战略布局，党的建设开始进入新的时期，党在治理腐败、整顿风纪等方面取得了显著成功。党的十九大则正式将党的纪律建设纳入党的建设布局中，习近平总书记在党的十九大报告中强调新时代党的建设总要求是：“坚持和加强党的全面领导，坚持党要管党、全面从严治党，以加强党的长期执政能力建设、先进性和纯洁性建设为主线，以党的政治建设为统领，以坚定理想信念宗旨为根基，以调动全党积极性、主动性、创造性为着力点，全面推进党的政治建设、思想建设、组织建设、作风建设、纪律建设，把制度建设贯穿其中，深入推进反腐败斗争，不断提高党的建设质量，把党建设成为始终走在时代前列、人民衷心拥护、勇于自我革命、经得起各种风浪考验、朝气蓬勃的马克思主义执政党。”[①]总要求的提出，代表了党的建设理论体系的进一步完善，标志着中国共产党对于全面从严治党的理论和实践认识都达到了新的高度。在新时代的背景下，以习近平同志为核心的党中央提出了管党治党的新思想，为广大党员干部指明了新的方向。党的十九届四中全会正式审议通过《中共中央关于坚持和完善中国特色社会主义制度、推进国家治理体系和治理能力现代化若干重大问题的决定》（以下简称《决定》），把全面从严治党作为党的领导制度的重要组成部分，纳入中国特色社会主义制度和国家治理体系中。这一《决定》的通过，进一步体现了治党与治国的重要联系，只有坚持全面从严治党，才能推动党的建设，进一步推动中国特色社会主义制度建设进程。时代正处于深刻的变化之中，社会主义的优越性不断显现，这就要求中国共产党更加积极主动推进党的事业发展，带领中华民族实现伟大复兴。党的事业的发展离不开全面从严治党，而且要向纵深发展，让党具有更强的生命力和战斗力来应对复杂国际形势的各种挑战。

---

① 中共中央文献研究室：《十九大以来重要文献选编》（上），中央文献出版社，2019，第43页。

中国特色社会主义进入新时代，加强党的长期执政能力建设、先进性和纯洁性建设是党的建设的主线，也是党的建设过程中的重要课题和根本任务。通过对中国共产党多年发展的历史经验总结可以看到，政治建设一直是全面从严治党的首要任务。党的十九大报告强调了党的政治建设的重要性，指出："党的政治建设是党的根本性建设，决定党的建设方向和效果。"[①]加强党的政治建设是马克思主义政党的根本要求，将政治建设摆在首位，不仅要做到全党服从中央，坚持党中央的集中统一领导，还要不断加强党员的先进性和纯洁性建设，让全体党员干部牢固树立"四个意识"和"两个维护"，并始终坚持党的正确领导和指挥。只有这样，才能够培养出更多更有水平和能力的干部，才能够从总体上提高党员的质量。

进行政治建设，确立良好的正确的制度与规范，实现制度治党和依规治党是必不可少的。2015年2月2日，习近平总书记在省部级主要领导干部学习贯彻党的十八届四中全会精神全面推进依法治国专题研讨班上的讲话中指出："纲纪不彰，党将不党，国将不国。要在全党同志特别是高级干部中进一步重申，必须坚持依法治国、依法执政、依法行政，任何人都不得违背党中央的大政方针。"[②]所有的党员都应该遵守党的纪律和规矩，这样才能够真正避免党内出现矛盾与问题。纪律和制度的完善，也能够极大地避免党员腐败、风纪败坏等问题。在新的历史背景下，党中央将依规治党和以德治党紧密结合，同时推进制度治党和依规治党，在加大党的制度建设改革力度的同时，总结成功经验，将这些改革创新的成果不断转换为法律条例，着重完善党的制度。2018年10月1日，为严肃党的纪律、纯洁党的组织，维护党的章程和其他党内法规，也为了适应全面从严治党的新的实践，中共中央发布了《中国共产党纪律处分条例》最新修订版，在党章和原《条例》的基础上，进一步提高了党的纪律建设的政治性、时代性和针对性，也标志着全面从严治党开始向纵深发展，明确了新的发展方向，对于党的建设有着极为重要的意义。纪律严明一直是中国共产党的优良传统，只有在严格的纪律下，党才具有足够的凝聚力和战斗

---

① 中共中央文献研究室：《十九大以来重要文献选编》（上），中央文献出版社，2019，第44页。

② 中共中央文献研究室：《习近平关于全面依法治国论述摘编》，中央文献出版社，2015，第119页。

力，才能够带领人民实现中华民族伟大复兴的中国梦。坚持良好的纪律，让全党统一意志、统一行动，才能形成强大的前进动力。也只有坚持和完善党的建设，党的事业才能够不断向前。从严治党永远在路上，并且需要进一步完善，因此党的纪律建设也需要根据不同时代的变化进行相应的改进。在新的历史时期，更要深刻认识党面临的执政考验、改革开放考验、市场经济考验、外部环境考验的长期性和复杂性。这四大考验必然长期存在于党的执政过程中，党的建设的伟大工程必须继续推进。党的十八大以来，党中央在反“四风”上取得了显著成效，但是党内仍然存在着党员不作为、党风不正等问题。为了解决这些问题，必须深刻认识党面临的精神懈怠危险、能力不足危险、脱离群众危险、消极腐败危险的尖锐性和严峻性，牢牢抓住党的建设主线，不断完善党的制度和纪律，将全面从严治党进行到底。

全面从严治党的道路是漫长的，任务也是艰巨的，而要实现中国的发展，必须将全面从严治党进行到底。习近平总书记在庆祝改革开放40周年大会上的重要讲话总结了改革开放40年积累的经验，指出：“改革开放40年的实践启示我们：打铁必须自身硬。办好中国的事情，关键在党，关键在坚持党要管党、全面从严治党。”[①]全面从严治党，全面就是重要的基础，而关键在严，要害在治。只有各级党组织长期坚持党的领导，积极承担党的建设过程中的重要责任，落实党的规章制度，才能够防止已经解决的问题死灰复燃，避免更多更严重问题的产生。由于社会主义制度的优越性，党中央能够更好地全面协调各方领导作用，充分发挥领导全局，全面从严治党也将具有巨大的优势。在新的时代条件下，中国共产党要坚持进行伟大斗争、建设伟大工程、推进伟大事业、实现伟大梦想。“四个伟大”是当代中国共产党人治国理政的总体框架，而党的建设伟大工程在其中是起决定作用的。推进伟大工程，要结合伟大斗争、伟大事业、伟大梦想的实践来进行，并且要毫不动摇地坚持共产党的领导，毫不动摇地坚持全面从严治党。

党的十八大以来，从严治党取得了过去从未有过的显著成果。党的十九大报告指出：“我们勇于面对党面临的重大风险考验和党内存在的突出问题，以顽强意志品质正风肃纪、反腐惩恶，消除了党和国家内部存在的严重隐患，党

① 中共中央文献研究室：《十九大以来重要文献选编》（上），中央文献出版社，2019，第735页。

内政治生活气象更新，党内政治生态明显好转，党的创造力、凝聚力、战斗力显著增强，党的团结统一更加巩固，党群关系明显改善，党在革命性锻造中更加坚强，焕发出新的强大生机活力，为党和国家事业发展提供了坚强政治保证。”[①]虽然党的建设在过去已经取得了显著成效，但是在新时代的背景下，外部国际形势和党的内部执政环境依然复杂多变，党的建设过程中，作为主线的先进性和纯洁性也很容易再受到外部复杂因素的多重干扰，党内制度仍然需要进一步完善，风纪问题并未完全解决，目前还时有严重的干部违纪事件发生，这些都会严重影响党的政治生活和政治生态，全面从严治党还有很长的路要走。无论是在革命时期还是在社会主义建设的新时期，中国共产党都始终走在时代前列，勇敢应对国内的各种风险与考验，并时刻注意保持自身的先进性和纯洁性。在新的历史时期，只有推进全面从严治党向纵深发展，通过科学理论和实践经验推进全面从严治党不断完善，才能够确保党在新时代依然保持这种先进性，让共产党这个时代的先锋、民族的脊梁，能够经得起风浪考验，带领中华民族实现伟大复兴的中国梦。

图5–5 《中国共产党纪律处分条例》

① 中共中央文献研究室：《十九大以来重要文献选编》（上），中央文献出版社，2019，第6页。

后 记

长征这一人类历史上的伟大壮举留给我们最宝贵的精神财富，就是中国共产党人和红军将士用生命和热血铸就的伟大长征精神。伟大长征精神，是中国共产党人及其领导的人民军队革命风范的生动反映，是中华民族自强不息的民族品格的集中展示，是以爱国主义为核心的民族精神的最高体现。伟大长征精神是我们党立党兴党、执政兴国的宝贵精神财富，是推动党的事业发展的不竭动力，具有超越时空的恒久价值。为了弘扬长征精神、传承红色基因、赓续红色血脉、激扬中国力量、实现伟大梦想，我们撰写了《新时代中国精神价值传承 · 长征精神》一书。

该书由陈松友、边延波、张宝霞、石立姝、关夏钰、孟雨萱、张卓共同撰写。

特别要感谢东北大学出版社郭爱民社长为本书策划和编辑所提出的许多宝贵意见和建议。

由于时间仓促、水平有限，书中难免有疏漏之处，敬请广大读者批评指正。

著者

2023年7月